Seguridad en equipos informáticos

Certificados de profesionalidad

RE/SEGINF/DG/5-51

 *Anagrama «LUCHA CONTRA LA PIRATERÍA», propiedad de Unión Internacional de Escritores.*

CONSEJO DE REDACCIÓN

Mariano Jorge García
Cristina Monge Pascual

MAQUETACIÓN

Beatriz Mateos Caballero

ILUSTRACIÓN DE CUBIERTA

Ignacio Velasco Marugán

© Centro de Estudios ADAMS. Ediciones Valbuena
C/ Narciso Serra, 14
28007 Madrid
adamsediciones@adams.es
www.adams.es

I.S.B.N.: 978-84-1077-412-4
Depósito legal: M-11249-2025
Editado en mayo de 2025
Imprime: Centro de Estudios Adams. Ediciones Valbuena, S.A.
Impreso en España. Printed in Spain

Presentación

Comprometidos por ofrecer una propuesta formativa ajustada a las necesidades de la sociedad y del mercado de trabajo, Grupo ADAMS presenta este curso de **Seguridad en equipos informáticos** desarrollado conforme a los **Certificados de Profesionalidad** y, por tanto, vinculado al **Catálogo Nacional de Cualificaciones**. De esta manera, es posible obtener la acreditación oficial, con validez en todo el territorio nacional, de estar en posesión de las aptitudes y conocimientos que permiten un óptimo desempeño profesional, una vez superadas las pruebas establecidas al efecto.

Esta **Unidad Formativa**, con una duración asociada de 90 horas, forma parte del **Certificado de Profesionalidad de Seguridad informática** (aprobado por el Real Decreto 686/2011, de 13 de mayo), perteneciente a la familia de Informática y Comunicaciones.

En la elaboración de los contenidos hemos pretendido garantizar la **adquisición, mejora y actualización de las competencias profesionales** requeridas en el mercado laboral, así como fomentar el **aprendizaje**.

Para conseguir tal objetivo, cada unidad didáctica presenta la siguiente estructura:

UNIDAD DIDÁCTICA 1

Criterios generales comúnmente aceptados sobre seguridad de los equipos informáticos

Título

Según el programa oficial publicado en el BOE.

Objetivos

Al comienzo de la unidad didáctica, identifican las capacidades que podrás adquirir.

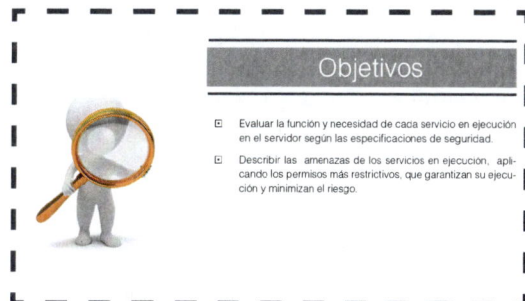

Objetivos

⊡ Evaluar la función y necesidad de cada servicio en ejecución en el servidor según las especificaciones de seguridad.

⊡ Describir las amenazas de los servicios en ejecución, aplicando los permisos más restrictivos, que garantizan su ejecución y minimizan el riesgo.

Contenido

Introducción

1. Modelo de seguridad orientada a la gestión del riesgo relacionado con el uso de los sistemas de información

2. Relación de las amenazas, los riesgos que implican y las salvaguardas más frecuentes

3. Salvaguardas y tecnologías de seguridad más habituales

4. La gestión de la seguridad informática como complemento a salvaguardas y medidas tecnológicas

Índice de contenidos

Proporciona una visión general del contenido, enumerando todos los aspectos que se desarrollan en la unidad didáctica.

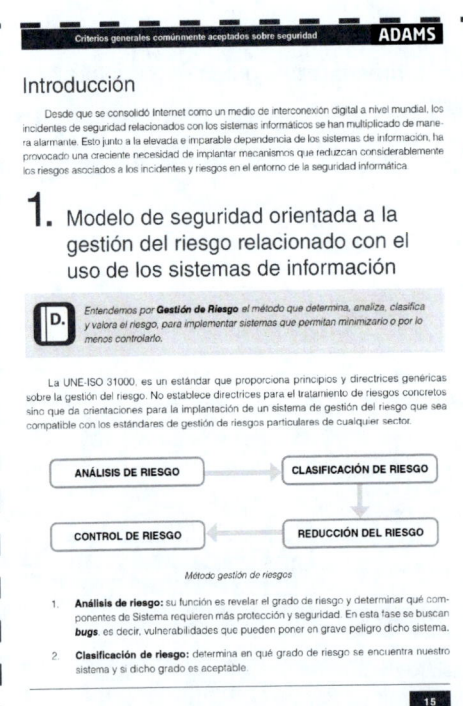

Exposición y desarrollo

Del contenido del programa oficial, con notas destacadas al margen, como "Definición", "Recuerda", "Información"…

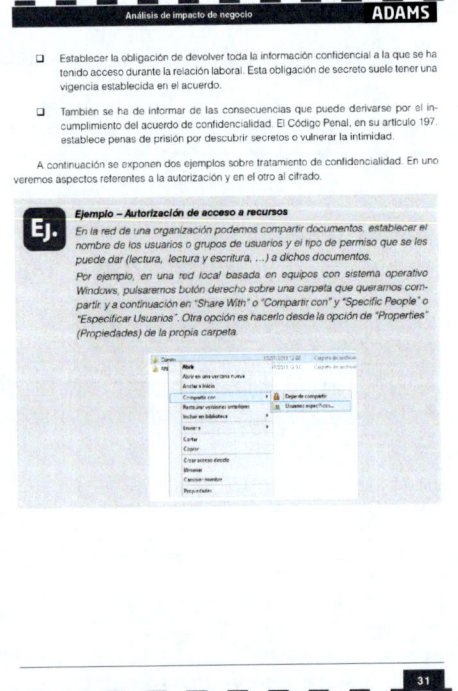

Ejemplos y Actividades

Interrelacionados con los contenidos estudiados y que aportan una visión práctica de la materia.

Criterios generales comunmente aceptados sobre seguridad de los equipos informáticos

Autoevaluación de Unidad
Enunciados

1. ¿Cuál de los siguientes es un objetivo principal de la seguridad informática?:

a) Minimizar los recursos.
b) Minimizar riegos y detectar posibles amenazas.
c) Limitar el uso de los recursos.
d) Ninguna es correcta.

2. ¿Cuál no pertenece a la gestión de riesgos?

a) Análisis de riesgos.
b) Reducción del riesgo.
c) Perímetro del riesgo.
d) Control del riesgo.

3. ¿Cuál de los siguientes conceptos determina en qué grado de riesgo se encuentra nuestro sistema así como su grado?

a) Análisis de riesgos.
b) Reducción del riesgo.
c) Clasificación del riesgo.
d) Control del riesgo.

4. ¿Cuál de los siguientes conceptos tiene como una de sus objetivos sancionar el incumplimiento de las medidas implantadas?:

a) Análisis de riesgos.
b) Reducción del riesgo.
c) Clasificación del riesgo.
d) Control del riesgo.

Autoevaluaciones

Te ayudarán a comprobar el grado de asimilación de la materia estudiada, en base a las competencias a adquirir y sus criterios de realización.

Glosario

Te ayudará a comprender mejor el significado de algunas palabras.

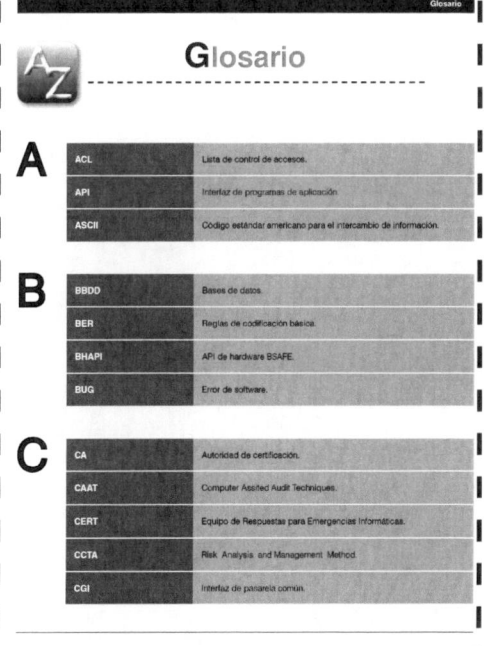

Glosario

Glosario

A		
ACL	Lista de control de accesos.
API	Interfaz de programas de aplicación.
ASCII	Código estándar americano para el intercambio de información.

B		
BBDD	Bases de datos.
BER	Reglas de codificación básica.
BHAPI	API de hardware BSAFE.
BUG	Error de software.

C		
CA	Autoridad de certificación.
CAAT	Computer Assited Audit Techniques.
CERT	Equipo de Respuestas para Emergencias Informáticas.
CCTA	Risk Analysis and Management Method.
CGI	Interfaz de pasarela común.

Bibliografía

Bibliografía

- Prácticas de redes

  VV.AA., EDITORIAL CLUB UNIVERSITARIO. 2002.
- Cifrado de las comunicaciones digitales de la cifra clásica al algoritmo RSA

  JORGE RAMIÓ AGUIRRE
- Esquema Nacional de Seguridad con Microsoft

  JUAN LUIS GARCÍA RAMBLA, JULIÁN BLÁZQUEZ GARCÍA Y CHEMA ALONSO
- Ataques en redes de datos IPv4 e IPv6

  Juan Luis García Rambla, Julián Blázquez García y Chema Alonso. OxWORD 2007
- TCP/IP y protocolos de Internet

  JOSE DORDOIGNE, PHILIPPE ATELIN, EDITORIAL ENI, 2007
- Windows Server 2008 R2: guía del administrador

  WILLIAM R. STANEK, ANAYA MULTIMEDIA, 2011
- La ley de internet: régimen jurídico de los servicios de la sociedad de la información y comercio electrónico

  JAVIER A. MAESTRE, CARLOS SANCHEZ ALMEIDA, SERVIDOC, 2002

Bibliografía y Webgrafía

Para ampliar tus conocimientos en caso de considerarlo necesario.

En nuestra página web **www.adams.es** estarás al día de todo en cuanto a información sobre cursos, productos y servicios se refiere, además tendrás la opción de dirigirnos cualquier consulta o sugerencia a través de **adams@adams.es**

Esperando haber cumplido el objetivo propuesto, te expresamos nuestros mejores deseos de éxito.

ADAMS

Índice

Familia profesional: **INFORMÁTICA Y COMUNICACIONES**

Área profesional: **Sistema y telemática**

FICHA DE CERTIFICADO DE PROFESIONALIDAD: SEGURIDAD INFORMÁTICA (IFCT0109)

H. Q	Módulos certificado	H. CP	Unidades formativas	Horas
90	MF0486_3: Seguridad en equipos informáticos	90		90
90	MF0487_3: Auditoría de seguridad informática	90		90
90	MF0488_3: Gestión de incidentes de seguridad informática	90		90
60	MF0489_3: Sistemas seguros de acceso y transmisión de datos	60		60
90	MF0490_3: Gestión de servicios en el sistema informático	90		90
	MP0175: Módulo de prácticas profesionales no laborales	80		
420	**Duración horas totales certificado de profesionalidad**	500	Duración horas módulos formativos	420

Correspondencia con el Catálogo Modular de Formación Profesional

Iconos

Actividad

Contenido extra

Definición

Ejemplo

Enlace web

Importante

Información

Lectura recomendada

Legislación

Listening

Nota

Objetivos logrados

Recuerda

Reflexiona

Vocabulario

Los Contenidos extra que complementan esta edición están disponibles en la página web:
https://www.recursoscertificados.com/9788410774124/

UNIDAD DIDÁCTICA 1

Criterios generales comúnmente aceptados sobre seguridad de los equipos informáticos

Objetivos

- ⊡ Evaluar la función y necesidad de cada servicio en ejecución en el servidor según las especificaciones de seguridad.

- ⊡ Describir las amenazas de los servicios en ejecución, aplicando los permisos más restrictivos, que garantizan su ejecución y minimizan el riesgo.

Contenido

Introducción

1. Modelo de seguridad orientada a la gestión del riesgo relacionado con el uso de los sistemas de información

2. Relación de las amenazas, los riesgos que implican y las salvaguardas más frecuentes

3. Salvaguardas y tecnologías de seguridad más habituales

4. La gestión de la seguridad informática como complemento a salvaguardas y medidas tecnológicas

 *Acude a los Contenidos Extra para ver el mapa conceptual general de esta Unidad Formativa.*

 *Acude a los Contenidos Extra para ver el mapa conceptual de esta Unidad Didáctica, objeto de estudio fundamental para situarte según avances en los contenidos.*

Introducción

Desde que se consolidó Internet como un medio de interconexión digital a nivel mundial, los incidentes de seguridad relacionados con los sistemas informáticos se han multiplicado de manera alarmante. Esto junto a la elevada e imparable dependencia de los sistemas de información, ha provocado una creciente necesidad de implantar mecanismos que reduzcan considerablemente los riesgos asociados a los incidentes y riesgos en el entorno de la seguridad informática.

1. Modelo de seguridad orientada a la gestión del riesgo relacionado con el uso de los sistemas de información

*Entendemos por **Gestión de Riesgo** el método que determina, analiza, clasifica y valora el riesgo, para implementar sistemas que permitan minimizarlo o por lo menos controlarlo.*

La UNE-ISO 31000, es un estándar que proporciona principios y directrices genéricas sobre la gestión del riesgo. No establece directrices para el tratamiento de riesgos concretos sino que da orientaciones para la implantación de un sistema de gestión del riesgo que sea compatible con los estándares de gestión de riesgos particulares de cualquier sector.

ANÁLISIS DE RIESGO	➡	CLASIFICACIÓN DE RIESGO
CONTROL DE RIESGO	⬅	REDUCCIÓN DEL RIESGO

Método gestión de riesgos

1. **Análisis de riesgo:** su función es revelar el grado de riesgo y determinar qué componentes de Sistema requieren más protección y seguridad. En esta fase se buscan **bugs**, es decir, vulnerabilidades que pueden poner en grave peligro dicho sistema.

2. **Clasificación de riesgo:** determina en qué grado de riesgo se encuentra nuestro sistema y si dicho grado es aceptable.

3. **Reducción de riesgo:** en esta fase lo que se intenta es definir las medidas de protección, así como la formación a los usuarios para su correcto funcionamiento.

4. **Control de riesgo:** analizar y controlar el correcto funcionamiento, cumplimiento y efectividad de las medidas implantadas en nuestro sistema, también sancionar el incumplimiento de las mismas.

Estos procesos de políticas de seguridad, conforman el marco operativo del proceso, junto a las reglas y normas institucionales, con el propósito de potenciar dichas capacidades institucionales, con el fin de reducir las vulnerabilidades y las amenazas reduciendo así el riesgo.

También se intenta garantizar un comportamiento homogéneo, corrección de malas praxis o conductas que nos hacen vulnerables.

2. Relación de las amenazas, los riesgos que implican y las salvaguardas más frecuentes

Cuando conectamos cualquier dispositivo ya sea, portátil, PC, móvil, etc. a una red, estamos poniendo en riesgo el que accedan a él sin nuestro consentimiento, puedan robar información o alterar el correcto funcionamiento de nuestra red. Aun cuando nuestra red no está conectada a Internet no se nos garantiza la completa seguridad de la misma.

Según esta información podemos clasificar las amenazas en tres tipos:

Naturaleza de la amenaza	Tipo	Riesgo	Salvaguarda
Externa	Virus, ataques denegación servicio, organizaciones criminales, etc....	Infección de equipo, fuga de información, pérdida de control.	SW Antivirus, firewalls, IPS-IDS.
Interna	Sabotajes, robo de contraseña, fuga de información, errores en el uso de herramientas.	Acceso a información confidencial, suplantación de identidad.	Concienciación usuario, cambio periódico de claves, anti-phising.
Natural*	Inundación, incendio, fallo eléctrico.	Pérdida de activos, equipos informáticos.	SAI, detectores de incendios, copias de seguridad.

* Nota: pueden clasificarse como amenazas externas, pero por naturaleza singular es interesante nombrarlas específicamente

1. **Amenazas externas.** Son las que se originan fuera de nuestra red y, al desconocer dicho funcionamiento o estructura de la red, el atacante debe realizar varios pasos para identificarla, conocer su estructura para poder realizar un ataque más certero. Saber la IP del controlador de dominio o un punto de acceso de red WIFI son algunos ejemplos de este tipo de amenazas y, para evitar esto, los administradores de red deben estar preparados para bloquear dicho ataque.

   Un ejemplo claro de este tipo de amenazas son los ataques a las redes Wifi con el propósito de extraer la contraseña de acceso. En este caso, el administrador de red puede y debe utilizar herramientas o servicios para intentar prevenir esto. **Una primera línea de defensa** sería un filtrado MAC. Cada dispositivo de red (Wifi, Ethernet, bluetooth,…) tiene una dirección MAC propia, que sería como el DNI del dispositivo. Por tanto, en la configuración de la red Wifi podríamos activar el filtro MAC, indicando qué dispositivos permitimos conectar y aquellos que no estén previamente indicados no podrán acceder.

MAC

Se conoce también como dirección física y es única para cada dispositivo de red, ya sea Wifi, Ethernet, bluetooth, etc... Las direcciones MAC son únicas a nivel mundial, puesto que son escritas directamente, en forma binaria, en el hardware, en el momento de fabricación.

Para saber la dirección MAC de nuestro dispositivo de red, (identificada como Physical Address o Hardware Address)

Desde Windows se utiliza el comando:

" ipconfig /all"

Desde Linux utilizaremos simplemente

"Ifconfig"

Dirección MAC de tarjeta Wifi RTL8187

```
Wireless LAN adapter Wi-Fi:

   Connection-specific DNS Suffix   . : Home
   Description . . . . . . . . . . . : Realtek RTL8187 Wireless 802.11b/g 54Mbps
USB 2.0 Network Adapter
   Physical Address. . . . . . . . . : 00-C0-CA-6D-8A-16
   DHCP Enabled. . . . . . . . . . . :
```

Ejemplo de MAC en Windows

Dirección MAC desde Linux

```
root@zentyal:/home/druiz# ifconfig
eth0     Link encap:Ethernet  HWaddr 00:0c:29:eb:12:60
         inet addr:192.168.8.133  Bcast:192.168.8.255  Mask:255.255.255.0
         inet6 addr: fe80::20c:29ff:feeb:1260/64 Scope:Link
```

Ejemplo de MAC (Linux)

En la siguiente ilustración, vemos un ejemplo de cómo aplicar un filtro basado en direcciones MAC permitiendo la conexión de nuestro dispositivo a la red.

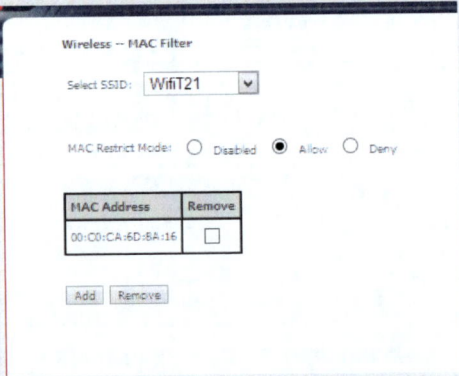

Aplicación de filtro para una MAC

En este caso solo permitiría conectarse a nuestra red Wifi a esa dirección MAC. Dado que también existe la opción de lograr modificar el número de una dirección MAC, esta medida se ofrece sólo como una primera línea de defensa.

2. **Amenazas internas.** Son provocadas dentro de nuestra propia red y pueden acarrear mayores problemas ya que los propios focos de amenaza tienen algún tipo de acceso a la red (motivos laborales, técnico, funcionales,…) y pueden conocer su funcionamiento.

En la actualidad, muchos esquemas de seguridad informática en las empresas no existen o son ineficientes. Esto conlleva que este tipo de problemas den como resultado la violación de los sistemas informáticos, causando graves daños que provocarán la pérdida o robo de información y, en consecuencia, serios riesgos para la organización, no solo técnicos sino también funcionales y económicos.

Cuando hablamos de amenazas internas, algunos sistemas como los Firewalls no son muy efectivos en amenazas internas si no están correctamente configurados.

Un ejemplo de seguridad interna, puede ser el control de acceso a servidores por parte de los usuarios. En este caso solo permite conectar al usuario vpn01 al servidor isaserv04. Se puede establecer un segundo filtro, indicando exclusivamente el equipo desde el que se puede conectar el usuario vpn01.

Es decir, podríamos indicar que el equipo vpn01 solo se pueda conectar desde "equipoVPN"

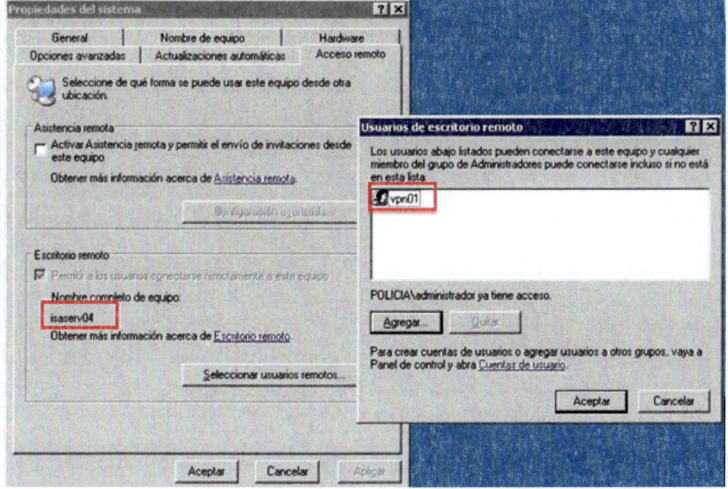

Ejemplo de control de acceso de usuarios

3. **Amenazas naturales.** Son causadas por inundaciones, incendios, tormentas, fallos eléctricos, explosiones, etc....

Para intentar combatir estas amenazas o por lo menos intentar paliar sus efectos, debemos de utilizar herramientas específicas para estas amenazas, como pueden ser el uso de extinción automática de incendios, SAI, Sistemas de contingencias, etc.

SAI: Sistema de Alimentación Ininterrumpida, es un dispositivo que gracias a sus baterías, pueden proporcionar energía por un tiempo limitado durante la ausencia de energía.

En caso de incendio en una sala de servidores, la extinción de incendios debería ser con extintores de CO_2, específicos para lugares con riesgo eléctrico. Los SAIs nos protegerían de subidas o caídas de tensión. Como sistema de contingencia, podríamos tener equipos de backup funcionales fuera de la organización, o por lo menos fuera del mismo edificio.

3. Salvaguardas y tecnologías de seguridad más habituales

Algunas de las tecnologías que podemos utilizar para mantener a salvo nuestra información, al menos de forma preventiva, son las siguientes:

❑ **Firewalls:** Un cortafuegos (firewall en inglés) es una parte de un sistema o una red que está diseñada para bloquear el acceso no autorizado. Puede ser hardware o software.

❑ **IDS *(Intrusion Detection System):* un sistema de detección de intrusos** es un programa usado para detectar accesos no autorizados a un computador o a una red.

❑ **Administración de cuentas de usuario:** apartado del software de servidores, donde se dan de alta, baja o modificación los usuarios de un dominio. Es importante una correcta política de administración de acceso de los usuarios para minimizar los riesgos derivados de factores internos como son los usuarios.

❑ **Antivirus:** software que intenta prevenir de la posible infección de un virus informático.

❑ **Anti-Spyware**: es el software que elimina los programas spyware.

 **Spyware:** *programa que recopila información de un ordenador y transmite esta información a una entidad externa sin el conocimiento del usuario.*

☐ **Actualizaciones del sistema operativo:** son mejoras del sistema operativo del equipo (ordenador, servidor,…) que corrigen vulnerabilidades o bugs que pueden servir como debilidad a explotar por un atacante.

☐ **Actualizaciones de software de uso común:** son mejoras a los diferentes programas, que corrigen vulnerabilidades o bugs que pueden servir como debilidad a explotar por un atacante.

☐ **SSL:** *Secure Sockets Layer* (capa de conexión segura) proporciona autenticación y privacidad de la información entre extremos sobre Internet mediante el uso de criptografía. También hace referencia a las conexiones https.

☐ **Infraestructura de llave pública (PKI):** controla la operación de un algoritmo de criptografía, muy útil para el cifrado de información o establecer medidas de robustez y fiabilidad en determinados servicios.

☐ **Accesos biométricos**: como por ejemplo, huellas dactilares, identificación de retina,…

☐ **Firma digital:** permite al receptor de un mensaje firmado digitalmente determinar la entidad originadora o fuente de dicho mensaje y confirmar que el mensaje no ha sido alterado desde que fue firmado por la fuente.

☐ **Recuperación de datos:** proceso de copia de seguridad, por el cual podremos recuperar información borrada intencionadamente o accidentalmente.

☐ **Cifrado:** permite aumentar la seguridad de un mensaje mediante la codificación del contenido, de manera que sólo pueda leerlo la persona que cuente con la clave de cifrado adecuada para descodificarlo.

☐ **VPN:** Red Privada Virtual, permite comunicar de forma segura equipos o redes separadas físicamente creando un túnel seguro. Las VPN permiten securizar el tráfico y la información enviada mediante los túneles que genera

☐ **Cumplimiento de la privacidad:** es el control de acceso que se tiene sobre cualquier fichero o carpeta determinando quién puede acceder a dicho recurso.

☐ **Acceso remoto:** proceso de conexión remota a un equipo desde un red interna o externa.

❏ **EDI** (Intercambio Electrónico de Datos): transmisión estructurada de datos entre organizaciones por medios electrónicos.

❏ **Monitorización de servicios y logs:** consiste en la vigilancia automática de servicios y logs, que nos pueden alertar de una amenaza.

❏ **Informática forense:** es la aplicación de técnicas científicas y analíticas especializadas a infraestructura tecnológica que permiten identificar, preservar, analizar y presentar datos que sean válidos dentro de un proceso legal.

Con el desarrollo de este epígrafe hemos conseguido:

♦ *Describir las amenazas de los servicios en ejecución, aplicando los permisos más restrictivos que garantizan su ejecución y minimizan el riesgo.*

4. La gestión de la seguridad informática como complemento a salvaguardas y medidas tecnológicas

Existen entidades certificadoras de la Gestión de la seguridad de la informática, que pretenden verificar la implantación de las buenas prácticas y normas implantadas en la organización y así poder acreditarlo ante terceras partes, como pueden ser clientes, Administraciones Públicas, etc. lo cual puede otorgar una confianza y verificabilidad sobre el modo operativo de la organización en materia de seguridad. Para ello se recurre a la certificación ISO 27001, norma de mayor reconocimiento en la actualidad.

También existen otros modelos conocidos, como puede ser el SSE-CMM (System Security Engineering - Capbilty Muturity Model) desarrollado por la Asociación Internacional de ingeniería de Seguridad Informática (ISSEA).

ISO 27001: Es un estándar para la seguridad de la información, Especifica los requisitos necesarios para establecer, implantar, mantener y mejorar un Sistema de Gestión de la Seguridad de la Información.

Una buena gestión de seguridad informática es fundamental en cualquier negocio a día de hoy, y nos puede propiciar importantes beneficios además de ser un importante complemento en la estrategia TIC de la empresa.

Para la gestión de la seguridad informática, debemos considerar llevar a cabo una serie de pautas para cuidar de nuestra infraestructura y equipos informáticos, los cuales, por lo general, sustentan la información y procesos de negocio:

☐ **Protección perimetral frente accesos externos:** teniendo la infraestructura actualizada a nivel de software, antivirus o firewall para evitar sufrir un ataque.

☐ **Concienciación a los usuarios:** es uno de los puntos más importantes, y a veces al que menos se le prestan o dedican recursos. El "enemigo" lo podemos tener dentro y debemos explicar a los usuarios de la organización lo importante que son las buenas prácticas en materia de seguridad informática para el correcto funcionamiento de la organización.

☐ **Control de acceso a Internet:** se debe establecer un control de los usuarios a contenidos de Internet donde no deberían acceder. Se debe permitir acceso exclusivamente a webs que faciliten el trabajo de los empleados, como por ejemplo un comercial debiera poder acceder a páginas de distribuidores, clientes, etc.

☐ **Implementar servicios AntiSpam:** cuando hablamos de seguridad informática, el correo no deseado (SPAM) se ha convertido en uno de los problemas más serios por los volúmenes de correos no deseados que una organización puede recibir en un ataque organizado. Si no implantamos un servicio AntiSpam con el tiempo recibiremos cientos de correo diarios que nos hacen perder tiempo y dinero, así como causar la saturación de nuestras infraestructuras.

Si nuestra empresa no tiene el volumen suficiente como para tener un Administrador de Seguridad, siempre podríamos contratar dicho servicios a empresas especializadas según nuestras necesidades. Un administrador de Seguridad Informática, se encarga, entre otras cosas de crear un plan de seguridad y entre sus funciones destacan:

→ *Establecer qué información se va a proteger.*

→ *Definir restricciones de seguridad, es decir, quién debe acceder a según qué datos.*

→ *Establecer factores de riesgo.*

→ *Implementar medidas de seguridad: Antivirus, Firewalls, IDS, cifrado de archivos,...*

→ *Actualizaciones de software para tener nuestro sistema más seguro.*

Con el desarrollo de este epígrafe hemos conseguido:

♦ Evaluar la función y necesidad de cada servicio en ejecución en el servidor según las especificaciones de seguridad.

Acude a los Contenidos Extra para consultar el Resumen y realizar la Autoevaluación de esta unidad.

Análisis de impacto de negocio

Objetivos

☑ Identificar procesos de negocio soportados por sistemas de información, donde realizaremos un análisis detallado del proceso.

☑ Valorar los requerimientos de confidencialidad, integridad y disponibilidad de los procesos de negocio, que nos enseñará a mantener la integridad, confidencialidad y la disponibilidad de nuestros datos.

☑ Determinar los sistemas de información que soportan los procesos de negocio y sus requerimientos de seguridad, a fin de poder establecer políticas de seguridad y modelos de gestión.

Contenido

Introducción

1. Identificación de procesos de negocio soportados por sistemas de información

2. Valoración de los requerimientos de confidencialidad, integridad y disponibilidad de los procesos de negocio

    2.1. Confidencialidad

    2.2. Integridad

    2.3. Disponibilidad

3. Determinación de los sistemas de información que soportan los procesos de negocio y sus requerimientos de seguridad

 *Acude a los Contenidos Extra para ver el mapa conceptual de esta Unidad Didáctica, objeto de estudio fundamental para situarte según avances en los contenidos.*

Introduccion

El objetivo principal de un análisis de impacto de negocio es conocer la relación entre la tecnología de una empresa, los procesos que utilizan y los servicios que ofrecen.

Dicho análisis es un componente fundamental en el plan de continuidad dentro de una empresa, entre los que se incluyen procesos para encontrar debilidades y estrategias de reducción de riesgo. Como resultado de dicho análisis obtenemos un reporte de impacto de negocio que indica los posibles riesgos potenciales para la empresa.

En la actualidad, casi todas las empresas, independientemente de su tamaño y volumen de facturación, dependen en mayor o menor medida de los servicios de tecnología de información, por lo que cualquier cambio puede afectar a los aspectos del negocio.

Dado esto, la importancia del análisis de impacto, permite visualizar las posibles consecuencias de cualquier tipo de cambio de manera predecible antes de que se realice el mismo.

1. Identificación de procesos de negocio soportados por sistemas de información

En la fase de identificación de los procesos de negocio soportados por sistemas de información se pretende realizar un análisis detallado de los procesos de negocio, antes de desarrollar cualquier tipo de estrategia o acción orientada a los sistemas de información y, en particular, también cualquiera orientada a la seguridad informática. Con dicho proceso se consigue un mejor conocimiento, pudiendo mejorar el rendimiento de la organización en su globalidad.

Es realmente importante este enfoque que se convierte en crucial cuando ayuda a las empresas a estar continuamente mejorando soportándose en unos sistemas de información bien dimensionados, ajustando tiempos y costes sin que ello pueda llegar a repercutir en la calidad del servicio que estamos prestando.

Antes se utilizaban técnicas por las cuales los desarrolladores se centraban en analizar un sistema orientado a casos de uso específico de los usuarios. Utilizando este nuevo enfoque basado en procesos de negocio, lo que se intenta conseguir es pleno conocimiento de cada uno de los procesos de la organización, consiguiendo así un modelo mejor adaptado a las necesidades de cada servicio y evitando tener que hacer reajustes debidos a una incorrecta visualización de los mismos.

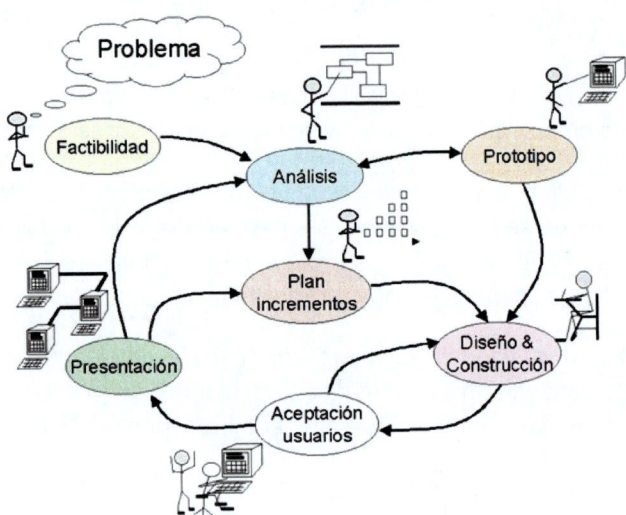

Se suelen realizar evaluaciones completas del entorno, compuestas por un estudio en profundidad que define los procesos de negocios críticos y los recursos necesarios para apoyarlos.

Con esta evaluación del entorno se pretende identificar los siguientes puntos:

❏ Los procesos de negocio más importantes de la empresa.

❏ Duración máxima de la interrupción de un proceso de negocio, que puede llegar a afectar al funcionamiento de la empresa.

❏ Repercusiones personales, financieras y productivas de una interrupción prolongada.

❏ Valoración de las pérdidas y el impacto a corto plazo.

❏ Equilibrar los costes de recuperación con diferentes umbrales de riesgo.

❏ Prioridades del proceso de recuperación de negocio.

❏ Protección y restauración de registros para la reanudación del negocio.

 *En las evaluaciones del entorno se examinan tanto las perdidas financieras como las intangibles que podrían producirse si los sistemas de información dejan de estar disponibles.*

Los costes que genera una interrupción se estiman, normalmente en costes económicos en función de la estimación de tiempo de la pérdida de servicio (horas, días o semanas). Este detalle constituye la base para adoptar decisiones estudiadas sobre los programas de recuperación y permite asignar prioridades y plazos de recuperación a los procesos de negocio, para así poder invertir recursos donde sean más necesarios.

Las ventajas que podemos obtener son las siguientes:

❑ Eficacia en el análisis en profundidad de las funciones más importantes del negocio.

❑ Conocimiento de la repercusión intangible así como de las pérdidas financieras debido a una interrupción prolongada.

❑ Definición de un plazo de recuperación, sobre el cual diseñar un sistema de contingencias.

❑ Identificar los recursos críticos para respaldar los procesos de negocio.

❑ Determinar decisiones de inversión sobre el mejor modo de reanudar sus operaciones de negocio.

Con los análisis de evaluación se pretende definir las dependencias específicas de las funciones del negocio, así como sus vínculos existentes con los recursos TI. Se debe detallar un mapa de las vulnerabilidades y requisitos de recuperación en caso de paralización prolongada.

Con el desarrollo de este epígrafe hemos conseguido:
❑ *Identificar procesos de negocio soportados por sistemas de información.*

2. Valoración de los requerimientos de confidencialidad, integridad y disponibilidad de los procesos de negocio

En el análisis de procesos de negocio, orientados desde la perspectiva de la seguridad informática, debemos valorar tres apartados muy importantes, como son la **confidencialidad**, la **integridad** y la **disponibilidad**.

2.1. Confidencialidad

 **Confidencialidad:** *propiedad de prevenir la divulgación o acceso a información de personas no autorizadas, es decir, que solo accedan personas que tengan autorización o permiso.*

Para garantizar la confidencialidad también se deben utilizar mecanismos de cifrado y de securización de la comunicación. Los protocolos de cifrado garantizan dicha confidencialidad durante el tiempo necesario para descifrar el mensaje.

 *Debemos entender que la confidencialidad es parte principal de los activos de una empresa y como tal debe ser protegida con medios técnicos y legales de accesos no autorizados.*

El establecimiento de pactos de confidencialidad con trabajadores y terceras empresas permitirá proteger la información corporativa confidencial. El incumplimiento de estos pactos puede suponer que se emprendan acciones legales y reclamaciones e indemnizaciones por daños y perjuicios.

Algunos medios de protección de la confidencialidad pueden ser:

❏ Limitar el acceso a la información confidencial, es decir, solo personal que por su cargo o función deba tener acceso a esos documentos. No hacerla extensiva a toda la organización y disponer de la trazabilidad de acceso oportuna en caso de producirse algún problema.

❏ Establecer contraseñas o permisos de accesos.

❏ Realizar copias de seguridad que eviten la pérdida de información.

Cuando se firma un pacto o acuerdo de confidencialidad debemos establecer unos puntos de obligado cumplimiento entre las partes, como por ejemplo:

❏ Especificar claramente qué se entiende por información confidencial, pudiendo establecer el deber de guardar secreto respecto a una determinada información.

❏ Establecer claramente los recursos, medios o información que se ponen a disposición de las partes para salvaguardar la confidencialidad.

❏ Establecer el deber de actuar fielmente en cuanto a la conservación, almacenamiento, transporte, etc., objeto del acuerdo.

❑　Establecer la obligación de devolver toda la información confidencial a la que se ha tenido acceso durante la relación laboral. Esta obligación de secreto suele tener una vigencia establecida en el acuerdo.

❑　También se ha de informar de las consecuencias que puede derivarse por el incumplimiento del acuerdo de confidencialidad. El Código Penal, en su artículo 197, establece penas de prisión por descubrir secretos o vulnerar la intimidad.

A continuación se exponen dos ejemplos sobre tratamiento de confidencialidad. En uno veremos aspectos referentes a la autorización y en el otro al cifrado.

Ejemplo – Autorización de acceso a recursos

En la red de una organización podemos compartir documentos, establecer el nombre de los usuarios o grupos de usuarios y el tipo de permiso que se les puede dar (lectura, lectura y escritura, …) a dichos documentos.

Por ejemplo, en una red local basada en equipos con sistema operativo Windows, pulsaremos botón derecho sobre una carpeta que queramos compartir, y a continuación en "Share With" o "Compartir con" y "Specific People" o "Especificar Usuarios". Otra opción es hacerlo desde la opción de "Properties" (Propiedades) de la propia carpeta.

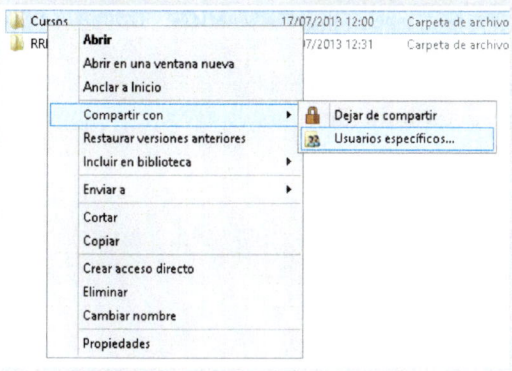

Aparecerá una ventana, donde podemos añadir usuarios y darles los permisos que deseemos.

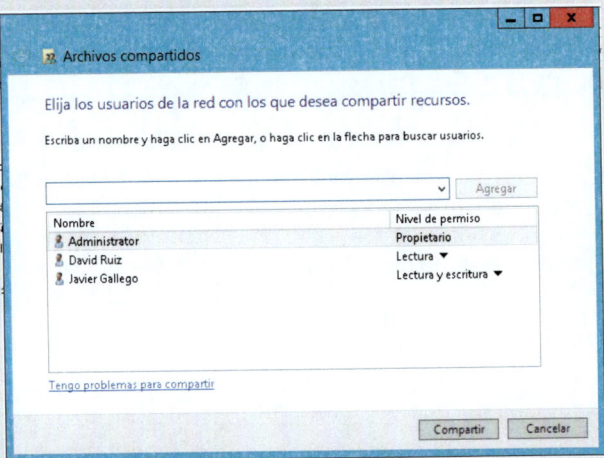

Posteriormente si el usuario está validado en el Dominio y tiene los permisos establecidos, podrá acceder a la carpeta utilizando la siguiente ruta:

\\NombreServidor\NombreCarpetaCompartida

El **cifrado** es otro mecanismo utilizado para ayudar a garantizar la confidencialidad. Tenemos varias opciones para su implementación, como pueden ser:

❑ Cifrar el documento.

❑ Estableciendo contraseña o utilizando herramientas específicas.

❑ Cifrando la conexión.

Cuando una conexión es cifrada, se añade una "s" a los protocolos de comunicación comúnmente utilizados, como pueden ser http y ftp, que se convertirían en **https** *y* **sftp**.

HTTPS: *Protocolo seguro de transferencia de hipertexto, es la versión segura de HTTP.*

SFTP: *Secure File Transfer Protocol; Protocolo Seguro de transferencia de ficheros.*

En este ejemplo vamos a compartir un documento con la aplicación Dropbox (www.dropbox.com), el cual permite subir a Internet documentos y compartirlos a través de un enlace.

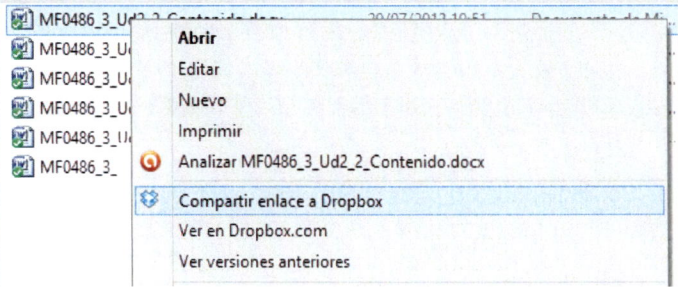

Al compartir el fichero o carpeta en Dropbox nos genera un enlace (URL) que podemos enviar por email para que el destinatario pueda descargarse el documento compartido mediante un protocolo de comunicación seguro.

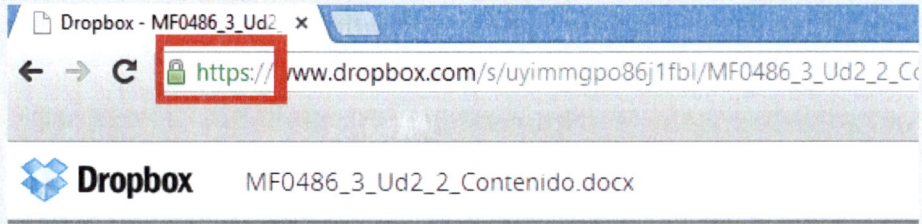

Como podemos ver en la imagen, la conexión es https y por lo tanto es cifrada.

2.2. Integridad

Integridad: *es la propiedad que busca mantener los datos libres de modificaciones no autorizadas, asegurando que, por ejemplo, un documento enviado no ha sido modificado en el proceso de envío.*

La violación de la integridad se lleva a cabo cuando se modifican o borran datos que son parte de la información, una vez ésta ha salido de su origen. Es decir, la información recibida no coincide con la información enviada en su inicio.

 *Mediante el cumplimiento de la integridad se pretende que la información permanezca inalterada a menos que sea modificada por una persona autorizada y dicha modificación sea registrada, asegurando así su confiabilidad.*

Para supervisar y cumplir la integridad de la información se suele utilizar la firma digital, que no es otra cosa que una secuencia de caracteres que se adjunta al final del cuerpo del mensaje. Una firma digital permite identificar inequívocamente a la persona que emite el mensaje, teniendo la seguridad de que el mensaje se encuentra exactamente igual que cuando fue emitido, proporcionando tanto identidad como integridad.

La firma digital aumenta la seguridad de las transacciones y nos aporta, entre otras, dos importantes ventajas:

❑ **Integridad del mensaje:** demuestra la validez de la información y nos asegura que está libre de información falsa o modificada sin autorización.

❑ **Requerimientos legales:** supone satisfacer algunos requerimientos legales y se encarga de cualquier aspecto legal en la transacción de documentos, como por ejemplo, contratos, nóminas, facturas, etc....

Por todo lo anterior, la firma digital es uno de los pilares fundamentales de la seguridad de la información.

Si disponemos de un documento PDF firmado, podemos ver la firma en el documento haciendo clic sobre él. En este caso, nos aparece información indicando que no ha sido modificado.

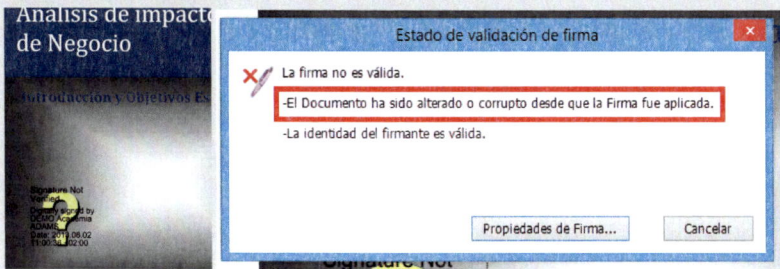

Algunas veces la firma no es visible en el documento, pero se puede acceder a ella muy fácilmente tal y como podemos ver en la siguiente captura. No obstante, esta opción depende del visor de archivos PDF que utilicemos.

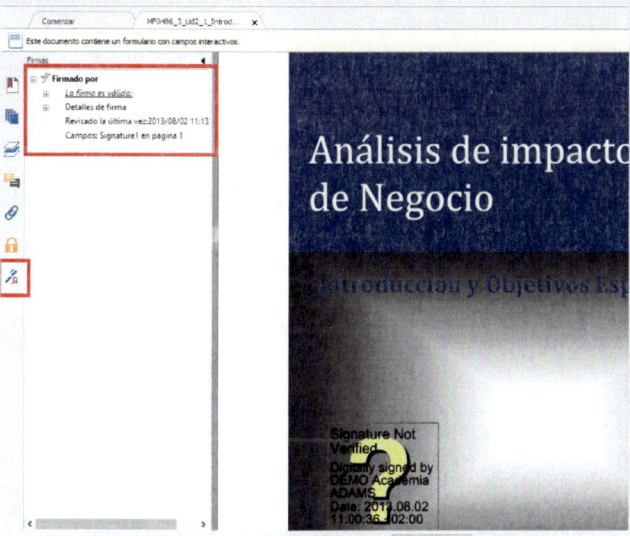

Si por un casual, alguien modifica el fichero, cuando lo abriésemos podríamos comprobar que nos aparece un mensaje indicando que ha sido modificado. Para ello, haríamos doble clic sobre la firma donde nos indicará que el documento ha sido alterado.

2.3. Disponibilidad

Disponibilidad: *es la característica, condición o cualidad de que la información esté a disposición de quienes tengan que acceder a ella, es decir, el acceso a la información y a los sistemas por personas autorizadas en el momento que lo requieran.*

Los sistemas informáticos utilizados para almacenar y procesar la información, la seguridad y los canales de comunicación deben estar funcionando correctamente cuando se realicen solicitudes de acceso.

La alta disponibilidad es un asunto de diseño y su implementación asegura un cierto grado de continuidad de los sistemas en caso de caída de algún servicio. Para asegurar un entorno de alta disponibilidad se deben utilizar servicios de comunicaciones, de seguridad y equipamiento que permitan disponer de la información continuamente replicada.

En este ejemplo podemos ver que en lugar de tener un servidor de correo electrónico, dispondríamos de dos servidores con la información replicada. De este modo en caso de mal funcionamiento del servidor principal, automáticamente entraría en funcionamiento el segundo servidor (también conocido como servidor de backup o de contingencia). Con esta arquitectura de servidores, estaríamos estableciendo un modelo de alta disponibilidad de servidores de correo.

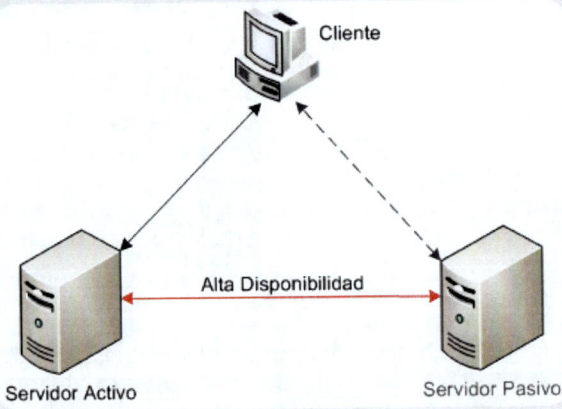

La alta disponibilidad, intenta tener en cuenta todos los posibles casos que puedan llegar a afectar a los servicios críticos de la empresa para así poder planificar un sólido plan de contingencias. No solo tiene en cuenta la caída de servidores, sino también de otros elementos hardware, como pueden ser routers, líneas de comunicaciones, conmutadores, etc. Servicios como el correo electrónico, bases de datos, presencia web, etc., utilizan mecanismos que ayudan a elevar la disponibilidad como clústeres, array de discos, equipos de alta disponibilidad, replicación de datos, redes de almacenamiento, enlaces redundantes, etc. para garantizar la disponibilidad establecida.

 **Array de discos:** *también conocido como RAID, es un conjunto de unidades de disco que aparecen lógicamente como si fueran un solo disco. Esta técnica incrementa el rendimiento y proporciona una redundancia que protege contra el fallo de uno de los discos de la formación. Los más comunes son RAID1, RAID5 y RAID10.*

Garantizar la disponibilidad implica también trabajar sobre la prevención y previsión de ataques al sistema de seguridad TI. Un ejemplo de amenaza que incide directamente sobre la disponibilidad de servicios es el conocido como ataque de denegación de servicio (DoS – Denied Of Service). Para prevenir este tipo de ataques, las empresas se pueden ayudar de sistemas de gestión que permitan conocer, administrar y minimizar posibles riesgos que atenten contra la seguridad informática.

La denegación de servicio es una amenaza, que se realiza utilizando equipos infectados (también conocidos como equipos esclavos) que son utilizados para realizar ataques predefinidos contra un mismo objetivo, normalmente sin que los propietarios de dichos equipos sepan lo que se está haciendo. Dichos equipos realizarán ataques simultáneos saturando los servicios la infraestructura objetivo, llegando a ralentizar su funcionamiento e incluso a inhabilitarla.

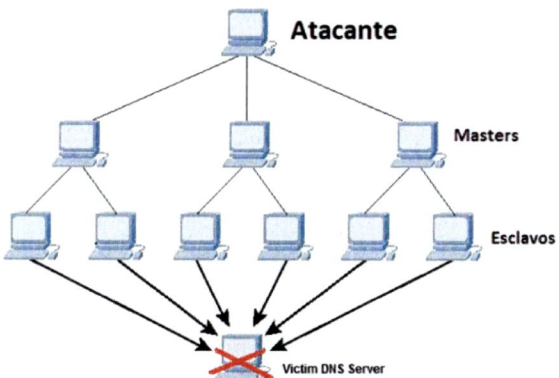

 *Con el desarrollo de este epígrafe hemos conseguido:*

❑ *Valorar los requerimientos de confidencialidad, integridad y disponibilidad de los procesos de negocio enseñándonos a mantener la integridad, confidencialidad y la disponibilidad de nuestros datos.*

3. Determinación de los sistemas de información que soportan los procesos de negocio y sus requerimientos de seguridad

Las TICs han dado un nuevo impulso y un nuevo enfoque a las actividades que realizamos cotidianamente y en particular a las relacionadas con la gestión y el procesamiento de la información. Dichos avances hacen necesaria la definición de un Plan Estratégico de los Sistemas de Información y consolidaciones de tecnologías informáticas y de las comunicaciones, que resuelvan las necesidades de las organizaciones.

 ***TICs:*** tecnologías de la información y la comunicación.

Se trata, por tanto, de definir las directrices, objetivos y líneas de actuación en materia de Sistemas de la Información que guiarán el funcionamiento TI de la organización. La planificación estratégica de sistemas es una eficaz herramienta de previsión, análisis y diagnóstico sobre el camino que debe recorrer la organización para adaptarse a los cambios y demandas tecnológicas y así lograr la máxima eficiencia y calidad de sus prestaciones.

Los factores claves que deben impulsar la innovación en el sector son los siguientes:

❑ Contener los costes y aumentar la eficiencia, especialmente en contextos de restricciones de presupuestos.

❑ Mejorar la prestación y los resultados.

❑ Aprovechar todo el potencial de las TICs.

Los planes estratégicos de sistemas de la información han de ser personalizados para cada organización, sin embargo la gran mayoría suelen pivotar sobre los siguientes puntos :

❑ Crear un modelo eficaz de Gestión de Servicios de TI garantizando la calidad, disponibilidad y continuidad de los mismos.

❑ Optimizar los recursos tecnológicos para hacerlos más eficientes en la prestación de servicios.

❑ Alinear los sistemas de información con los objetivos estratégicos de la organización, siendo un soporte para el cumplimiento de sus objetivos.

El propósito principal del plan estratégico de sistemas de información es realizar un estudio en profundidad de los sistemas de información y de los recursos informáticos partiendo de la necesidad de conseguir unos objetivos concretos, como pueden ser los siguientes:

❑ Alineación de la política de sistemas de información con la estrategia de la organización.

❑ Adecuar los sistemas actuales, tanto desde el punto de vista tecnológico como del organizativo.

❑ Determinar la estrategia de los sistemas de información.

❑ Evolución a corto, medio y largo plazo.

❑ Mejorar la calidad profesional y la gestión interna.

❑ Reducir los costes.

Estos objetivos pretenden generar unos resultados como pueden ser:

❑ Identificación de los estándares tecnológicos y de comunicaciones.

❑ Definición de los sistemas de información, con el fin de que el acceso a estos sea eficiente y seguro.

❑ Definición de las infraestructuras, soportes informáticos y de comunicaciones necesarios.

❑ Determinación de la estructura organizativa informática necesaria, a nivel de personal así como su cualificación.

❑ Elaboración de plan de actuación a corto, medio y largo plazo así como el calendario de trabajo con los periodos de tiempos estimados.

❑ Definición de los sistemas de información (arquitectura y servicios) que faciliten la información necesaria de manera que:

❑ Permitan desarrollar adecuadamente las estrategias y objetivos de la organización.

❑ Permitan medir la eficacia y progreso de los objetivos y estrategias.

❑ Sean la herramienta y el soporte fundamental de los procesos de la organización.

Si enfocamos un poco más el concepto de seguridad en los procesos de negocio nos encontramos con la necesidad de aplicar estrictas medidas de seguridad en algo tan importante como pueden ser los ERP.

 **ERP:** *(Enterprise Resource Planning) sistemas de planificación de recursos empresariales.*

Los ERP típicamente manejan la producción, logística, distribución, inventario, envíos, facturas y contabilidad de la compañía de forma modular. Sin embargo, la Planificación de Recursos Empresariales o el software ERP pueden intervenir en el control de muchas actividades de negocios como ventas, entregas, pagos, producción, administración de inventarios, calidad de administración y la administración de recursos humanos.

Con todo esto, podemos entender que establecer políticas de seguridad en nuestro ERP es algo altamente importante. Supongamos que realizamos miles de envíos al mes de nuestros productos pero no podemos facturar porque alguien ha borrado los datos de nuestro ERP o que no podemos entregar los pedidos porque no disponemos de una copia de seguridad de nuestro sistema, son miles los casos que nos podemos encontrar.

Debemos prevenir cualquier acción contra el ERP como pueden ser ataques, cambios de configuración, etc.

Alguna de las medidas de seguridad que debemos tomar son las siguientes:

❑ Disponer de **copia de seguridad** con periodicidad adecuada a la cantidad de datos que se procesan diariamente. Si la empresa realiza cientos o miles de facturas al mes, es muy aconsejable una copia diaria, sin embargo si solo hace 10 facturas al mes se podría establecer una copia de seguridad semanal.

❑ **Replicación de la información:** es aconsejable tener nuestro ERP replicado en otro servidor, incluso fuera de nuestras instalaciones. En un supuesto caso de caída del servidor debido a un fallo eléctrico, podrían acceder al servidor replicado utilizando comunicaciones VPNs.

❑ Establecer **directivas de seguridad** según departamentos o incluso individualmente según el estatus en la empresa. Por ejemplo, que solo pueda borrar facturas el director financiero de una empresa.

❑ **Encriptado de datos:** en caso de consigan nuestra base de datos esta sería ilegible si desconocen la contraseña de acceso.

❑ **Cambio de valor por defecto de autenticación de la Base de datos:** por ejemplo si nuestra base de datos es SQL Server, cambiar el usuario y la contraseña por defecto.

❑ **Políticas de encriptación del tráfico de datos:** a fin de que no puedan espiar las comunicaciones y los datos enviados sobre ellas.

❑ **Estrictas políticas de autenticación:** incluyendo contraseñas seguras y periodicidad de cambio de las mismas.

❑ **Controlar el acceso de las direcciones IPs** que tienen acceso a la aplicación en remoto utilizando para ello firewalls y otras medidas adicionales, para que se conecten solo desde las IPs autorizadas.

❑ Establecer medidas para **evitar la fuga de información**: controlar la información a la que los usuarios pueden acceder. Por ejemplo, controlar el envío de información por email, evitar la exportación de información a un pendrive o, incluso, deshabilitar el botón de imprimir pantalla.

❑ **Mantener el software actualizado**, es decir, sistema operativo, antivirus, base de datos, e incluso el propio ERP, ya que un fallo de seguridad de alguno de ellos podría ocasionar la perdida de datos.

A la hora de adquirir un ERP debemos preguntarnos cómo de seguro es el producto. Para ayudarnos a esto existen certificados de seguridad, como por ejemplo el certificado AVA_VLA que va desde el AVA_VLA.2, como nivel bajo de seguridad frente a un ataque de penetración, hasta el nivel alto de seguridad AVA_VLA.5.

Estos niveles de seguridad están estrechamente vinculados a otro llamado EAL, que tiene una escala del 1 al 7 y en los cuales se define los niveles de madurez y seguridad de un software.

❑ **EAL 1:** funcionalmente probado.

❑ **EAL 2:** estructuralmente probado.

❑ **EAL 3:** metódicamente probado y comprobado.

❑ **EAL 4:** diseñado, revisado y probado metódicamente.

❑ **EAL 5:** diseñado y probado semiforma inminente.

❑ **EAL 6:** diseñado, verificado y probado semiforma inminente.

❑ **EAL 7:** diseñado, verificado y probado formalmente.

 **EAL:** *(Evaluation Assurance Level) nivel de garantía de evaluación.*

Cuanto mayor sea el numero EAL mas seguridad puede ofrecer AVA_VLA a nivel de protección como podemos ver en esta tabla.

Assurance Class	Assurance Family	Assurance Components by Evaluation Assurance Level						
		EAL1	EAL2	EAL3	EAL4	EAL5	EAL6	EAL7
Vulnerability Assessment	AVA_CCA					1	2	3
	AVA_MSU			1	2	2	3	3
	AVA_SOF		1	1	1	1	1	1
	AVA_VLA		1	1	2	3	4	4

Siguiendo estas recomendaciones podemos asegurar nuestro ERP y con ello la estructura fundamental de cualquier empresa.

Con el desarrollo de este epígrafe hemos conseguido:

❑ *Determinar los sistemas de información que soportan los procesos de negocio y sus requerimientos de seguridad, a fin de poder establecer políticas de seguridad y modelos de gestión.*

Acude a los Contenidos Extra para consultar el Resumen y realizar la Autoevaluación de esta unidad.

UNIDAD DIDÁCTICA 3

Gestión de Riesgos

Objetivos

⊡ Entender la aplicación del proceso de gestión de riesgos al entorno de los sistemas de información.

⊡ Exponer las alternativas más frecuentes en las evaluaciones y gestión de los riesgos.

⊡ Establecer e identificar metodologías comúnmente aceptadas de identificación y análisis de riesgos.

⊡ Determinar las aplicaciones de controles y medidas de salvaguarda para obtener una reducción del riesgo.

Contenido

Acude a los Contenidos Extra para ver el mapa conceptual de esta Unidad Didáctica, objeto de estudio fundamental para situarte según avances en los contenidos.

Introducción

La gestión de riegos es un enfoque para manejar la incertidumbre de una amenaza, a través de una secuencia de normas que incluyen la evaluación de potenciales riegos hacia nuestro sistema.

Se pretende impedir, reducir, proveer y controlar efectos adversos. Es decir, reducir diferentes riesgos por causas físicas o legales, como por ejemplo, incendios, accidentes, desastres naturales, etc.

Los negocios pueden fallar o sufrir pérdidas dependiendo de una multitud de causas y razones. Las diferencias entre esas causas y sus efectos constituyen las bases de los riesgos. Los sistemas de contingencias y la aplicación de metodologías pueden paliar o reducir las situaciones potenciales de amenazas y riesgos.

1. Aplicación del proceso de gestión de riesgos y exposición de las alternativas más frecuentes

Los negocios pueden sufrir pérdidas dependiendo de una multitud de causas y razones. Las diferencias entre esas causas y sus efectos constituyen las bases de los riesgos. Podemos clasificar varios riesgos, en función de su naturaleza y del impacto que supondrían para la organización:

❑ **Riesgos financieros:** exposición a pérdidas económicas.

❑ **Riesgos dinámicos:** surgen como resultado de cambios en la economía, como puede ser la competencia, los clientes o decisiones erróneas de la administración de la empresa.

❑ **Riesgos estáticos:** como pueden ser, por ejemplo, los fallos humanos.

❑ **Riesgos especulativos:** describen una situación de posibilidad de pérdida o ganancia.

❑ **Otros tipos de riesgo:** serían los riesgos personales, físicos, químicos, fundamentales, particulares, etc....

Sin embargo, para el asunto que nos concierne, los principales riesgos de negocio relacionados con la informática son los siguientes:

❑ **Riesgos de integridad:** abarcan riesgos asociados a la autorización y exactitud de los datos y aplicaciones utilizadas.

❑ **Riesgos de procesamiento:** relacionados con el adecuado balance de los controles de prevención y detección que aseguren el procesamiento de la información.

❑ **Riesgos de backups y contingencias:** aquellos que afectan a posibles pérdidas de datos.

❑ **Riesgos nivel físico:** los relativos a la protección física de dispositivos y sistemas.

❑ **Riesgos en la administración de seguridad:** derivados de los propios procesos que monitorizan el estado de los sistemas internos de seguridad.

Desde la administración de la seguridad TI, existen metodologías o técnicas de procedimientos para administrar los riesgos a los que están expuestos los sistemas:

❑ **Reducción de riesgo:** los riesgos pueden ser reducidos con diversas acciones (todas ellas complementarias) como por ejemplo, asesoría de personas expertas, aplicación de programas de seguridad, aplicación de medidas preventivas, estimaciones de posibles pérdidas, etc.

❑ **Conservación de riesgos:** posiblemente sea el más común de los métodos. Cada empresa debe decidir qué riesgos se retienen o se transfieren basándose en su margen de contingencia.

❑ **Compartir riesgos:** cuando los riesgos se comparten, la posibilidad de pérdidas es transferida de la persona al grupo.

*El análisis del riesgo es un método sistemático de **recopilación, evaluación, registro y difusión** de información necesaria para elaborar recomendaciones, propuestas de actuación y medidas concretas en respuesta a un peligro determinado.*

Podemos considerar el análisis del riesgo como un proceso que consta de cuatro etapas:

❑ Identificación del peligro.

❑ Evaluación del riesgo.

❑ Gestión del riesgo.

❑ Comunicación del riesgo.

La **identificación del peligro** consiste en identificar el acontecimiento adverso que es motivo de preocupación.

En la **evaluación del riesgo** se tiene en cuenta la probabilidad (la probabilidad real y no sólo la posibilidad) de que se produzca el peligro, las consecuencias si ocurre y el grado de incertidumbre que supone.

La **gestión del riesgo** consiste en la identificación y aplicación de la mejor opción para reducir o eliminar la probabilidad de que se produzca el peligro.

La comunicación del riesgo consiste en el intercambio abierto de información y opiniones aclaratorias que llevan a una mejor comprensión y adopción de decisiones.

1.1.   Aspectos generales relacionados con la gestión de riesgos

1.1.1.   Determinar los objetivos

Debe ser uno de los primeros pasos a realizar con el fin de decidir el programa de administración de riesgos, para así poder obtener el beneficio máximo de los gastos derivados del mismo.

Este proceso nos permite contemplar la administración de riesgos de manera global y no como una serie de problemas aislados, lo cual nos daría una versión no real de la situación de riesgos de la compañía.

Pese a todas las medidas que la componen, la administración de riesgos debe poner especial atención a la revisión y evaluación continua, ya que pueden surgir nuevos riesgos al modificarse las condiciones de contorno de la seguridad TI (cambios tecnológicos, procesos, personas,....). Los administradores también tienen unas responsabilidades:

❑ Desarrollo de políticas de administración de riesgos: ayuda a la empresa en la identificación de objetivos.

❑ Identificar riesgos: se considera como una de las funciones más difíciles de la administración de riesgos, el cual requiere un sólido sistema de información y alerta sobre nuevas exposiciones a riesgos y pérdidas.

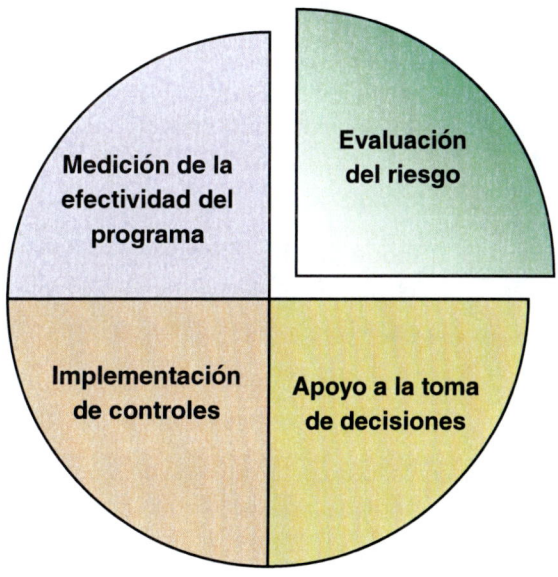

❑ Alternativas financieras: recomienda el camino a tomar y la toma de decisiones.

❑ Negociar el alcance de seguridad: determina qué nivel de seguridad es necesario y mantener un equilibrio entre alcance y coste.

❑ Supervisión de la administración interna: incluye estadísticas de pérdida, gestión documental de riesgos, administración y monitorización de riesgos.

❑ Funciones de riesgo: monitorización de seguros y supervisión de contratos.

❑ Prevención de pérdidas: conocimiento global del área expuesta a pérdidas.

1.1.2. Decisiones a la hora de administrar riegos

A la hora de tomar decisiones en la administración de riesgos nos podemos encontrar:

❑ **Buenas y malas decisiones:** puede resultar obvio, pero uno de los asuntos más complejos a la hora de toma de decisiones en la administración de riegos es distinguir las buenas decisiones de las malas, ya que se suelen tomar decisiones en condiciones de total incertidumbre. Dichas decisiones deben ser tomadas con la información disponible y lo más actualizada posible.

❑ **Decisiones Instintivas:** el instinto natural, la reacción instintiva al peligro, son medidas que se pueden clasificar como un comportamiento aprendido que se acaban convirtiendo en estándares que se convierten en reglas personales para la prevención de pérdidas.

❑ **Análisis Beneficio - Coste:** intenta medir la contribución que realiza la administración de riegos, identificando si sus beneficios exceden de sus costes y puede ser utilizado para analizar cualquier decisión donde los beneficios se obtienen en el tiempo estimado. Esto a su vez permite tomar decisiones sobre la naturaleza de los riegos.

❑ **Teoría de la utilidad:** originalmente introducida para explicar la naturaleza de la función de la demanda, es decir, la utilidad o satisfacción derivada del beneficio económico no aumenta en proporción con los incrementos en el bien.

❑ **Teoría de la decisión:** puede ser utilizada para determinar estrategias adicionales cuando una decisión tomada es afrontada con algunas decisiones alternativas.

El primer paso de un analista en la teoría de decisión es realizar una lista de las diferentes alternativas o hacer una lista con todos los futuros sucesos que podrían ocurrir. Dichos sucesos se clasifican en 3 tipos:

1. Toma de decisión bajo riesgo: todos los estados disponibles son probables.

2. Toma de decisión bajo certidumbre: solo un suceso futuro existe, y la decisión es tomada con certeza.

3. Toma de decisión bajo incertidumbre: existe más de un suceso futuro, pero nada es conocido sobre la probabilidad de ocurrencias de varios estados.

Un ejemplo podría ser a la hora de fabricar una serie de unidades de un producto. Si fabricamos 100, el coste de dicho producto sería 9 €, si fabricamos 200, el coste sería 8,5 € y si fabricamos 300 el coste bajaría a los 8 €. Si el precio de venta son 12 € y vendemos los 300 el beneficio sería máximo, pero el riesgo también sería muy alto, ya que cabe la posibilidad de vender solo 100, y las otras 200 unidades tendríamos que tirarlas a la basura, con la consiguiente pérdida económica.

1.1.3. Reglas de la administración de riegos

La administración de riesgos es considerada como un área funcional dentro de la administración de seguridad informática. Entre la determinación de las reglas que ha de seguir el equipo de seguridad para la gestión de riesgos, destacan:

❑ No arriesgar en exceso o determinar una estrategia conservadora: uno de los factores más importantes para establecer qué riesgos necesitan alguna acción específica es el máximo potencial de pérdida, algunas pueden ser seriamente graves mientras que otras pueden apenas tener consecuencias.

❑ Relación coste-riesgo: puede haber una estrecha relación entre el coste de transferencia de riesgo y el valor que acumula el que los transfiere.

❑ Consideración de diferencias: sugiere que la probabilidad de pérdida puede ser un factor para decidir qué hacer ante un riesgo en concreto.

1.1.4. Evaluación y revisión de problemas

Tanto la evaluación como la revisión de problemas son importantes en el proceso de administración de riesgos, principalmente por dos razones:

❑ Con los cambios constantes, resulta complicado aplicar las mismas soluciones que solventaban problemas en el pasado a los problemas que puedan surgir en la actualidad ya que puede que funcionen o no.

❑ Los errores siguen surgiendo continuamente, y una revisión nos permite descubrir errores pasados y actuar sobre ellos.

1.1.5. Evaluación y revisión general

Corresponde a la parte de control y gestión de alto nivel de la administración de riegos, y su función es verificar que las operaciones están de acuerdo con lo planeado. Requiere disponer de estándares y objetivos especificados para ser llevados a cabo, medir las ejecuciones de dichas operaciones y determinar acciones correctivas cuando sean necesarias.

1.1.6. Auditoría en la administración de riesgos

Es importante disponer de una metodología mínima que nos permita auditar nuestros procesos de administración de riesgos. Al menos, deberemos considerar los siguientes puntos:

❑   Evaluación de objetivos: incluye una revisión de los objetivos que propusimos en la definición de la administración de riesgos, considerando la situación final esperada o deseada y el cumplimiento de la realidad respecto a ellos.

❑   Identificación y evaluación de riesgos: consiste en analizar las diferentes operaciones para determinar las exposiciones a pérdidas.

❑   Evaluación de decisiones relacionada con las pérdidas: incluye una revisión de la extensión de riesgos, donde se debe reflexionar sobre las posibles pérdidas relacionadas con las decisiones adoptadas.

❑   Evaluación de medidas: revisa decisiones pasadas y verifica que la decisión fue correctamente implementada, al margen de su consecuencia.

Una vez realizado este análisis se emite un informe que contiene la siguiente información como mínimo:

❑   Características y descripción de los procesos y activos analizados.

❑   Relaciones, dependencias y evaluación de los diferentes activos.

❑   Verificación de cumplimiento de las normativas.

❑   Medidas preventivas y correctoras.

El alcance de la auditoría afecta principalmente a tres áreas:

❑   **Control de riesgos:** permite realizar auditorías especializadas como pueden ser auditoría de seguridad, ambiental, informática de protección y de pérdida de propiedades,...

❑   **Políticas de administración de riesgos:** enfoca los objetivos del programa, autoridad y responsabilidad.

❏ **Función de seguridad:** incluye la evaluación del rol en todo el programa de la administración de riesgos y la revisión detallada del programa de seguridad.

Los objetivos en la realización de este tipo de auditorías de riesgos son:

❏ Minimizar el coste del negocio causado por los riesgos.

❏ Protección del empleado de perjuicios.

❏ Optimización el manejo de los recursos.

❏ Conocer las obligaciones contractuales y legales.

Dichos objetivos los podemos clasificar, a su vez, en función de su naturaleza:

❏ Económicos: reducir el coste de las pérdidas de negocio causadas por los riesgos.

❏ Reducción de ansiedad: en referencia a la tranquilidad de tener medidas que manejan situaciones de adversidad.

❏ Estabilidad: efecto causado para controlar variaciones que pueden surgir de terceros o internas.

❏ Continuidad en el desarrollo: obligaciones contractuales o sociales que tiene la empresa con sus clientes, proveedores o trabajadores.

1.1.7. Políticas en la administración de riesgos

Son entendidas como un plan estándar de la empresa que traduce los objetivos en la administración de riesgos en guías más concretas que permiten, a su vez, determinar las políticas de administración a fin de tomar decisiones.

A nivel de informática, una política de seguridad puede orientarse a:

❏ Identificar las necesidades de seguridad y los riesgos que amenazan al sistema, y evaluar los impactos ante un ataque eventual.

❏ Relacionar todas las medidas de seguridad que deben implementarse para afrontar los riesgos de cada activo o grupo de activos.

❏ Definir un plan de contingencias.

❏ Establecer una perspectiva general de las reglas y los procedimientos que deben aplicarse para afrontar los riesgos identificados en los diferentes departamentos de la empresa.

❏ Detectar todas las vulnerabilidades del sistema de información y controlar los fallos que se producen en los activos, incluidas las aplicaciones instaladas.

1.1.8. Identificación de riesgos

Antes de enfrentarnos a los riesgos hay que identificarlos. Esta acción debe realizarse continuamente ya que las amenazas surgen constantemente. Dicha identificación depende del sistema de control de riesgos implementado por la empresa, desde el que se deben detectar las potenciales amenazas y riesgos derivados.

1.1.9. Herramientas de identificación de riesgos

Abarcan cualquier proceso, formas estándares o listas de comprobación, diseñándose para facilitar las labores de identificación de riesgos. Podemos encontrar los siguientes ejemplos:

❑ Cuestionario de análisis de riesgos: es la herramienta clave para la identificación de riesgos, son diseñados para orientar al administrador de riesgos y así descubrir posibles amenazas siguiendo una serie de preguntas.

❑ Check-list: también llamadas listas de chequeo o comprobación, existiendo tanto de políticas de seguridad y de exposiciones a riegos.

❑ Sistemas expertos: incorpora aspectos de las herramientas descritas en una sola, dando una mayor complejidad y eficiencia a los diferentes algoritmos de identificación de riesgos.

1.1.10. Plan de contingencias

Cualquier amenaza puede poner en riesgo los activos del sistema de información y poner así, en peligro la continuidad de la empresa. El plan de contingencias es una herramienta de gestión, que contiene medidas humanas, tecnológicas y de organización, que garanticen la continuidad de la empresa. Dichos planes suelen tener 3 sistemas independientes que detallamos a continuación:

❑ **Plan de emergencias:** contempla medidas a tomar cuando estamos sufriendo una amenaza, por ejemplo, el sistema automático de extinción de incendios.

❑ **Plan de respaldo:** se aplica para evitar que se produzcan daños, por ejemplo, una correcta conservación de las copias de seguridad.

❑ **Plan de recuperación:** se aplica cuando se ha producido un desastre, en el que debemos evaluar el impacto y conseguir regresar lo antes posible a la situación de normalidad. Un ejemplo sería encontrar un lugar alternativo donde poder trabajar en caso de destrucción de oficinas.

Un ejemplo de sistema de contingencias podría ser el siguiente:

Tener una imagen de un servidor, llamado Servidor A realizada con una herramienta como puede ser Acronis. Dicha imagen la tendríamos en un servidor remoto, llamado Servidor B donde disponemos de un software de máquinas virtuales, como puede ser VMWare o Virtual box.

En caso de fallo físico del Servidor A, podríamos "cargar" la imagen de dicho servidor en el Servidor B (siempre y cuando este servidor tenga recursos suficientes a nivel disco, RAM y procesador) y así conseguiríamos tener los Servidores A y B funcionando en una sola máquina física.

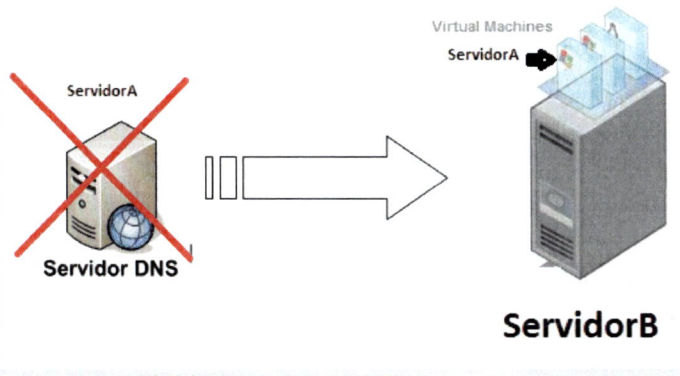

1.1.11. Guía para la elaboración del plan de gestión de riesgos

Una vez identificados y analizados los riesgos de proyecto, será necesario realizar un **plan de gestión de riesgos** que incluirá las acciones preventivas y correctivas (para cada riesgo) para eliminar o mitigar las consecuencias negativas del riesgo.

Este plan debe ser revisado y aprobado por el personal pertinente, identificándose los responsables de las acciones preventivas y correctivas en cada caso.

El plan de gestión de riesgos deberá ser actualizado cada vez que se produzca alguna variación significativa sobre cualquiera de las previsiones que en él se indican (fechas, actividades, recursos, organización, documentación, etc.).

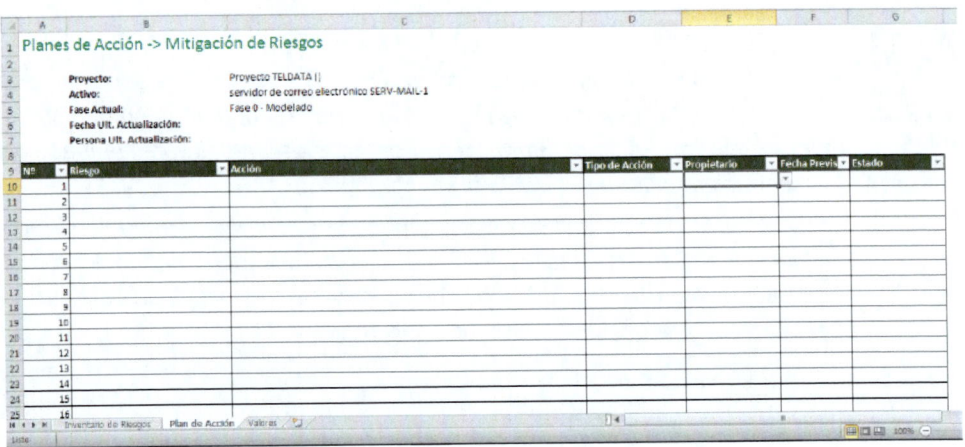

Modelo de Plan de Gestión de Riesgos

Con el desarrollo de este epígrafe hemos conseguido:

❏ Entender la aplicación del proceso de gestión de riesgos al entorno de los sistemas de información.

❏ Exponer las alternativas más frecuentes en las evaluaciones y gestión de los riesgos.

2. Metodologías comúnmente aceptadas de identificación y análisis de riesgos

Las técnicas de identificación de riesgos han sido desarrolladas por expertos y profesionales de diferentes disciplinas, cada una enfocada en su propia especialidad.

El primer paso en la gestión de riesgos es el análisis para determinar los componentes de sistemas que necesitan protección así, como sus vulnerabilidades y amenazas. Con este proceso de análisis conseguiremos valorar el grado de riesgos.

Se consideran **métodos cuantitativos** de análisis a aquellos que permiten asignar valores de ocurrencia a los diferentes riesgos identificados, es decir, que permiten calcular hasta un cierto nivel de confianza el grado de riesgo al que está sometido un sistema en virtud de sus vulnerabilidades.

Los métodos cuantitativos incluyen:

❑ Análisis de probabilidad.

❑ Análisis de consecuencias.

❑ Simulación computacional.

Los **métodos cualitativos** se caracterizan por no asignar un valor concreto a cada riesgo detectado. Se pueden utilizar cuando el nivel de riesgo sea bajo y no justifica el tiempo y los recursos necesarios para hacer un análisis completo. También porque los datos numéricos son inadecuados para un análisis más cuantitativo que sirva de base para un análisis posterior y más detallado del riesgo global del emprendedor.

Los métodos cualitativos incluyen:

❑ Lluvias de ideas o *brainstorming*.

❑ Cuestionario y entrevistas estructuradas.

❑ Evaluación para grupos multidisciplinarios.

❑ Juicio de especialistas y expertos (Técnica Delphi).

Por último, también se emplean **métodos semicualitativos** en los que, sin llegar a establecer valores concretos asignados a cada riesgo, sí se utilizan escalas de valoración – por ejemplo, riesgo nulo, posible, probable o muy probable-, o bien descripciones más detalladas de la probabilidad y la consecuencia.

Estas clasificaciones se muestran en relación con una escala apropiada para calcular el nivel de riesgo. El uso de escalas exige una interpretación homogénea por parte de todos los interesados a fin de evitar malos entendidos o malas interpretaciones sobre las valoraciones de riesgo realizadas.

El esquema que debe seguir nuestra política sobre riesgos debe incluir las siguientes etapas:

❑ Realizar inventario y valoración de activos.

❑ Identificar y valorar las amenazas que puedan llegar a afectar a nuestros activos.

❑ Identificación y valoración de vulnerabilidades así como de las amenazas que los afectan.

❑ Identificación y valoración de las medidas de seguridad existentes.

❑ Identificación de los objetivos de seguridad de la organización.

❑   Identificar y seleccionar las medidas de protección.

❑   Determinar el impacto que produciría un ataque.

 *Como hemos indicado anteriormente, **riesgo** es la posibilidad de sufrir un ataque aprovechando una vulnerabilidad, por lo que se han propuesto diferentes metodologías en sistemas informáticos.*

2.1. La metodología CRAMM

La metodología CRAMM (CCTA "Risk Analysis and Management Method") fue desarrollada por la agencia CCTA ("Central Computer and Telecommunications Agency") del gobierno del Reino Unido en 1985. Se han publicado distintas revisiones desde entonces, la última la versión V.5, incluyendo varias escalas para la valoración del impacto en una organización.

Dicha metodología incluye tres etapas:

❑   Definición global de los objetivos de seguridad: entre los que se incluyen identificación y evaluación de los activos físicos y software, la determinación del valor de los datos en referencia al impacto de negocio y la identificación.

❑   Análisis de riesgo: identificando las amenazas que pueden afectar al sistema, como pueden ser las vulnerabilidades y el cálculo de riesgos.

❑   Medidas de seguridad aplicada en la entidad: la metodología proporciona unas librerías con más de 3000 medidas de seguridad.

2.2. La metodología MAGERIT

A nivel nacional podríamos destacar MAGERIT, Metodología de Análisis y Gestión de Riesgos de los Sistemas de Información de las Administraciones Públicas, que fue publicada en 1997 y posteriormente revisada en el 2012 por el Ministerio de Hacienda y Administraciones Públicas.

Los principales objetivos de MAGERIT son concienciar a los responsables de TIC de la existencia de riesgos y la necesidad de adoptar medidas que permitan:

❑   Reducir el impacto.

❑   Ofrecer un método sistemático para analizar dichos riesgos.

❑   Facilitar los procesos de auditoría, evaluación, certificación o acreditación.

❏ Planificar medidas oportunas para mantener bajo control los riesgos anteriormente identificados.

 *MAGERIT (versión 3 actualmente) es una metodología de carácter público que puede ser utilizada libremente y no requiere autorización previa. Interesa principalmente a las entidades en el ámbito de aplicación del Esquema Nacional de Seguridad (ENS) para satisfacer el principio de la gestión de la seguridad basada en riesgos, así como el requisito de análisis y gestión de riesgos, considerando la dependencia de las tecnologías de la información para cumplir misiones, prestar servicios y alcanzar los objetivos de la organización.*

Otros países europeos han elaborado sus propias metodologías de análisis y evaluación de riesgos, como las francesas MARION (Asociación de Empresas Aseguradoras Francesas) y MELISA (definida dentro del entorno militar francés).

 *La empresa debería evaluar el nivel de riesgo teniendo en cuenta la frecuencia de materialización de amenaza y el nivel de impacto causado.*

Aquí podemos ver un ejemplo de una tabla con los elementos necesario para realizar una evaluación de cada unos de los recursos informáticos de la empresa:

RECURSO	Importancia para la organización	Identificación de una amenaza	Probabilidad materialización amenaza	Vulnerabilidad del sistema ante amenaza	Evaluación del impacto (económico, etc.)	Evaluación total del riesgo
Recurso A						
Recurso B						

Otras herramientas y metodologías

Existen otras herramientas y metodologías que nos permitirán evaluar el riesgo, algunos ejemplos son los siguientes:

❏ **COBRA:** *(Consultative Objective and Bi-functional Risk Analysis)*, software de evaluación del riesgo que también contempla los controles previstos por la norma ISO 17799.

❏ **OCTAVE:** *(Operationally Critica Threat, Analysis and Vulnerability Evaluations),* metodología de análisis y evaluación de riesgos.

❑ **RiskWatch:** software de evaluación del riesgo que contempla los controles previstos por la norma ISO 17799.

ISO 17799: proporciona recomendaciones de las mejores prácticas en la gestión de la seguridad de la información a todos los interesados y responsables en iniciar, implantar o mantener sistemas de gestión de la seguridad de la información.

Con el desarrollo de este epígrafe hemos conseguido:

❑ *Establecer e identificar metodologías comúnmente aceptadas de identificación y análisis de riesgos.*

3. Aplicación de controles y medidas de salvaguarda para obtener una reducción del riesgo

Una vez realizado el análisis de riesgo, hay que determinar cuales serán los servicios necesarios para conseguir un sistema de información seguro (integridad, disponibilidad, autenticación, confidencialidad, etc.). Debemos proteger y salvaguardar estos medios para reducir o eliminar el riesgo intentando controlar las vulnerabilidades de los activos.

Las organizaciones deben llevar a cabo una correcta y cuidadosa selección, verificación e implantación de las medidas de seguridad. Durante este proceso puede ser de gran ayuda los diferentes estándares a nivel internacional, como la norma ISO 17799, que incluye una serie de buenas prácticas y controles de seguridad, con lo que se pretende una disminución de riegos tras su implantación.

Si aun así, el nivel de riegos resultante continuase siendo demasiado elevado para los objetivos fijados por la empresa, deberíamos seleccionar medidas de seguridad adicionales y volver a realizar el análisis de riesgos. Debemos tener en cuenta que siempre existirá un cierto riesgo residual que la empresa deberá estar dispuesta a aceptar, ya que, el coste de reducir esa parte de riesgo a nivel técnico y económico sería muy alto.

Es altamente aconsejable realizar evaluaciones de nivel de riesgo periódicamente, ya que es necesario contemplar los cambios experimentados por la puesta en marcha de nuevos recursos, aplicaciones, servicios, incorporación de personal, nuevas instalaciones, etc.

En todo el proceso de gestión y evaluación de riesgos, será necesario prestar una especial atención al estado de los servicios, recursos y activos críticos para la empresa, los cuales deben ser siempre prioritarios.

Como punto final, tras la correcta implantación de dichas medidas, la empresa debe determinar el nivel de riesgos residual obtenido a raíz del proceso de evaluación de riesgos, teniendo en cuenta que nuestros servicios y procesos ya se encuentran protegidos.

Una alternativa muy utilizada es la transferencia de riegos a terceros, como puede ser la subcontratación de un servicio a un proveedor especializado en ofrecer servicios de seguridad informática o la contratación de una póliza de seguros especializada.

Es importante ser consciente de la importancia de tratar de mantener un equilibrio técnico y económico en el nivel de riesgo.

Cuando contratamos un seguro que cubra daños o ataques informáticos, es necesario tener en cuenta que las aseguradoras suelen exigir una valoración externa del sistema de seguridad de la empresa, que nos exijan modificar nuestras políticas de seguridad, adquirir un determinado software o hardware de seguridad y la implantación de procedimientos o sistemas de contingencias.

Dentro de las pólizas tradicionales de seguros de daños no se suelen incluir aspectos relacionados con la responsabilidad civil, daños ocasionados por fallos o ataques informáticos, virus, hackers, etc.

Deberemos contratar pólizas especializadas en seguridad informática y que contemplen todos los tipos de coberturas, derivados de ataques, fallos o incidentes de seguridad informáticos así como las pérdidas económicas ocasionadas por los mismos. También suelen incluir la contratación de consultores de seguridad informática que nos pueden ayudar a eliminar los daños. Dichas pólizas especializadas suelen incluir coberturas sobre reclamaciones de terceros, motivados por los daños que se pueden ocasionar a otras redes o sistemas informáticos que resulten afectadas por un problema nuestro.

Nuestra empresa ha sido infectada por un virus, el cual ha convertido nuestros ordenadores en equipos zombis y estos a su vez han infectado a otra empresa, los seguros podrían llegar a cubrir los daños propios y los de la otra empresa infectada.

Si se opta por la modalidad de subcontratación de un empresa especializada en ofrecer determinados servicios de seguridad, utilizaremos acuerdos de SLA (*Service Level Agreement* o Acuerdo de Nivel de Servicio) por los cuales podemos establecer métricas sobre la calidad con la que prestarán sus servicios.

Si nuestra empresa no se plantea disponer de un departamento de sistemas de información o, simplemente, tener contratado personal informático, podemos subcontratar a una empresa especializada que nos facturará por las horas o trabajos realizados. Así podemos acceder a un servicio de seguridad a un coste óptimo y transferimos el riesgo a terceros. No obstante, no hay que olvidar que el afectado final por la materialización de riesgos sería nuestra empresa.

En ocasiones, los SLAs llamados de "alta disponibilidad" se suelen establecer utilizando "nueves" en su definición porcentual de disponibilidad de los servicios:

❑ *Disponibilidad del sistema 99,9% = 43.8 minutos/mes u 8,76 horas/año ("tres nueves").*

❑ *Disponibilidad del sistema 99,99% = 4.38 minutos/mes o 52.6 minutos/año ("cuatro nueves").*

❑ *Disponibilidad del sistema 99,999% = 0.44 minutos/mes o 5.26 minutos/año ("cinco nueves").*

La monitorización de servicio, actividad de equipos, tráfico de red, filtrado de contenidos, actualización de servidores, etc. también suelen estar incluidos dentro de los contratos SLA.

Con el desarrollo de este epígrafe hemos conseguido:

❑ *Determinar las aplicaciones de controles y medidas de salvaguarda para obtener una reducción del riesgo.*

Acude a los Contenidos Extra para consultar el Resumen y realizar la Autoevaluación de esta unidad.

Plan de implantación de seguridad

Objetivos

- ▣ Identificar la estructura de un plan de implantación, explicando los contenidos que figuran en cada sección.

- ▣ Distinguir los sistemas que pueden aparecer en el plan de implantación, describiendo las funcionalidades de seguridad que implementan.

- ▣ Describir los niveles de seguridad que figuran en el plan de implantación, asociándolos a los permisos de acceso para su implantación.

Contenido

Introducción

1. Determinación del nivel de seguridad existente de los sistemas frente a la necesaria en base a los requerimientos de seguridad de los procesos de negocio

2. Selección de medidas de salvaguarda para cubrir los requerimientos de seguridad de los sistemas de información

3. Guía para la elaboración del plan de implantación de las salvaguardas seleccionadas

    3.1. Niveles de madurez

    3.2. ORG - Marco Organizativo

    3.3. OP - Marco Operacional

    3.4. Medidas de protección

 *Acude a los Contenidos Extra para ver el mapa conceptual de esta Unidad Didáctica, objeto de estudio fundamental para situarte según avances en los contenidos.*

Introducción

En esta unidad aprenderemos a realizar un plan de implantación de seguridad que incluye todos los procesos y servicios involucrados en la administración de la seguridad con el fin de reducir, eliminar o evitar los riesgos identificados en la Organización.

1. Determinación del nivel de seguridad existente de los sistemas frente a la necesaria en base a los requerimientos de seguridad de los procesos de negocio

Hace años, cuando nos referíamos a seguridad informática hablábamos principalmente de aspectos lógicos que contemplaban cortafuegos, permisos, contraseñas, herramientas de detección de intrusos, etc, dando poca o prácticamente ninguna importancia a todo lo que hubiera dado servicio TI (infraestructuras físicas, usuarios, servicios…).

Con el tiempo, se ha pasado de hablar de seguridad informática a hacerlo de seguridad de los sistemas de información, concepto similar en el que simplemente se agregaba "información" como palabra de avance, dándole la importancia que se merece, ya que, realmente, el fin era proteger la información y no solo los sistemas que la trataba. De un tiempo a esta parte, hemos comenzado abandonar el concepto de seguridad de la información para hablar de "**seguridad de los procesos de negocio**".

 *En la actualidad, todas las organizaciones deberían estar orientadas a los procesos de negocio, debiendo ejecutar determinados procesos imprescindibles para sobrevivir. Si estos procesos fallan, sin darle la importancia necesaria, estaríamos sometiendo a la organización a un riesgo determinado o global.*

Para que cada proceso se ejecute de forma correcta, continua y completa, se precisa una gestión determinada **(riesgo organizativo)** para que dé lugar a poder ejecutarlo mediante personas/equipo **(riesgo humano)** y técnicas o tecnologías **(riesgo técnico),** y todo ello bajo condiciones de contorno establecido **(riesgo físico y riesgo legal)**.

 *Un escenario perfecto sería llegar a nuestro puesto de trabajo y ver que el nivel de riesgo es bajo. Si fuera medio, deberíamos ver qué proceso podría degradar nuestra seguridad, a qué servicio podría verse afectado y si corresponde tomar medidas. Por su puesto si fuera alto, nos preocuparemos inmediatamente y desencadenaríamos el protocolo de seguridad establecido a tal efecto.*

Debemos ser conscientes de que para el Director General de una empresa su mayor preocupación es que sus procesos comerciales, de facturación, de operación, etc…, funcionen bien y que sean seguros y fiables. Si se degradan, probablemente al Director General no le importará que sea por culpa de un pirata informático, de la caída de los servidores o la caída de bolsa, en cualquier modo, su negocio se encuentra en riesgo y hay que tomar medidas urgentes para mitigarlo.

Muchas de las organizaciones basan la **seguridad de los procesos de negocio** en la implantación de un esquema de seguridad, donde se analizaran los elementos implicados y se aplicaran niveles de seguridad. Muchas de estas organizaciones basan su implantación en los estándares del Esquema de Seguridad Nacional.

Esquema Nacional de Seguridad
El Real Decreto 311/2022, de 3 de mayo,tiene por objeto regular el Esquema Nacional de Seguridad (en adelante, ENS), establecido en el artículo 156.2 de la Ley 40/2015, de 1 de octubre, de Régimen Jurídico del Sector Público.
El ENS está constituido por los principios básicos y requisitos mínimos necesarios para una protección adecuada de la información tratada y los servicios prestados por las entidades de su ámbito de aplicación, con objeto de asegurar el acceso, la confidencialidad, la integridad, la trazabilidad, la autenticidad, la disponibilidad y la conservación de los datos, la información y los servicios utilizados por medios electrónicos que gestionen en el ejercicio de sus competencias.
Lo dispuesto en este real decreto, por cuanto afecta a los sistemas de información utilizados para la prestación de los servicios públicos, deberá considerarse comprendido en los recursos y procedimientos integrantes del Sistema de Seguridad Nacional recogidos en la Ley 36/2015, de 28 de septiembre, de Seguridad Nacional.

Una información o un servicio pueden verse afectados en una o más de sus dimensiones de seguridad. Cada dimensión de seguridad afectada se le asignará uno de los siguientes niveles:

BAJO — MEDIO — ALTO

Si una dimisión no es afectada no se le asignará un nivel de seguridad.

2. Selección de medidas de salvaguarda para cubrir los requerimientos de seguridad de los sistemas de información

Las medidas de salvaguardas aplicables en la seguridad de los sistemas de información se clasifican en tres niveles (básico, medio y alto). Estos niveles los clasificaremos según la información tratada y el nivel de confidencialidad que requiere.

La medida principal y más importante es la elaboración del documento de seguridad que debe contener la información detallada de los recursos protegidos, las medidas, normas, reglas, funciones y obligaciones de los usuarios, la gestión de incidencias y la respuesta ante ellas, así como los procedimientos de copias de recuperación de datos y la correcta documentación del control de acceso.

Este documento será actualizado y revisado en todo momento por si sufriera cambios.

En el siguiente apartado explicaremos las medidas que se han de implantar a la hora de realizar un plan de seguridad.

ESQUEMA NIVEL MEDIO

Medidas de seguridad nivel MEDIO

Documento de seguridad

En el nivel medio se incluyen las medidas del nivel básico e iremos, de forma incremental, relacionando las siguientes medidas.

Identificación responsable de seguridad.

Auditorías.

Control de acceso.

Gestión de soporte.

Pruebas con datos reales.

ESQUEMA NIVEL BÁSICO

Medidas de seguridad nivel BÁSICO

Documento de seguridad

En el nivel básico incluiremos de forma incremental las siguientes medidas.

Funciones y obligaciones del personal.

Registro de incidencias.

Identificación y autenticación.

Control de acceso.

Copias de respaldo y recuperación.

ESQUEMA NIVEL ALTO

Medidas de seguridad nivel ALTO

Documento de seguridad

En el nivel alto incluiremos las medidas del nivel básico y medio, y se relacionarán de forma incremental las siguientes medidas.

Distribución de soportes.

Registro de accesos.

Copias de respaldo y recuperación.

Telecomunicaciones.

Con el desarrollo de este epígrafe hemos conseguido:

❑ *Describir los niveles de seguridad que figuran en el plan de implantación.*

3. Guía para la elaboración del plan de implantación de las salvaguardas seleccionadas

Toda organización necesita asegurarse del alcance de sus objetivos, definiendo en todo momento las responsabilidades, los canales de coordinación y funciones que le permitirá gestionar el día a día las actividades y atender ordenadamente los incidentes que puedan surgir.

Toda estructura organizativa necesita de una evaluación constante y análisis de respuesta a los incidentes de tal forma que se permita el aprendizaje de la experiencia sufrida, la corrección de defectos o vulnerabilidades y se busque la excelencia por medio de la mejora continua superando las debilidades.

 *A la hora de realizar un plan de implantación de salvaguardas, hay que tener claro que existen unas medidas mínimas que debemos implementar. Como hemos visto anteriormente debemos justificar los motivos por los que no se amplían otras medidas.*

 **ENS** – *Esquema Nacional de Seguridad.*

Para realizar correctamente un plan de implantación de salvaguardas de seguridad, y siguiendo siempre el modelo estándar del ENS, se aconseja que trabajemos siempre con los siguientes conceptos de actuación más importantes:

❑ **Niveles de madurez.**

❑ **Org- marco organizativo.**

❑ **Marco operacional.**

❑ **Medidas de protección.**

A continuación se explica los conceptos con los que trabajaríamos en una implantación.

3.1.　Niveles de madurez

Con el fin de implantar niveles madurez a un proceso, se aconseja que identifiquemos la profesionalización de la actividad que hace que el proceso sea más efectivo, por ejemplo, mediante la identificación de certificaciones ISO 9001 o ISO 27001, considerando que el nivel de madurez era adecuado.

 *Para entender cómo funcionan los niveles de madurez observamos en el ejemplo siguiente de implantación ISO 9001, en la que en la revisión de los recursos se requiere que se mejore el proceso asignando un nivel L2.*

Los niveles identificados son los siguientes:

NIVEL	DESCRIPCIÓN
L0	**Inexistente.** Esta medida no está siendo aplicada en este momento.
L1	**Inicial / ad hoc.** Cuando la organización no proporciona un entorno estable. El éxito o fracaso del proceso depende de la competencia y buena voluntad de las personas. Pese a que disponer de un entorno"caótico" puede ser mejor que no tener nada, es difícil prever la reacción ante una situación de emergencia.
L2	**Repetible, pero intuitivo.** Cuando existe un mínimo de planificación que, acompañada de la buena voluntad de las personas, proporciona una pauta a seguir cuando se repiten las mismas circunstancias. Es impredecible el resultado si se dan circunstancias nuevas.
L3	**Proceso definido.** Se dispone de un catálogo de procesos que se mantiene actualizado. Estos procesos garantizan la consistencia de las actuaciones entre las diferentes partes de la organización, que adapta sus procesos particulares al proceso general. Una diferencia importante entre el nivel 2 y el nivel 3 es la coordinación entre departamentos y proyectos. Coordinación que no existe en el nivel 2 y que es gestionada en el nivel 3.
L4	**Gestionado y medible.** Cuando se dispone de un sistema de medidas y métricas para conocer el desempeño (eficacia y eficiencia) de los procesos. La Dirección es capaz de establecer objetivos cualitativos a alcanzar y dispone de medios para valorar si se han alcanzado los objetivos y en qué medida.
L5	**Optimizado.** En este nivel la organización es capaz de mejorar el desempeño de los sistemas y procesos a base de una mejora continua basada en los resultados de las medidas e indicadores.

PLAN DE IMPLANTACIÓN	PROCESO	NIVEL DE MADUREZ	OBSERVACIONES	NIVEL MÍNIMO
ISO 9001	Revisión de los recursos de la organización	L2	Requiere mejora	Repetible

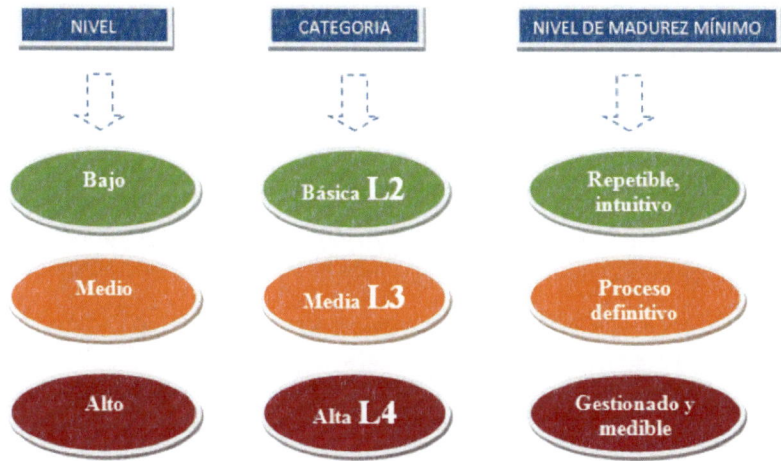

Cuadro nivel de madurez por sistema

3.2. ORG - Marco Organizativo

Como ya se ha estudiado, toda organización necesita organizarse y disponer de una estructura en constante análisis y evolución.

Aquella que contenga carencias de este nivel está expuesta a no ser completamente efectiva, y sus resultados dependerán de la suerte y el buen hacer de los miembros, sin poder garantizar que se vaya alcanzar los objetivos propuestos. Para ello y dentro del marco organizativo trabajaremos siempre con las siguientes referencias:

❑ **Distribución de roles y funciones.**

◆ **Responsable de la información**> Secretaria General.

◆ **Responsable de los servicios >** Gerente o similar de la organización.

◆ **Responsable de Seguridad >** Director del Servicio de Tecnologías de la Información y las Comunicaciones.

♦ **Responsables del Sistema IT >** Jefes del Servicio de Tecnologías de la Información y las Comunicaciones.

♦ **Administrador de Seguridad >** Administrador Técnico de Redes y Seguridad TIC.

❏ **Organización y Gestión en la Seguridad de los sistemas TIC**

Sus objetivos son la organización del diseño, implantación, mantenimiento de un conjunto de procesos de seguridad TIC, buscando asegurar la confidencialidad, integridad y disponibilidad de los mismos y minimizando los riesgos de seguridad de la información.

❏ **Organización interna**

La información interna dentro del marco organizativo es inherente a las organizaciones. Y es que, una empresa es, al fin y al cabo, un conjunto de personas que interaccionan intercambiando información. Por ello, la información interna en una organización se considera mucho más importante que la información externa.

Para que esto se lleve a cabo trabajaremos siempre con los siguientes principios básicos de elaboración del plan de implantación.

 *Para ajustar al máximo la seguridad de la información, esta debe ajustarse al máximo a las necesidades de los servicios que prestan a la organización.*

3.2.1. Política de Seguridad

El cometido de la Comisión de Seguridad es la revisión anual de la Política de Seguridad de la Información y la pertinente propuesta de revisión y/o mantenimiento de la misma. Dicha política será aprobada por los altos niveles de la organización y difundida a todas las partes implicadas.

❏ Aplicaremos la seguridad como un proceso integral.

❏ Realizaremos revaluaciones periódicas.

❏ Obtendremos el compromiso de la Dirección con la Seguridad de la información.

❏ Asignaremos responsabilidades relativas a la información y su seguridad.

❏ Aplicaremos legislación posible.

La comisión de seguridad la forma: el Director de la organización en materia TIC, el Responsable del Servicio, el Responsable de Seguridad y Responsable de Sistemas IT.

3.2.2. Normativa de Seguridad

La normativa de seguridad es el reglamento redactado en un documento que sin entrar en detalle, establece la manera de afrontar aspectos relativos a la seguridad en ciertos momentos en los que se debe actuar recogiendo así un procedimiento explícito y que puede dar lugar a contradicciones.

La normativa de seguridad, en ocasiones recibe el nombre de "standards" o "policies" (en inglés).

En esta normativa se debe contemplar la aplicación y el uso correcto e incorrecto, dando así a conocer todo el alcance. Debe ser realista y viable, saliéndose así de la dificultad de actuación en caso de encontrar contradicciones en la aplicación. Debe estar correctamente identificada y localizada como también ser descriptiva en todo momento.

La normativa típica es la siguiente:

- ❑ Control de acceso.
- ❑ Protección de los autenticadores (contraseñas, tarjetas, etc).
- ❑ Puesto de trabajo despejado y equipos desatendidos.
- ❑ Protección frente a software malicioso: virus, spyware, ardware, …
- ❑ Desarrollo de aplicaciones (software).
- ❑ Instalación de aplicaciones (software).
- ❑ Acceso remoto.
- ❑ Tele-trabajo.
- ❑ Uso de portátiles.
- ❑ Gestión de soportes de información removibles (tales como CD, llaves USB, etc).
- ❑ Tratamiento de la información impresa: copias, almacenamiento y destrucción.

❏ Uso del correo electrónico.

❏ Uso de la web.

❏ Problemas de ingeniería social.

❏ Criterios de clasificación de la información.

❏ Copias de respaldo (backups).

❏ Relaciones con terceros (proveedores externos).

❏ Acuerdos de confidencialidad.

❏ Resolución de incidencias.

3.2.3. Procedimientos Operativos de Seguridad

Estos procedimientos recogen paso a paso cómo se realiza una cierta actividad. Esto facilita las tareas rutinarias evitando así despistes importantes y problemáticos durante la ejecución de la citada actividad.

Cada procedimiento debe contener:

❏ Las condiciones en las que debe aplicarse.

❏ El responsable que debe llevarlo a acabo.

❏ Lo que hay que hacer en cada momento y el registro de la actividad.

❏ La identificación de anomalías.

❏ Mecanismo se utilizará para escalar la situación.

Todo procedimiento debe contener al menos un 85% de las actividades rutinarias como también las tareas que se realizan de manera poco frecuente pero requieren realizar pasos concretos muy precisos.

Nunca debe ocurrir que una cierta actividad solo la pueda realizar una persona determinada y debe estar plasmado cómo se realiza por si una persona pudiera ser remplazada.

Para que los procedimientos puedan ser aplicables por los usuarios, estos deben tener la facilidad de poder acceder a ellos rápidamente y siempre a las versiones más actualizadas.

El uso de Intranet como repositorio para depositar estos documentos se ha traducido en una actuación altamente eficaz, ya que facilitamos la revisión rápidamente y lograremos que se reporten posibles errores y carencias.

3.2.4. Proceso de Autorización

Ningún procedimiento que requiera de responsabilidades sobre la información de servicios debería admitir elementos no validados y/o no autorizados, ya que la libre incorporación deterioraría la confianza en el sistema.

Según el ENS se aconseja una serie de elementos en materia de seguridad de la información en los que se requiere "autorización previa".

❑   La utilización de instalaciones, habituales o alternativas.

❑   Instalación de equipos en producción, en particular, equipos que utilicen criptografía.

❑   Entrada de aplicativos en producción.

❑   Establecimiento de comunicaciones con otros sistemas.

❑   Utilización de medios de comunicación, habituales y alternativos.

❑   Utilización de soportes de información.

❑   Utilización de equipos móviles. Se entenderá por equipos con movilidad, ordenadores portátiles, PDA…

❑   Utilización de equipos propiedad del usuario.

El proceso de autorización requiere de ciertos elementos para proceder correctamente, partiendo, por ejemplo, de un formulario de validación donde se defina en todo momento la persona o punto de contacto con privilegios para autorizar.

Estos elementos son:

❑   La descripción detallada de la actuación o elemento para la que se precisa la autorización.

❑   La justificación de que la nueva actuación o elemento no afecta a otras funcionalidades de los sistemas.

❑   Las vulnerabilidades si proceden, pudiendo poner en riesgo el sistema. En este caso se expondrá en todo momento las medidas para gestionarlo en el caso de amenaza.

Existen autorizaciones temporales que brindan la posibilidad de desarrollar los nuevos procedimientos hasta la formalización autorizada del procedimiento definitivo.

Antes de la actuación, se requiere la aprobación (firma) del responsable para poder garantizar la completa información a todas las capas de la empresa y pedir responsabilidades en caso de una catástrofe originada por una acción.

3.3. OP - Marco Operacional

El OP – Marco Operacional reúne las medidas para proteger la operación de los sistemas como conjunto integral.

Dentro del marco operacional destacaremos:

❑ La planificación.

❑ El control de acceso.

❑ Explotación.

❑ Servicios externos.

❑ La continuidad de servicio.

❑ Monitorización de los sistemas.

3.3.1. La planificación

La planificación es un requisito previo a la puesta en marcha de la explotación. Para ello, y como vimos anteriormente, analizaremos los riesgos para validar el conjunto de medidas, la necesidad de medidas adiciones y justificar las alternativas.

En la planificación debemos tener en cuenta como requisito importante:

❑ El análisis de riesgo.

❑ La arquitectura de seguridad.

A) Análisis de riesgos

Todo análisis debe anticiparse a los riesgos más significativos y priorizarlos siendo una actividad recurrente y manteniéndose siempre actualizado.

Todo sistema opera bajo una situación de cierto riesgo residual. El riesgo residual debe estar documentado y aprobado por el responsable de la información y del servicio correspondiente.

TIPOS DE ANÁLISIS DE RIESGOS

BÁSICO
El análisis de riesgos puede ser informal; es decir, un documento que describa la valoración del sistema con las principales amenazas que cabe esperar y las medidas que se han tomado para enfrentarlas. Por último se hará una estimación del riesgo residual.

MEDIO
El análisis de riesgos debe ser semiforme, introduciendo tablas para analizar las amenazas que cabe esperar, las salvaguardas implantadas y el riesgo residual.

ALTO
El análisis debe ser formal, valorando activos, amenazas y salvaguardas para deducir el nivel de riesgo residual en el que se opera. El formalismo debe plasmarse en un modelo matemático que esté reconocido internacionalmente. Es conveniente emplear alguna herramienta de soporte para afrontar la actualización regular de los cálculos ante nuevas amenazas o cambios en el sistema.

B) Arquitectura de seguridad

Esta medida es principalmente documental y descriptiva dotando de información del sistema y de la gestión del mismo.

La arquitectura de la seguridad es elaborada en todo momento por los Responsables de sistemas y aprobada por el responsable de seguridad, dotando así de máxima garantía y confianza a la arquitectura.

La seguridad tiene la máxima importancia en todo el mapa de arquitectura de negocio, dotando así de seguridad a la información y a la infraestructura.

Podríamos interpretar que la arquitectura de negocio está por encima de la arquitectura de la información y de la arquitectura tecnológica, identificando así, quién la práctica, cómo, cuándo y dónde se practica, o bien otros detalles necesarios.

Habiendo documentado correctamente la estrategia de la arquitectura, el proceso fluye llegando a conseguir el máximo rendimiento y beneficio. Si este proceso se ejecuta correctamente finalizaría con éxito en los componentes tecnológicos.

Para un mejor entendimiento vamos a observar el cuadro siguiente donde vemos la arquitectura de la seguridad en los diferentes ámbitos.

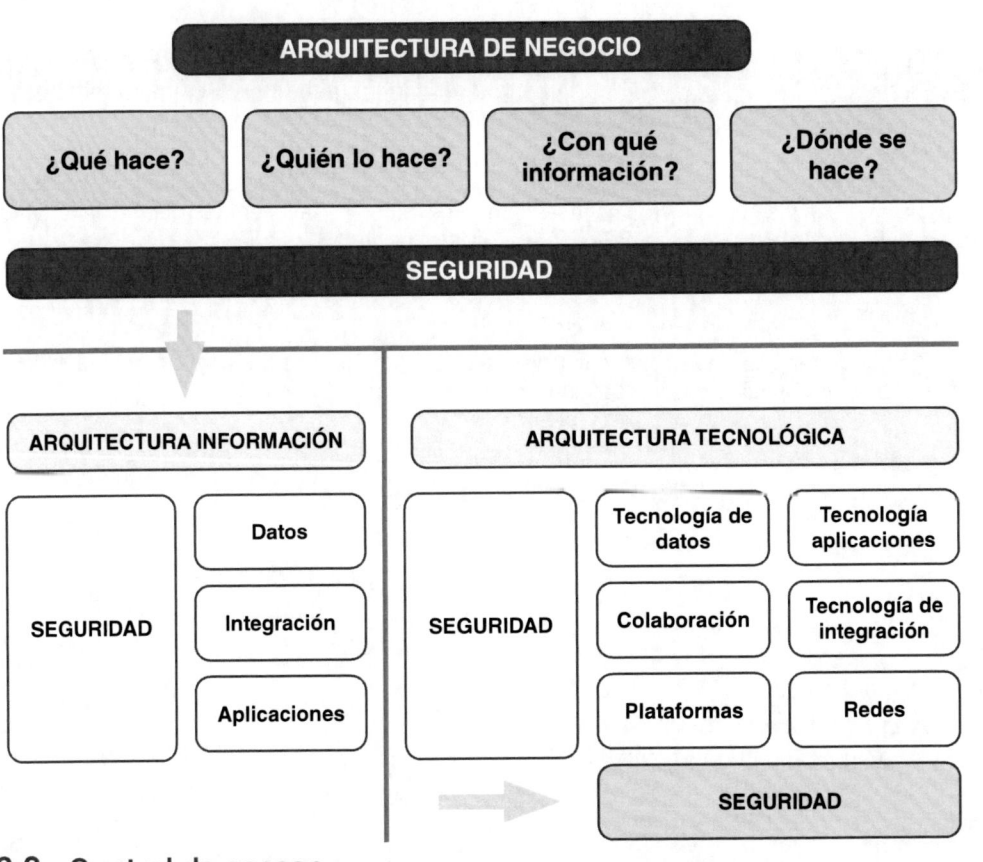

3.3.2. Control de acceso

El control de acceso cubre el conjunto de actividades que permiten o deniegan realizar una determinada acción. Entre los aspectos más comunes que debemos incluir en un plan de implantación están:

❑ Identificación.

❑ Asignación de tareas y funciones.

❑ Requisitos y gestión de accesos.

❑ Mecanismo de autenticación.

❑ Acceso remoto.

Si se consigue el cumplimiento de todas las medidas, podemos garantizar que nadie pueda acceder a recursos sin previa autorización. Podemos pensar que la implantación de un control de acceso en el marco operacional es un punto de equilibrio entre comodidad y nivel de protección. En este sentido, quedaría la comodidad en la categoría de protección BÁSICA y la protección máxima en categoría ALTA.

A) Identificación

La identificación de usuarios por lo general va asociada al concepto "cuenta de usuario". Se debe asignar un identificador singular para cada usuario o proceso que acceda al sistema. Con esta medida, otorgaremos autenticidad y trazabilidad.

Dentro de la implantación debemos de tener claro que el administrador de seguridad debe gestionar las cuentas y para ello debe redactar la política a seguir.

Las cuentas deben ser inhabilitadas cuando:

❑ El usuario es "baja" en la organización o cesa en la función para la cual fue requerida la cuenta.

❑ Las cuentas deben ser retenidas durante un cierto periodo para atender las posibles trazabilidades de los registros de la actividad.

❑ No deben existir dos cuentas con el mismo identificador ya que, si fuera asi se podrían imputar actividades a usuarios no identificados.

B) Asignación de funciones y tareas

Es importante también implantar la segregación de funciones y tareas. De este modo, se consiguen dos objetivos:

❑ Prevención ante errores.

❑ Denegar permisos por parte de los usuarios no autorizados.

Toda segregación de funciones debe documentarse mediante un esquema en funciones y tareas en las que se identifican las que son incompatibles para el mismo usuario. Deberá prestarse atención a los roles asignados a cuentas de administración de sistemas.

El número de personas con derechos de administración debe ser el mínimo posible.

C) Requisitos y gestión de derechos de acceso

En la estructura de los privilegios de acceso se deben tener en cuenta las necesidades de cada usuario, siempre según las funciones a desempeñar y tareas cometidas. Es importante que cada acceso quede registrado por escrito por parte del responsable de la información o proceso al que va a concederse el acceso.

Las cuentas de administradores deberán ser auditadas ya que tiene el máximo de los privilegios pudiendo realizar acciones no afines a la organización.

D) Mecanismo de autenticación

Es el mecanismo que valida y autoriza la autenticidad del usuario. Estos mecanismos pueden ser contraseñas, claves o características biométricas.

A veces estos mecanismos son empleados por duplicado para elevar la dificultad de vulneración.

Al ser las contraseñas el mecanismo más usado en el control de acceso, existe muchísima documentación y procedimientos para generar, custodiar y tratar las incidencias al respecto. La concienciación del usuario y formación básica eleva esa seguridad.

Es importante que los usuarios conozcan los métodos más frecuentes para generar contraseñas robustas y cómo custodiarlas. Las organizaciones cuentan con sistemas que automáticamente generan dichas contraseñas para los usuarios facilitándoles la tarea de su propia gestión.

Se recomienda crear un procedimiento de resolución de incidentes relacionadas con el bloqueo, pérdida, robo de contraseña para la suspensión automática de la cuenta.

E) Acceso remoto

El acceso remoto, que facilita a los usuarios poder acceder a la información desde fuera de la estructura tecnológica de la organización, es una fuente importante de problemas que pueden poner en riesgo la seguridad. Por ello es completamente obligatorio tener reglas específicas respecto a dónde puede acceder y qué permisos tiene el usuario para hacer o deshacer en el acceso remoto.

El problema más grave puede ser la suplantación de identidad del usuario autorizado. Por eso, en la implantación debemos tener claro si vamos a integrar este servicio y cómo lo vamos a gestionar.

Todo acceso remoto debería de ser autorizado por la Dirección de la empresa con previa autorización del Administrador de seguridad.

En todo momento se debe poder auditar los accesos remotos mediante el análisis de registros de actividad.

Los mecanismos de seguridad previos como cortafuegos locales, antivirus, en definitiva filtros deben estar previamente visados por el administrador técnico, garantizando las limitaciones que se deban de gestionar para este tipo de actuaciones. Estas limitaciones también deben ser documentadas individualmente ya que se puede dar el caso de que se apliquen diferentes roles.

3.3.3. Explotación

Dentro del Marco de Explotación contamos con distintos conceptos de implantación siendo los siguientes los más importantes según el ESN (Esquema Nacional de Seguridad):

❑ Inventario de activos.

❑ Configuración de seguridad.

❑ Gestión de la configuración.

❑ Mantenimiento.

❑ Gestión del cambio.

❑ Registro de la actividad.

A) Inventario de activos

De cara a tener el máximo conocimiento de los activos en la implantación y explotación, debemos cubrir todo el marco de seguridad realizando un inventario de los sistemas y componentes donde se almacena la información. Este inventario nos puede ayudar a realizar audito-rías y, lo que es más importante, agilizar la gestión de incidencias.

¿QUÉ DEBE INCLUIR UN INVENTARIO?
• La identificación del activo: s/n (número de serie), fabricante, modelo y características físicas.
• La configuración: el rol que ocupa dentro de la organización, perfil, software instalado...
• Equipamiento de red: Ip, MAC, rango o configuraciones de redes alternativas.
• La ubicación: donde se encuentra físicamente el equipo.
• Propiedad del activo: es importante la asignación por escrito del equipo al usuario.

Rol: *conjunto de normas, comportamientos y derechos definidos por la dirección de un organismo otorgados a una persona o grupo de personas.*

B) Configuración de seguridad

Todos los sistemas antes de entrar en producción deben cumplir unos ciertos requisitos de seguridad en la configuración. La organización debe contar con diferentes roles con las actividades para las que estará dedicado el sistema.

Habitualmente los roles típicos que nos podemos encontrar en cualquier organización son:

❑   Usuarios normales.

❑   Usuarios de atención al cliente.

❑   Usuarios con perfil de gestión de proveedores.

❑   Usuarios de desarrollo.

❑   Usuarios técnicos y administradores de sistemas.

❑   Usuarios administradores de seguridad.

En el plan de implantación podremos identificar medidas que se aconseja tomar de cara a los usuarios con el objetivo de que puedan trabajar en un entorno de producción. Las medi-das más frecuentes a tener en cuenta son:

❑   Los usuarios no deberían poder cambiar configuraciones del sistema alterando la instalación inicial recomendada e implantada.

❑ La concienciación de la seguridad sobre la información que va a manejar es de máxima importancia.

❑ Deben cumplir con los requisitos de autenticación exigida en las políticas de seguridad.

❑ La custodia del equipo, mantenimiento y cuidado, una vez entregado pasa a cargo del usuario por lo que se debe tener el máximo cuidado.

❑ Cualquier incidencia de seguridad que se detectara, se deberá comunicarla lo antes posible al organismo encargado para solventar posible fuga de información.

C) Gestión de la configuración

Se considera de vital importancia que exista un procedimiento que cumpla esta medida de cara a modificaciones o alteraciones de la configuración de los sistemas. En los formularios de solicitud, la petición debe ser aprobada por el responsable ampliando la máxima información del cambio y las pruebas de seguridad tales como:

❑ Funcionalidad mínima.

❑ Seguridad por defecto.

❑ Control de acceso.

❑ Identificación de vulnerabilidades.

❑ Gestión de incidencias.

 *Se recomienda tener documentada la anterior confirmación antes de un cambio por si existiera la necesidad de usar la "marcha atrás". Una buena práctica sería realizar copias de seguridad.*

D) Mantenimiento

En el plan de implantación no podemos olvidar el mantenimiento de toda la infraestructura, dando así la máxima seguridad recomendada por el fabricante o desarrollador de la misma. Dentro de la asignación de los roles no podemos olvidar esta figura de tanta importancia, ya que este perfil sería la primera capa de la seguridad de la información. En la mayoría de los casos, este rol puede recaer en el mismo personal que realiza las funciones de administración.

E) Gestión del cambio

Esta medida también se considera de evidencia suficiente para su necesario cumplimiento. Dentro de la gestión del cambio, debemos incluir ciertos mecanismos y procedimientos tales como:

❑   Mecanismos de información del fabricante.

❑   Procedimientos de impacto de cambios.

❑   Procedimientos para la implantación de cambios con urgencia.

Todos estos mecanismos son traducidos en el documento de implantación, donde la aprobación del responsable, la documentación del cambio, las pruebas realizadas, el correcto mantenimiento, la actualización del inventario, cambios en los componentes son los principales cambios que se originarán con más frecuencia.

F) Registro de la actividad

Se considera altamente importante el registro de la actividad de los usuarios en todas las acciones que realizan, de tal manera que podamos ampliar el detalle del riesgo que sufre la organización. La hora, las acciones, la trazabilidad, ..., todo influye a la hora de buscar anomalías.

 **Trazabilidad:** *Decimos que trazabilidad es el resultado de un histórico, ubicación o trayectoria de una actividad, dándonos una visibilidad mayor del camino que realiza el registro de activad de los usuarios.*

El registro de las incidencias también debe quedar formalmente documentado como mecanismo de posible utilización ante procesos judiciales o manipulaciones. Documentar cómo se gestiona ese registro, dónde se almacena, quién lo custodia,..., son medidas fundamentales en la implantación y explotación de los sistemas de seguridad.

La protección de los registros es también muy importante, ya que almacena durante los periodos de retención habituales toda la actividad.

El periodo de almacenamiento de registro dependerá de contenido del mismo, siendo importante definirlo previamente antes de llevarlo a producción.

Los sistemas habituales tienen un tiempo aproximado de guardado de 45 días, pero se aconseja archivar los registros mensualmente sin llegar a saturar los sistemas. Este proceso dependerá de la capacidad que tenga la organización para ampliar sistemas de guardado y almacenamiento de los registros más importantes.

3.3.4. Servicios externos

Cuando utilizamos recursos externos a la compañía, sean servicios, sistemas, instalaciones o personal, deben tener en cuenta que:

❑ La compañía sigue siendo responsable de los riesgos en que se incurre en la medida en que afecte sobre la información manejada y los servicios finalmente prestados por la organización.

❑ La organización dispondrá de ciertas medidas que garanticen la responsabilidad y el control en todo momento.

3.3.5. Continuidad de servicio

La continuidad del servicio es un concepto que abarca tanto el plan para la recuperación de desastres como el plan para el restablecimiento del negocio.

Lo primero que se debe realizar para garantizar la continuidad del servicio es un análisis de impacto. Este análisis es básicamente un informe detallado del coste o perdida ocasionada por una interrupción del servicio.

Una vez realizado el informe, la organización tiene/debe poder clasificar los procesos de negocio en función de su importancia y lo que es más importante, establecer la prioridad de recuperación o el orden que se establecerá.

Cuando se identifican los componentes claves requeridos para continuar con el servicio se valorará lo siguiente:

❑ Personal necesario.

❑ Áreas de trabajo y desarrollo.

❑ Backups de la información.

❑ Aplicaciones críticas.

❑ Dependencias de otras áreas.

❑ Dependencias de servicios externos.

❑ Importancia de los recursos de la información.

❑ Desempeño del personal de seguridad informática y los usuarios.

❑ Análisis de los recursos de información por completo.

Destacaremos tres aspectos claves para el análisis:

❑   Criticidad de los recursos de información relacionados con los procesos críticos del negocio.

❑   Período de recuperación crítico antes de incurrir en pérdidas significativas.

❑   Sistema de clasificación de riesgos.

3.3.6. Monitorización de los sistemas

En el ENS la monitorización de los sistemas es un punto importante y de categoría alta usando, si es posible, herramientas de IDS / IPS.

Se podría hacer un planteamiento más ambicioso, con disponibilidad, eventos de seguridad e intrusismo, vulnerabilidades, servicios gestionados que nos mostrasen el estado del sistema y la continuidad en todo momento del servicio.

3.4. Medidas de protección

Toda implantación de seguridad recogida en las políticas y procedimientos contemplará unas medidas de protección siendo importante destacar:

❑   Protección de instalaciones e infraestructuras.

❑   Gestión del personal.

❑   Protección de los equipos.

❑   Protección de las comunicaciones.

❑   Protección de los aplicativos.

❑   Protección de la información.

3.4.1. Protección de instalaciones e infraestructuras

En la protección de instalación e infraestructura destacamos:

A) Identificación del personal

Para las áreas de acceso restringido, se debe mantener una relación de personas autorizadas y un sistema de control de acceso que verifique la identidad y la autorización que deje registro de todos los accesos.

B) Acondicionamiento de los locales

Se debe disponer de unas instalaciones adecuadas para el eficaz desempeño del equipamiento que se instala en ellas. Los locales deben garantizar la temperatura adecuada para los sistemas e infraestructuras respetando las recomendaciones específicas de los fabricantes.

 *El control de la humedad de los locales donde se encuentran los sistemas es importante y debe encontrarse dentro del margen recomendado.*

Se debe proteger el local frente a las amenazas identificadas en la fase análisis de riesgos, tanto de índole natural como las derivadas del entorno o con origen humano, accidental o deliberado. Se debe evitar que la propia estancia no sea una amenaza en sí misma, o tractor de otras amenazas.

El cableado de las comunicaciones debe estar etiquetado y protegido en armarios de distribución o canaletas.

C) Energía eléctrica

Se debe implantar medidas para atajar los problemas de corte inesperado del suministro eléctrico. UPS, generadores, proveedores alternativos, todo debe ser evaluado mientras cumpla con las normativas y esté completamente documentado.

 *UPS: es un dispositivo que gracias a sus baterías proporciona energía eléctrica por un tiempo limitado y durante un corte eléctrico de los dispositivos que tenga conectados.*

En las implantaciones de seguridad se tiene muy en consideración este punto, ya que un correcto funcionamiento de un sistema de alimentación apropiado permitiría apagar los equipos en el orden adecuado. Esto evidentemente debe estar cumplimentado en el procedimiento de apagado de emergencia, identificando los responsables y contactos de emergencia.

D) Protección ante incendios

Se debe elaborar un estudio de riesgo de incendio, tanto de origen industrial como natural. Como en todos los caso los anteriores sería necesario documentar todas la medidas de seguridad de cara hacer una implantación que nos garantice la infraestructura.

Evitar el uso de materiales inflamables, aislamiento (cortafuegos, puertas ignífugas,...), sistema de detección conectado a los sistemas de alarma 24 h, planes de emergencia, recuperación de desastres, etc. Todas estas medidas deben estar autorizadas por la Dirección de la empresa y el equipo técnico tanto de seguridad como de sistemas.

E) Protección ante inundaciones

El estudio de riesgo debe realizarse en todo momento, más si cabe aún, en lugares cercanos a ríos, corrientes de agua, canalizaciones (tuberías),... Se deben considerar como salvaguardas mínimas: aislamientos frente a humedades, desagües en caso de desastre y la correcta detección con empresas externas conectadas 24x7.

Un plan de reacción y recuperación ante desastres no puede faltar en caso que existan demasiadas canalizaciones del sistema de agua (incluida la parte relativa a la extinción de incendios si ese fuese el medio empleado, aunque no es el recomendable) donde podemos incluir el cierre de llaves o válvulas.

3.4.2. Gestión del personal

La gestión del personal toma una gran importancia en la implantación de la seguridad, ya que son dichas personas las que disponen de acceso a la información y las que podrían poner en riesgo su contenido o confidencialidad.

Podemos destacar varios puntos que debemos documentar tales como:

La caracterización del puesto de trabajo: define las responsabilidades por cada puesto de trabajo en materia de seguridad. Se debe realizar tanto para el personal interno de la organización como para el personal externo que se encuentre desplazado en la misma.

A) Los deberes y obligaciones

La información debe estar a disposición constante de los usuarios con el fin de cumplir con las medidas de seguridad incluyendo las medidas disciplinarias.

En el caso de personal contratado de terceros se amplían los deberes y obligaciones informando constantemente a los responsables directos de toda la acción que se desempeñe en la misma respecto a la seguridad de la información que deberá gestionar.

❑ **Concienciación:** la concienciación como hemos visto en varios marcos, es de especial importancia ya que de ella depende el alcance de los niveles exigidos por la organización.

❑ **Formación:** no es del todo importante documentar en el plan la formación que se dará a los usuarios, pero sí, el contenido que se exige en la compañía como:

♦ Configuración de los sistemas.

♦ Gestión de las incidencias.

♦ Procedimientos de otros aspectos.

La formación debería actualizarse siempre que haya cambios relevantes a la seguridad.

3.4.3. Protección de los equipos

En los planes de implantación la protección de los equipos físicos es importante, ya que, disponer de un puesto despejado, sin más materia en la mesa de la que se necesita para desarrollar las funciones, disminuiría el riesgo de acciones por descuido, robo o pérdida deteriorando los equipos donde se almacena la información o aquella que se encuentra en formato papel.

Se establecerá un procedimiento donde se revisará el cumplimiento con la correspondiente notificación del incumplimiento.

 *En estos casos la fuga de información por robo está a la orden del día, por eso se aconseja tener todo bien almacenado y el lugar de trabajo despejado, sobre todo en nuestra ausencia.*

A) Bloqueo de puesto de trabajo

Dentro de la protección de los equipos, también tenemos que tener en cuenta el procedimiento de bloqueo de cuentas. Este procedimiento contemplará los tiempos de inactividad que marcarán a su vez cuándo se bloqueará la cuenta del usuario, evitando así la usurpación del puesto poniendo en riesgo la seguridad de la información.

B) Protección equipos portátiles

Los equipos portátiles, a diferencia de los equipos físicos, tienen mayor nivel de riesgo por lo que el nivel de seguridad debe ser más elevado. Debemos documentar las configuraciones extras que implantaremos como, por ejemplo, cortafuegos, conexiones VPN, herramientas de encriptación, políticas de salvaguardas adicionales,...

Las medidas más frecuentes que auditaremos son:

❑ La comprobación regular de la custodia del equipo entregada al usuario.

❑ La protección de la información por medios criptográficos.

❑ La política de contraseñas.

❑ La gestión del cambio.

C) Medios alternativos

Los medios alternativos son de un nivel medio de importancia, ya que son usados cuando los medios habituales fallan. Se debería de establecer unos tiempos máximos para que los equipos alternativos entren en funcionamiento.

Estos equipos pueden estar dispuestos para entrar en funcionamiento inmediatamente, siempre y cuando la información sea igualmente accesible con el fin de sufrir el menor de los impactos.

Imaginemos que tenemos un sistema correo electrónico montado por dos servidores Mailbox donde se almacenan las bases de datos y un solo servidor virtual (Cluster) que administra el correo. Para estos casos, un excelente medio alternativo sería la implantación de un DRP (Disaster Recovery Site). El DRP restauraría los datos de un clúster después de un Fail over dejando el sistema exactamente igual que cuando falló por un mínimo tiempo.

3.4.4. Protección de las comunicaciones

Destacamos los siguientes puntos importantes dentro de la protección de las comunicaciones.

A) Protección de la autenticidad e integridad

Antes del intercambio de información se debe establecer la seguridad fehaciente de la autenticidad de las partes que intervienen en el intercambio de información.

La utilización de protocolos que garanticen estas actuaciones debería estar documentada en todo momento y autorizada por el administrador de seguridad. Existe a nivel técnico gran número de protocolos, siendo el más utilizado a nivel de seguridad la implantación de una Red Privada Virtual (VPN) que:

❑ Garantiza la autentificación de ambas partes.

❑ Controla el tiempo y la sesión establecida.

B) Protección de los soportes de información

En el plan de implantación debemos aportar toda la información relevante (soporte, modelo, número de serie, sistema operativo, ...) a los soportes de información accesibles por los usuarios, tales como:

❑ PDAs.

❑ Móviles y sistemas de cámaras, música...

❑ Disquetes.

❑ Cintas.

❑ CD.

❑ DVD.

❑ DISCOS USB Extraíbles.

❑ Tarjetas inteligentes de memoria.

❑ Discos de los servidores, equipos de usuario final, con especial consideración a equipos portátiles y discos removibles.

❑ Componentes de impresión.

Ej.	**SOPORTE**	**MODELO**	**NÚMERO DE SERIE**	**SISTEMA OPERATIVO**	**POLÍTICA APLICABLE**
	Móvil	Iphone 4	E234235e23f56er5432	IOS 6.3	"No VPN"
	Portátil	ACER 400	AC5456-545	Win7 x86	"No USB"
	Disco externo	SEAGATE 200	DIM21DA0001	-----------	"Si Encriptación"

C) Criptografía

Esta medida es susceptible de ser o no documentada en la implantación, siendo siempre conveniente hacerlo de cara a no olvidar los parámetros configurados. La opción que aporta la criptografía es la de asegurarse que los datos se protegen antes de la copia al soporte, es decir, se cifran o se firman exteriormente al propio soporte.

Otra opción posible es proteger todo el soporte de información instalando un disco virtual que se encarga de acoger toda la información, así como controlar el acceso al mismo. En este caso, los usuarios accederían a dicho disco virtual, evitando los múltiples soportes adicionales existentes.

D) Custodia

Se debe aplicar la debida diligencia y control a los soportes de información que permanecen bajo la responsabilidad de la organización. Se considerará evidencia suficiente del cumplimiento de esta medida:

❑   [Categoría BÁSICA] como sabemos existe un inventario exhaustivo de todos los soportes de información usados, en ocasiones indicando su etiqueta, su ubicación física y quién es el responsable del mismo.

❑   [Categoría MEDIA] se conserva la historia de cada dispositivo, desde su primer uso hasta la terminación de su vida útil.

❑   [Categoría ALTA] se verifica regularmente que el soporte cumple las reglas acordes a su etiquetado.

Como se puede observar, la custodia cuenta con muchas de las normas que habremos documentado previamente y que serán llevadas a la práctica.

E) Borrado y destrucción

En el plan de implantación, los mecanismos de borrado toman un nivel medio de importancia ya que pueden contener diferente información relevante o no en la gestión empresarial. Por eso identificaremos en todo momento los datos de información que contienen y así aplicamos los mecanismos y salvaguardas correspondientes.

Todo mecanismo de borrado y destrucción debe respetar la normativa de protección medioambiental y certificado de calidad.

Recomendaciones sobre los medios más empleados:

MEDIO	PROCEDIMIENTO	
Móviles Borrado manualmente		Agenda Mensajes Llamadas Reset de fábrica
Routers	Borrado Manual	Tablas de encaminamiento Registros de actividad Cuentas de administración Reset de fábrica
Discos reescribibles	Reescribir	Reescribir al menos 3 veces
Discos solo lectura	Destruir	Trituradora de medios
Discos virtuales cifrados	Destruir	Destruir claves
Discos duros	Reescribir	Métodos de borrado de sobre escritura

Se considerará evidencia suficiente del cumplimiento de esta medida:

❑ [Categoría BÁSICA] existencia de normativa al respecto y si se ha formado a los usuarios.

❑ [Categoría MEDIA] existencia de procedimientos al respecto.

❑ [Categoría ALTA] se verificará regularmente los procedimientos establecidos y su usabilidad, aplicando medidas correctivas en su defecto.

3.4.5. Protección de los aplicativos

Es importante que, a la hora de la implantación, editemos correctamente la política de protección de aplicaciones, dando importancia a:

❑ Las garantías de la protección de la información.

❑ Control de acceso al código fuente de las aplicaciones.

❑ Protección de datos en pruebas.

❑ Desarrollo externalizado.

Realizaremos las pruebas estándar de aceptación para la integración de un nuevo software en un proceso, esta medida debe ser catalogada de importancia básica.

El análisis de vulneración de aplicaciones para garantizar la información y las pruebas de protección de datos en un entorno de pruebas tiene una medida de importancia media, que implantaremos siempre en tres fases:

❑ **Fase 1:** revisión completa de los componentes que componen el software, centrándonos en los usuarios con tareas de soporte.

❑ **Fase 2:** análisis sobre las posibles vulnerabilidades que en la fase 1 hayamos encontrado identificando el impacto posible que supondría.

❑ **Fase 3:** pruebas de penetración y vulnerabilidad (auditoría de código).

Tenemos que tener en cuenta para el plan que una auditoría completa del código fuente puede tener un coste elevadísimo, por eso, en la mayoría de las ocasiones este punto se encuentra implantando en la fase 2.

Una vez realizado este proceso, deberá ser documentado para su inclusión en el plan de implantación de seguridad detallando el resultado y las pautas a seguir en caso de vulneración.

3.4.6. Protección de la información

El cumplimiento de determinadas medidas de protección de datos es de suma evidencia.

A la hora de la implantación debemos de asegurarnos que en el documento de seguridad de la de implantación contenga las medidas de seguridad establecidas en la Ley Orgánica 3/2018, de 5 de diciembre, de Protección de Datos Personales y garantía de los derechos digitales.

Se debe realizar una auditoría de la información para identificar las necesidades de confidencialidad a cumplir, que identificaremos con los niveles BAJO, MEDIO y ALTO.

Desarrollaremos procedimientos de uso sobre los niveles, cubriendo al menos estos aspectos:

❑ Cómo se controla el acceso: mecanismos de control de autorización.

❑ Control de copias en medios.

❑ El marcaje de documentos.

❑ Soportes de información, inventario, el marcaje de documentos, borrado y control de la destrucción.

❑ Control de la impresión: dónde podemos imprimir, quién puede imprimir...

❑ Control del trasporte físico: mensajeros, autorizaciones de salida y recepción de los documentos.

❑ Control de las comunicaciones, la autenticación y el cifrado.

A) Copias de seguridad

Como es evidente, todo plan de seguridad contemplará las copias de seguridad de la información las cuales nos permitan recuperar los datos perdidos accidentalmente e, incluso en ocasiones, intencionadamente.

Este mecanismo debe estar previamente autorizado por el administrador de seguridad. Para ello elaboraremos un formulario que incluiremos en el plan, el dónde, cómo y quién podrá recuperar la información de primera mano. Se especificará dónde se almacenará la información una vez restaurada y, por supuesto, bajo el cumplimiento de las medidas de control de acceso.

Estas copias deben abarcar:

❑ Información de la organización, tanto de nivel bajo, medio y alto.

❑ Aplicaciones de explotación.

❑ Datos de configuración, servicios, aplicaciones, equipos…

❑ Claves, certificados…

Toda esta información será detallada y autorizada en el plan de implantación de seguridad.

Con el desarrollo de este epígrafe hemos conseguido:

❑ *Identificar la estructura de un plan de implantación, explicando los contenidos que figuran en cada sección.*

❑ *Distinguir los sistemas que puede aparecer en el plan de implantación, describiendo las funcionalidades de seguridad que implementan.*

Acude a los Contenidos Extra para consultar el Resumen y realizar la Autoevaluación de esta unidad.

UNIDAD DIDÁCTICA 5

Protección de datos de carácter personal

Objetivos

- ☐ Contextualizar el marco legal de la Ley de Protección de Datos.

- ☐ Profundizar en la aplicación de la LOPD en el contexto de los sistemas de información y seguridad de las empresas.

- ☐ Conocer las consecuencias y repercusiones de la falta o carencias en la aplicación de la LOPD.

Contenido

Introducción

1. **Principios de protección de datos**

2. **Infracciones y sanciones contempladas en la legislación vigente en materia de protección de datos de carácter personal**

    2.1. Sujetos responsables

    2.2. Infracciones

    2.3. Sanciones y medidas correctivas

    2.4. Prescripción de las sanciones

3. **Registro de actividades**

4. **Elaboración del documento de seguridad requerido por la legislación vigente en materia de protección de datos de carácter personal**

Acude a los Contenidos Extra para ver el mapa conceptual de esta Unidad Didáctica, objeto de estudio fundamental para situarte según avances en los contenidos.

Introducción

El Reglamento general de protección de datos (RGPD), en su artículo 4, define datos personales a "toda información sobre una persona física identificada o identificable ("el interesado"); se considerará persona física identificable toda persona cuya identidad pueda determinarse, directa o indirectamente, en particular mediante un identificador, como por ejemplo un nombre, un número de identificación, datos de localización, un identificador en línea o uno o varios elementos propios de la identidad física, fisiológica, genética, psíquica, económica, cultural o social de dicha persona".

El mismo artículo 4 define tratamiento como "cualquier operación o conjunto de operaciones realizadas sobre datos personales o conjuntos de datos personales, ya sea por procedimientos automatizados o no, como la recogida, registro, organización, estructuración, conservación, adaptación o modificación, extracción, consulta, utilización, comunicación por transmisión, difusión o cualquier otra forma de habilitación de acceso, cotejo o interconexión, limitación, supresión o destrucción".

El derecho a la protección de datos se configura como una facultad del ciudadano para oponerse a que determinados datos personales sean utilizados para fines distintos a aquel que justificó su obtención. Nos encontramos ante un derecho fundamental por el que se garantiza a la persona el control sobre sus datos personales, sobre su uso y su destino para evitar el tráfico ilícito de los mismos o lesivo para su dignidad y los derechos de los afectados.

Una empresa debe cumplir estas normas siempre que gestione datos personales, aunque se trate de números de teléfono o direcciones de correo electrónico. Dado que la mayoría de las empresas trata con datos de sus clientes, proveedores y empleados, esta normativa será siempre de aplicación.

1. Principios de protección de datos

Los principios de protección de datos pueden definirse como un conjunto de reglas mínimas que deben observar las administraciones y las empresas que tratan datos personales, garantizando con ello un uso adecuado de la información personal. Estas reglas determinan cómo recoger, tratar y ceder los datos; establecen deberes y obligaciones a los que está sujeto el tratamiento de datos de carácter personal.

Los principios de protección de datos –recogidos en los artículos 4 al 10 el Título II de la Ley Orgánica 3/2018, de Protección de Datos Personales y garantía de los derechos digitales (LOPDGDD)– son los siguientes:

❑ Exactitud de los datos. Los datos serán exactos y, si fuere necesario, actualizados.

No será imputable al responsable del tratamiento, siempre que haya adoptado todas las medidas razonables para que se supriman o rectifiquen sin dilación, la inexactitud de los datos personales, con respecto a los fines para los que se tratan, cuando los datos inexactos:

♦ Hubiesen sido obtenidos por el responsable directamente del afectado.

♦ Hubiesen sido obtenidos por el responsable de un mediador o intermediario en caso de que las normas aplicables al sector de actividad al que pertenezca el responsable del tratamiento establecieran la posibilidad de intervención de un intermediario o mediador que recoja en nombre propio los datos de los afectados para su transmisión al responsable. El mediador o intermediario asumirá las responsabilidades que pudieran derivarse en el supuesto de comunicación al responsable de datos que no se correspondan con los facilitados por el afectado.

♦ Fuesen sometidos a tratamiento por el responsable por haberlos recibido de otro responsable en virtud del ejercicio por el afectado del derecho a la portabilidad conforme al artículo 20 del Reglamento (UE) 2016/679 y lo previsto la Ley Orgánica.

♦ Fuesen obtenidos de un registro público por el responsable.

❑ Deber de confidencialidad.

Los responsables y encargados del tratamiento de datos así como todas las personas que intervengan en cualquier fase de este estarán sujetas al deber de confidencialidad al que se refiere el artículo 5.1.f) del Reglamento (UE) 2016/679 (tratados de tal manera que se garantice una seguridad adecuada de los datos personales, incluida la protección contra el tratamiento no autorizado o ilícito y contra su pérdida, destrucción o daño accidental, mediante la aplicación de medidas técnicas u organizativas apropiadas, «integridad y confidencialidad»).

La obligación de la confidencialidad será complementaria de los deberes de secreto profesional de conformidad con su normativa aplicable.

Las obligaciones a la confidencialidad se mantendrán aun cuando hubiese finalizado la relación del obligado con el responsable o encargado del tratamiento.

❑ Tratamiento basado en el consentimiento del afectado.

1. De conformidad con lo dispuesto en el artículo 4.11 del Reglamento (UE) 2016/679, se entiende por consentimiento del afectado toda manifestación de voluntad libre, específica, informada e inequívoca por la que este acepta, ya sea mediante una declaración o una clara acción afirmativa, el tratamiento de datos personales que le conciernen.

2. Cuando se pretenda fundar el tratamiento de los datos en el consentimiento del afectado para una pluralidad de finalidades será preciso que conste de manera específica e inequívoca que dicho consentimiento se otorga para todas ellas.

3. No podrá supeditarse la ejecución del contrato a que el afectado consienta el tratamiento de los datos personales para finalidades que no guarden relación con el mantenimiento, desarrollo o control de la relación contractual.

❑ Consentimiento de los menores de edad.

1. El tratamiento de los datos personales de un menor de edad únicamente podrá fundarse en su consentimiento cuando sea mayor de catorce años.

   Se exceptúan los supuestos en que la ley exija la asistencia de los titulares de la patria potestad o tutela para la celebración del acto o negocio jurídico en cuyo contexto se recaba el consentimiento para el tratamiento.

2. El tratamiento de los datos de los menores de catorce años, fundado en el consentimiento, solo será lícito si consta el del titular de la patria potestad o tutela, con el alcance que determinen los titulares de la patria potestad o tutela.

❑ Tratamiento de datos por obligación legal, interés público o ejercicio de poderes públicos.

1. El tratamiento de datos personales solo podrá considerarse fundado en el cumplimiento de una obligación legal exigible al responsable, en los términos previstos en el artículo 6.1.c) del Reglamento (UE) 2016/679, cuando así lo prevea una norma de Derecho de la Unión Europea o una norma con rango de ley, que podrá determinar las condiciones generales del tratamiento y los tipos de datos objeto del mismo así como las cesiones que procedan como consecuencia del cumplimiento de la obligación legal. Dicha norma podrá igualmente imponer condiciones especiales al tratamiento, tales como la adopción de medidas adicionales de seguridad u otras establecidas en el capítulo IV del Reglamento (UE) 2016/679.

2. El tratamiento de datos personales solo podrá considerarse fundado en el cumplimiento de una misión realizada en interés público o en el ejercicio de poderes públicos conferidos al responsable, en los términos previstos en el artículo 6.1 e) del Reglamento (UE) 2016/679, cuando derive de una competencia atribuida por una norma con rango de ley.

❑ Categorías especiales de datos.

1. A los efectos del artículo 9.2.a) del Reglamento (UE) 2016/679, a fin de evitar situaciones discriminatorias, el solo consentimiento del afectado no bastará

para levantar la prohibición del tratamiento de datos cuya finalidad principal sea identificar su ideología, afiliación sindical, religión, orientación sexual, creencias u origen racial o étnico.

2. Los tratamientos de datos contemplados en las letras g), h) e i) del artículo 9.2 del Reglamento (UE) 2016/679 fundados en el Derecho español deberán estar amparados en una norma con rango de ley, que podrá establecer requisitos adicionales relativos a su seguridad y confidencialidad.

En particular, dicha norma podrá amparar el tratamiento de datos en el ámbito de la salud cuando así lo exija la gestión de los sistemas y servicios de asistencia sanitaria y social, pública y privada, o la ejecución de un contrato de seguro del que el afectado sea parte.

❑ Tratamiento de datos de naturaleza penal.

1. El tratamiento de datos personales relativos a condenas e infracciones penales, así como a procedimientos y medidas cautelares y de seguridad conexas, para fines distintos de los de prevención, investigación, detección o enjuiciamiento de infracciones penales o de ejecución de sanciones penales, solo podrá llevarse a cabo cuando se encuentre amparado en una norma de Derecho de la Unión, en esta Ley Orgánica o en otras normas de rango legal.

2. El registro completo de los datos referidos a condenas e infracciones penales, así como a procedimientos y medidas cautelares y de seguridad conexas a que se refiere el artículo 10 del Reglamento (UE) 2016/679, podrá realizarse conforme con lo establecido en la regulación del Sistema de registros administrativos de apoyo a la Administración de Justicia.

3. Fuera de los supuestos señalados en los apartados anteriores, los tratamientos de datos referidos a condenas e infracciones penales, así como a procedimientos y medidas cautelares y de seguridad conexas solo serán posibles cuando sean llevados a cabo por abogados y procuradores y tengan por objeto recoger la información facilitada por sus clientes para el ejercicio de sus funciones.

2. Infracciones y sanciones contempladas en la legislación vigente en materia de protección de datos de carácter personal

La utilización de las tecnologías de la información y la comunicación a través de los servicios y aplicaciones de Internet –como el correo electrónico, la mensajería instantánea o las redes sociales–, y la extensión de su uso a través de dispositivos inteligentes han facilitado que se utilicen no únicamente como un cauce habitual de comisión de infracciones en materia de protección de datos, sino también para cometer hechos tipificados como delitos. Expresiones en inglés como phishing, pharming, carding, sexting, grooming o ciberbullying ya nos resultan familiares y nos permiten identificarlas con situaciones de revelación de secretos, estafas, amenazas, coacciones, delitos sexuales, violencia de género o acoso.

El uso de información de carácter personal puede dar lugar a la comisión de diversos delitos sin que, en ocasiones, se llegue a ser consciente de esta situación.

Muchas de las conductas delictivas tienen en la utilización de información personal –sin cumplir la normativa de protección de datos–, uno de los elementos sin el que no se hubieran producido, por ejemplo, accediendo sin autorización a datos protegidos, o cuando se utilizan o modifican datos de carácter personal que pueden perjudicar a otra persona sin su consentimiento.

Estas conductas afectan igualmente a la privacidad de las personas y a su derecho a la protección de datos, por lo que, aun cuando los hechos y conductas vistas no fuesen considerados como delito por los jueces y tribunales, sí que constituirían una infracción a la normativa de protección de datos.

De este modo, los Jueces y las Fuerzas de Seguridad del Estado remiten a la Agencia Española de Protección de Datos (AEPD) aquellos casos que no tienen la consideración de delito, pero en los que se aprecia que se ha vulnerado la normativa de protección de datos.

De forma general, estos hechos provocan una sanción, cuya cuantía se impone atendiendo a la infracción cometida y se gradúa teniendo en cuenta la naturaleza de los derechos personales afectados, los beneficios obtenidos, el grado de intencionalidad, la reincidencia y, sobre todo, los daños y perjuicios causados a las personas.

Algunos hechos que constituirían una infracción a la normativa de protección de datos y que serían susceptibles de ser objeto de sanción son:

❑ Conseguir los datos personales de una persona de forma ilícita, de manera engañosa y fraudulenta.

❑ Utilizar los datos de carácter personal de una persona o comunicarlos a terceros sin su consentimiento, en particular si se trata de datos sensibles como el origen étnico, la ideología, salud, vida y orientación sexual, religión y creencias.

❑ Utilizar los datos de carácter personal de una persona para fines incompatibles para los que fueron recogidos sin contar con su consentimiento.

Las víctimas de violencia de género gozan de especial protección; esta alcanza a la utilización, acceso y difusión de sus datos personales con el objeto de evitar verse expuestas a nuevos riesgos de dicha naturaleza.

La Ley Orgánica 3/2018, de Protección de Datos Personales y garantía de derechos digitales (LOPDGDD), en su Título IX – artículos 70 al 78–, contempla el régimen sancionador y parte de que el Reglamento (UE) 2016/679 (RGPD) establece un sistema de sanciones o actuaciones correctivas que permite un amplio margen de apreciación. La ley orgánica describe las conductas típicas, distinguiendo entre infracciones muy graves, graves y leves, tomando en consideración la diferenciación que el RGPD establece al fijar la cuantía de las sanciones.

La ley también determina los plazos de prescripción así como regula los supuestos de interrupción de la prescripción partiendo de la exigencia constitucional del conocimiento de los hechos que se imputan a la persona, pero teniendo en cuenta la problemática derivada de los procedimientos establecidos en el reglamento europeo, en función de si el procedimiento es tramitado exclusivamente por la Agencia Española de Protección de Datos o si se acude al procedimiento coordinado del Reglamento general de protección de datos en su artículo 60.

Tanto la LOPDGG como el RGPD endurecen el régimen sancionador aplicable no solo a los responsables del tratamiento de los datos de carácter personal, sino también a los encargados de su tratamiento (empresas y entidades que tratan datos personales por encargo del responsable), procediendo a incrementar las cuantías de las sanciones por el incumplimiento de las disposiciones previstas para proteger los datos de carácter personal, implicando un cambio sustancial que ha de ser tenido en cuenta por empresas y entidades a la hora de tratar datos personales.

2.1. Sujetos responsables

Se consideran sujetos al régimen sancionador establecido tanto en la LOPDGDD como en el Reglamento general de protección de datos:

1. Están sujetos al régimen sancionador establecido en el Reglamento (UE) 2016/679 y en la presente Ley Orgánica:

a) Los responsables de los tratamientos.

b) Los encargados de los tratamientos.

c) Los representantes de los responsables o encargados de los tratamientos no establecidos en el territorio de la Unión Europea.

d) Las entidades de certificación.

e) Las entidades acreditadas de supervisión de los códigos de conducta.

2. No será de aplicación al delegado de protección de datos el régimen sancionador establecido en este Título.

2.2. Infracciones

Se consideran infracciones los actos y conductas a las que se refieren los apartados 4, 5 y 6 del artículo 83 del Reglamento (UE) 2016/679, así como las que resulten contrarias a la Ley Orgánica de Protección de Datos y garantía de los derechos digitales.

La tipología de infracciones expresada en la LOPDGDD es la siguiente:

❑ Infracciones consideradas muy graves.

1. En función de lo que establece el artículo 83.5 del Reglamento (UE) 2016/679 se consideran muy graves y prescribirán a los tres años las infracciones que supongan una vulneración sustancial de los artículos mencionados en aquel y, en particular, las siguientes:

    b) El tratamiento de datos personales vulnerando los principios y garantías establecidos en el artículo 5 del Reglamento (UE) 2016/679.

    c) El tratamiento de datos personales sin que concurra alguna de las condiciones de licitud del tratamiento establecidas en el artículo 6 del Reglamento (UE) 2016/679.

    d) El incumplimiento de los requisitos exigidos por el artículo 7 del Reglamento (UE) 2016/679 para la validez del consentimiento.

    e) La utilización de los datos para una finalidad que no sea compatible con la finalidad para la cual fueron recogidos, sin contar con el consentimiento del afectado o con una base legal para ello.

    f) El tratamiento de datos personales de las categorías a las que se refiere el artículo 9 del Reglamento (UE) 2016/679, sin que concurra alguna de las circunstancias previstas en dicho precepto y en el artículo 9 de esta ley orgánica.

g) El tratamiento de datos personales relativos a condenas e infracciones penales o medidas de seguridad conexas fuera de los supuestos permitidos por el artículo 10 del Reglamento (UE) 2016/679 y en el artículo 10 de esta ley orgánica.

h) El tratamiento de datos personales relacionados con infracciones y sanciones administrativas fuera de los supuestos permitidos por el artículo 27 de esta ley orgánica.

i) La omisión del deber de informar al afectado acerca del tratamiento de sus datos personales conforme a lo dispuesto en los artículos 13 y 14 del Reglamento (UE) 2016/679 y 12 de esta ley orgánica.

j) La vulneración del deber de confidencialidad establecido en el artículo 5 de esta ley orgánica.

k) La exigencia del pago de un canon para facilitar al afectado la información a la que se refieren los artículos 13 y 14 del Reglamento (UE) 2016/679 o por atender las solicitudes de ejercicio de derechos de los afectados previstos en los artículos 15 a 22 del Reglamento (UE) 2016/679, fuera de los supuestos establecidos en su artículo 12.5.

l) El impedimento o la obstaculización o la no atención reiterada del ejercicio de los derechos establecidos en los artículos 15 a 22 del Reglamento (UE) 2016/679.

m) La transferencia internacional de datos personales a un destinatario que se encuentre en un tercer país o a una organización internacional, cuando no concurran las garantías, requisitos o excepciones establecidos en los artículos 44 a 49 del Reglamento (UE) 2016/679.

n) El incumplimiento de las resoluciones dictadas por la autoridad de protección de datos competente en ejercicio de los poderes que le confiere el artículo 58.2 del Reglamento (UE) 2016/679.

o) El incumplimiento de la obligación de bloqueo de los datos establecida en el artículo 32 de esta ley orgánica cuando la misma sea exigible.

ñ) No facilitar el acceso del personal de la autoridad de protección de datos competente a los datos personales, información, locales, equipos y medios de tratamiento que sean requeridos por la autoridad de protección de datos para el ejercicio de sus poderes de investigación.

p) La resistencia u obstrucción del ejercicio de la función inspectora por la autoridad de protección de datos competente.

q) La reversión deliberada de un procedimiento de anonimización a fin de permitir la reidentificación de los afectados.

2. Tendrán la misma consideración y también prescribirán a los tres años las infracciones a las que se refiere el artículo 83.6 del Reglamento (UE) 2016/679.

❑ Infracciones consideradas graves.

En función de lo que establece el artículo 83.4 del Reglamento (UE) 2016/679 se consideran graves y prescribirán a los dos años las infracciones que supongan una vulneración sustancial de los artículos mencionados en aquel y, en particular, las siguientes:

a) El tratamiento de datos personales de un menor de edad sin recabar su consentimiento, cuando tenga capacidad para ello, o el del titular de su patria potestad o tutela, conforme al artículo 8 del Reglamento (UE) 2016/679.

b) No acreditar la realización de esfuerzos razonables para verificar la validez del consentimiento prestado por un menor de edad o por el titular de su patria potestad o tutela sobre el mismo, conforme a lo requerido por el artículo 8.2 del Reglamento (UE) 2016/679.

c) El impedimento o la obstaculización o la no atención reiterada de los derechos de acceso, rectificación, supresión, limitación del tratamiento o a la portabilidad de los datos en tratamientos en los que no se requiere la identificación del afectado, cuando este, para el ejercicio de esos derechos, haya facilitado información adicional que permita su identificación.

d) La falta de adopción de aquellas medidas técnicas y organizativas que resulten apropiadas para aplicar de forma efectiva los principios de protección de datos desde el diseño, así como la no integración de las garantías necesarias en el tratamiento, en los términos exigidos por el artículo 25 del Reglamento (UE) 2016/679.

e) La falta de adopción de las medidas técnicas y organizativas apropiadas para garantizar que, por defecto, solo se tratarán los datos personales necesarios para cada uno de los fines específicos del tratamiento, conforme a lo exigido por el artículo 25.2 del Reglamento (UE) 2016/679.

f) La falta de adopción de aquellas medidas técnicas y organizativas que resulten apropiadas para garantizar un nivel de seguridad adecuado al riesgo del tratamiento, en los términos exigidos por el artículo 32.1 del Reglamento (UE) 2016/679.

g) El quebrantamiento, como consecuencia de la falta de la debida diligencia, de las medidas técnicas y organizativas que se hubiesen implantado conforme a lo exigido por el artículo 32.1 del Reglamento (UE) 2016/679.

h) El incumplimiento de la obligación de designar un representante del responsable o encargado del tratamiento no establecido en el territorio de la Unión Europea, conforme a lo previsto en el artículo 27 del Reglamento (UE) 2016/679.

i) La falta de atención por el representante en la Unión del responsable o del encargado del tratamiento de las solicitudes efectuadas por la autoridad de protección de datos o por los afectados.

j) La contratación por el responsable del tratamiento de un encargado de tratamiento que no ofrezca las garantías suficientes para aplicar las medidas técnicas y organizativas apropiadas conforme a lo establecido en el Capítulo IV del Reglamento (UE) 2016/679.

k) Encargar el tratamiento de datos a un tercero sin la previa formalización de un contrato u otro acto jurídico escrito con el contenido exigido por el artículo 28.3 del Reglamento (UE) 2016/679.

l) La contratación por un encargado del tratamiento de otros encargados sin contar con la autorización previa del responsable, o sin haberle informado sobre los cambios producidos en la subcontratación cuando fueran legalmente exigibles.

m) La infracción por un encargado del tratamiento de lo dispuesto en el Reglamento (UE) 2016/679 y en la presente ley orgánica, al determinar los fines y los medios del tratamiento, conforme a lo dispuesto en el artículo 28.10 del citado reglamento.

n) No disponer del registro de actividades de tratamiento establecido en el artículo 30 del Reglamento (UE) 2016/679.

ñ) No poner a disposición de la autoridad de protección de datos que lo haya solicitado, el registro de actividades de tratamiento, conforme al apartado 4 del artículo 30 del Reglamento (UE) 2016/679.

o) No cooperar con las autoridades de control en el desempeño de sus funciones en los supuestos no previstos en el artículo 72 de esta ley orgánica.

p) El tratamiento de datos personales sin llevar a cabo una previa valoración de los elementos mencionados en el artículo 28 de esta ley orgánica.

q) El incumplimiento del deber del encargado del tratamiento de notificar al responsable del tratamiento las violaciones de seguridad de las que tuviera conocimiento.

r) El incumplimiento del deber de notificación a la autoridad de protección de datos de una violación de seguridad de los datos personales de conformidad con lo previsto en el artículo 33 del Reglamento (UE) 2016/679.

s)   El incumplimiento del deber de comunicación al afectado de una violación de la seguridad de los datos de conformidad con lo previsto en el artículo 34 del Reglamento (UE) 2016/679 si el responsable del tratamiento hubiera sido requerido por la autoridad de protección de datos para llevar a cabo dicha notificación.

t)   El tratamiento de datos personales sin haber llevado a cabo la evaluación del impacto de las operaciones de tratamiento en la protección de datos personales en los supuestos en que la misma sea exigible.

u)   El tratamiento de datos personales sin haber consultado previamente a la autoridad de protección de datos en los casos en que dicha consulta resulta preceptiva conforme al artículo 36 del Reglamento (UE) 2016/679 o cuando la ley establezca la obligación de llevar a cabo esa consulta.

v)   El incumplimiento de la obligación de designar un delegado de protección de datos cuando sea exigible su nombramiento de acuerdo con el artículo 37 del Reglamento (UE) 2016/679 y el artículo 34 de esta ley orgánica.

w)   No posibilitar la efectiva participación del delegado de protección de datos en todas las cuestiones relativas a la protección de datos personales, no respaldarlo o interferir en el desempeño de sus funciones.

x)   La utilización de un sello o certificación en materia de protección de datos que no haya sido otorgado por una entidad de certificación debidamente acreditada o en caso de que la vigencia del mismo hubiera expirado.

y)   Obtener la acreditación como organismo de certificación presentando información inexacta sobre el cumplimiento de los requisitos exigidos por el artículo 43 del Reglamento (UE) 2016/679.

z)   El desempeño de funciones que el Reglamento (UE) 2016/679 reserva a los organismos de certificación, sin haber sido debidamente acreditado conforme a lo establecido en el artículo 39 de esta ley orgánica.

aa)   El incumplimiento por parte de un organismo de certificación de los principios y deberes a los que está sometido según lo previsto en los artículos 42 y 43 de Reglamento (UE) 2016/679.

ab)   El desempeño de funciones que el artículo 41 del Reglamento (UE) 2016/679 reserva a los organismos de supervisión de códigos de conducta sin haber sido previamente acreditado por la autoridad de protección de datos competente.

ac)   La falta de adopción por parte de los organismos acreditados de supervisión de un código de conducta de las medidas que resulten oportunas en caso que se hubiera producido una infracción del código, conforme exige el artículo 41.4 del Reglamento (UE) 2016/679.

❏ Infracciones consideradas leves.

Se consideran leves y prescribirán al año las restantes infracciones de carácter meramente formal de los artículos mencionados en los apartados 4 y 5 del artículo 83 del Reglamento (UE) 2016/679 y, en particular, las siguientes:

a) El incumplimiento del principio de transparencia de la información o el derecho de información del afectado por no facilitar toda la información exigida por los artículos 13 y 14 del Reglamento (UE) 2016/679.

b) La exigencia del pago de un canon para facilitar al afectado la información exigida por los artículos 13 y 14 del Reglamento (UE) 2016/679 o por atender las solicitudes de ejercicio de derechos de los afectados previstos en los artículos 15 a 22 del Reglamento (UE) 2016/679, cuando así lo permita su artículo 12.5, si su cuantía excediese el importe de los costes afrontados para facilitar la información o realizar la actuación solicitada.

c) No atender las solicitudes de ejercicio de los derechos establecidos en los artículos 15 a 22 del Reglamento (UE) 2016/679, salvo que resultase de aplicación lo dispuesto en el artículo 72.1.k) de esta ley orgánica.

d) No atender los derechos de acceso, rectificación, supresión, limitación del tratamiento o a la portabilidad de los datos en tratamientos en los que no se requiere la identificación del afectado, cuando este, para el ejercicio de esos derechos, haya facilitado información adicional que permita su identificación, salvo que resultase de aplicación lo dispuesto en el artículo 73 c) de esta ley orgánica.

e) El incumplimiento de la obligación de notificación relativa a la rectificación o supresión de datos personales o la limitación del tratamiento exigida por el artículo 19 del Reglamento (UE) 2016/679.

f) El incumplimiento de la obligación de informar al afectado, cuando así lo haya solicitado, de los destinatarios a los que se hayan comunicado los datos personales rectificados, suprimidos o respecto de los que se ha limitado el tratamiento.

g) El incumplimiento de la obligación de suprimir los datos referidos a una persona fallecida cuando ello fuera exigible conforme al artículo 3 de esta ley orgánica.

h) La falta de formalización por los corresponsables del tratamiento del acuerdo que determine las obligaciones, funciones y responsabilidades respectivas con respecto al tratamiento de datos personales y sus relaciones con los afectados al que se refiere el artículo 26 del Reglamento (UE) 2016/679 o la inexactitud en la determinación de las mismas.

i) No poner a disposición de los afectados los aspectos esenciales del acuerdo formalizado entre los corresponsables del tratamiento, conforme exige el artículo 26.2 del Reglamento (UE) 2016/679.

j) La falta del cumplimiento de la obligación del encargado del tratamiento de informar al responsable del tratamiento acerca de la posible infracción por una instrucción recibida de este de las disposiciones del Reglamento (UE) 2016/679 o de esta ley orgánica, conforme a lo exigido por el artículo 28.3 del citado reglamento.

k) El incumplimiento por el encargado de las estipulaciones impuestas en el contrato o acto jurídico que regula el tratamiento o las instrucciones del responsable del tratamiento, salvo que esté legalmente obligado a ello conforme al Reglamento (UE) 2016/679 y a la presente ley orgánica o en los supuestos en que fuese necesario para evitar la infracción de la legislación en materia de protección de datos y se hubiese advertido de ello al responsable o al encargado del tratamiento.

l) Disponer de un Registro de actividades de tratamiento que no incorpore toda la información exigida por el artículo 30 del Reglamento (UE) 2016/679.

m) La notificación incompleta, tardía o defectuosa a la autoridad de protección de datos de la información relacionada con una violación de seguridad de los datos personales de conformidad con lo previsto en el artículo 33 del Reglamento (UE) 2016/679.

n) El incumplimiento de la obligación de documentar cualquier violación de seguridad, exigida por el artículo 33.5 del Reglamento (UE) 2016/679.

ñ) El incumplimiento del deber de comunicación al afectado de una violación de la seguridad de los datos que entrañe un alto riesgo para los derechos y libertades de los afectados, conforme a lo exigido por el artículo 34 del Reglamento (UE) 2016/679, salvo que resulte de aplicación lo previsto en el artículo 73 s) de esta ley orgánica.

o) Facilitar información inexacta a la Autoridad de protección de datos, en los supuestos en los que el responsable del tratamiento deba elevarle una consulta previa, conforme al artículo 36 del Reglamento (UE) 2016/679.

p) No publicar los datos de contacto del delegado de protección de datos, o no comunicarlos a la autoridad de protección de datos, cuando su nombramiento sea exigible de acuerdo con el artículo 37 del Reglamento (UE) 2016/679 y el artículo 34 de esta ley orgánica.

q) El incumplimiento por los organismos de certificación de la obligación de informar a la autoridad de protección de datos de la expedición, renovación o retirada de una certificación, conforme a lo exigido por los apartados 1 y 5 del artículo 43 del Reglamento (UE) 2016/679.

r) El incumplimiento por parte de los organismos acreditados de supervisión de un código de conducta de la obligación de informar a las autoridades de protección de datos acerca de las medidas que resulten oportunas en caso de infracción del código, conforme exige el artículo 41.4 del Reglamento (UE) 2016/679.

El artículo 75 establece que la prescripción de una infracción será interrumpida cuando se inicie, con conocimiento del interesado, el procedimiento sancionador. El plazo de prescripción se reiniciará si el expediente sancionador estuviese paralizado durante más de seis meses por causas no imputables al presunto infractor.

Cuando la Agencia Española de Protección de Datos ostente la condición de autoridad de control principal y deba seguirse el procedimiento previsto en el artículo 60 del Reglamento (UE) 2016/679 interrumpirá la prescripción el conocimiento formal por el interesado del acuerdo de inicio.

2.3. Sanciones y medidas correctivas

El Reglamento general de protección de datos establece amplios márgenes para la determinación de la cuantía de las sanciones. La LOPDGDD aprovecha la cláusula residual del artículo 83.2 de la norma europea –referida a los factores agravantes o atenuantes–, para aclarar que entre los elementos a tener en cuenta podrán incluirse los que aparecían en el artículo 45.4 y 5 de la Ley Orgánica 15/1999, ya conocidos por los operadores jurídicos.

1. Las sanciones previstas en los apartados 4, 5 y 6 del artículo 83 del Reglamento (UE) 2016/679 se aplicarán teniendo en cuenta los criterios de graduación establecidos en el apartado 2 del citado artículo.

2. De acuerdo a lo previsto en el artículo 83.2.k) del Reglamento (UE) 2016/679 también podrán tenerse en cuenta:

    a) El carácter continuado de la infracción.

    b) La vinculación de la actividad del infractor con la realización de tratamientos de datos personales.

    c) Los beneficios obtenidos como consecuencia de la comisión de la infracción.

    d) La posibilidad de que la conducta del afectado hubiera podido inducir a la comisión de la infracción.

e) La existencia de un proceso de fusión por absorción posterior a la comisión de la infracción, que no puede imputarse a la entidad absorbente.

f) La afectación a los derechos de los menores.

g) Disponer, cuando no fuere obligatorio, de un delegado de protección de datos.

h) El sometimiento por parte del responsable o encargado, con carácter voluntario, a mecanismos de resolución alternativa de conflictos, en aquellos supuestos en los que existan controversias entre aquellos y cualquier interesado.

3. Será posible, complementaria o alternativamente, la adopción, cuando proceda, de las restantes medidas correctivas a las que se refiere el artículo 83.2 del Reglamento (UE) 2016/679.

4. Será objeto de publicación en el Boletín Oficial del Estado la información que identifique al infractor, la infracción cometida y el importe de la sanción impuesta cuando la autoridad competente sea la Agencia Española de Protección de Datos, la sanción fuese superior a un millón de euros y el infractor sea una persona jurídica.

Cuando la autoridad competente para imponer la sanción sea una autoridad autonómica de protección de datos, se estará a su normativa de aplicación.

El artículo 77 define el régimen aplicable a determinadas categorías de responsables o encargados del tratamiento.

1. El régimen establecido en este artículo será de aplicación a los tratamientos de los que sean responsables o encargados:

a) Los órganos constitucionales o con relevancia constitucional y las instituciones de las Comunidades Autónomas análogas a los mismos.

b) Los órganos jurisdiccionales.

c) La Administración General del Estado, las Administraciones de las Comunidades Autónomas y las entidades que integran la Administración Local.

d) Los organismos públicos y entidades de Derecho público vinculadas o dependientes de las Administraciones Públicas.

e) Las autoridades administrativas independientes.

f) El Banco de España.

g) Las corporaciones de Derecho público cuando las finalidades del tratamiento se relacionen con el ejercicio de potestades de derecho público.

h)   Las fundaciones del sector público.

i)   Las Universidades Públicas.

j)   Los consorcios.

k)   Los grupos parlamentarios de las Cortes Generales y las Asambleas Legislativas autonómicas, así como los grupos políticos de las Corporaciones Locales.

2.   Cuando los responsables o encargados enumerados en el apartado 1 cometiesen alguna de las infracciones a las que se refieren los artículos 72 a 74 de esta Ley Orgánica, la autoridad de protección de datos que resulte competente dictará resolución declarando la infracción y estableciendo, en su caso, las medidas que proceda adoptar para que cese la conducta o se corrijan los efectos de la infracción que se hubiese cometido, con excepción de la prevista en el art. 58.2.i) del RGPD.

La resolución se notificará al responsable o encargado del tratamiento, al órgano del que dependa jerárquicamente, en su caso, y a los afectados que tuvieran la condición de interesado, en su caso.

3.   Sin perjuicio de lo establecido en el apartado anterior, la autoridad de protección de datos propondrá también la iniciación de actuaciones disciplinarias cuando existan indicios suficientes para ello. En este caso, el procedimiento y las sanciones a aplicar serán las establecidas en la legislación sobre régimen disciplinario o sancionador que resulte de aplicación.

Asimismo, cuando las infracciones sean imputables a autoridades y directivos, y se acredite la existencia de informes técnicos o recomendaciones para el tratamiento que no hubieran sido debidamente atendidos, en la resolución en la que se imponga la sanción se incluirá una amonestación con denominación del cargo responsable y se ordenará la publicación en el Boletín Oficial del Estado o autonómico que corresponda.

4.   Se deberán comunicar a la autoridad de protección de datos las resoluciones que recaigan en relación con las medidas y actuaciones a que se refieren los apartados anteriores.

5.   Se comunicarán al Defensor del Pueblo o, en su caso, a las instituciones análogas de las comunidades autónomas las actuaciones realizadas y las resoluciones dictadas al amparo de este artículo.

6.   Cuando la autoridad competente sea la Agencia Española de Protección de Datos, esta publicará en su página web con la debida separación las resoluciones referidas a las entidades del apartado 1 de este artículo, con expresa indicación de la identidad del responsable o encargado del tratamiento que hubiera cometido la infracción.

Cuando la competencia corresponda a una autoridad autonómica de protección de datos se estará, en cuanto a la publicidad de estas resoluciones, a lo que disponga su normativa específica.

2.4. Prescripción de las sanciones

1. Las sanciones impuestas en aplicación del Reglamento (UE) 2016/679 y de esta Ley Orgánica prescriben en los siguientes plazos:

   a) Las sanciones por importe igual o inferior a 40.000 euros, prescriben en el plazo de un año.

   b) Las sanciones por importe comprendido entre 40.001 y 300.000 euros prescriben a los dos años.

   c) Las sanciones por un importe superior a 300.000 euros prescriben a los tres años.

2. El plazo de prescripción de las sanciones comenzará a contarse desde el día siguiente a aquel en que sea ejecutable la resolución por la que se impone la sanción o haya transcurrido el plazo para recurrirla.

3. La prescripción se interrumpirá por la iniciación, con conocimiento del interesado, del procedimiento de ejecución, volviendo a transcurrir el plazo si el mismo está paralizado durante más de seis meses por causa no imputable al infractor.

3. Registro de actividades

La adaptación de una organización a las obligaciones del Reglamento General de Protección de Datos (RGPD) incluye la revisión de los tratamientos de datos de carácter personal que realiza, con la que se puede dar comienzo al conjunto de actividades que su cumplimiento va a requerir.

Este tratamiento -tanto de sus trabajadores como de aquellos colectivos de personas implicadas en la actividad, alumnos, clientes, pacientes, contribuyentes, proveedores, etcétera- debe plasmarse en construir y mantener actualizado un registro con las actividades de tratamiento.

A partir de la aplicación del Reglamento General de Protección de Datos, el 25 de mayo de 2018, finalizó la obligatoriedad de inscribir los ficheros en la Agencia Española de Protección de Datos (AEPD). Hasta esa fecha las organizaciones debían inscribirlo, lo que significaba una forma de notificar que realizaban un tratamiento de datos con una descripción del mismo.

Desde el día 25 de mayo de 2018, el responsable del tratamiento y el encargado deben llevar sendos Registros de actividades de tratamiento que se realicen bajo su responsabilidad.

De acuerdo al artículo 4 del RGPD, el responsable del tratamiento es la persona física o jurídica, autoridad pública, servicio u otro organismo que, solo o junto con otros, determine los fines y medios del tratamiento; si el Derecho de la Unión o de los Estados miembros determina los fines y medios del tratamiento, el responsable del tratamiento o los criterios específicos para su nombramiento podrá establecerlos el Derecho de la Unión o de los Estados miembros.

El encargado del tratamiento es la persona física o jurídica, autoridad pública, servicio u otro organismo que trate datos personales por cuenta del responsable del tratamiento.

Los responsables y encargados del tratamiento de datos personales y, en su caso, sus representantes, deberán mantener un registro de las actividades de tratamiento efectuadas bajo su responsabilidad. Este registro deberá contener la información que recoge al respecto el artículo 30 del Reglamento General de Protección de Datos (RGPD) y que es la siguiente:

Respecto a los responsables:

a)   El nombre y los datos de contacto del responsable y, en su caso, del corresponsable, del representante del responsable y del delegado de protección de datos.

b)   Los fines del tratamiento.

c)   Una descripción de las categorías de interesados y de las categorías de datos personales.

d)   Las categorías de destinatarios a quienes se comunicaron o comunicarán los datos personales, incluidos los destinatarios en terceros países u organizaciones internacionales.

e)   En su caso, las transferencias de datos personales a un tercer país o una organización internacional, incluida la identificación de dicho tercer país u organización internacional y, en el caso de las transferencias indicadas en el artículo 49, apartado 1, párrafo segundo, la documentación de garantías adecuadas.

f)   Cuando sea posible, los plazos previstos para la supresión de las diferentes categorías de datos.

g)   Cuando sea posible, una descripción general de las medidas técnicas y organizativas de seguridad a que se refiere el artículo 32, apartado 1.

Respecto a los encargados, llevarán un registro de todas las categorías de actividades de tratamiento efectuadas por cuenta de un responsable que contenga:

a)   El nombre y los datos de contacto del encargado o encargados y de cada responsable por cuenta del cual actúe el encargado, y, en su caso, del representante del responsable o del encargado, y del delegado de protección de datos.

b) Las categorías de tratamientos efectuados por cuenta de cada responsable.

c) En su caso, las transferencias de datos personales a un tercer país u organización internacional, incluida la identificación de dicho tercer país u organización internacional y, en el caso de las transferencias indicadas en el artículo 49, apartado 1, párrafo segundo, la documentación de garantías adecuadas.

d) Cuando sea posible, una descripción general de las medidas técnicas y organizativas de seguridad a que se refiere el artículo 30, apartado 1.

Los registros constarán por escrito, inclusive en formato electrónico.

El responsable o encargado del tratamiento y, en su caso, el representante del responsable o del encargado pondrán el registro a disposición de la autoridad de control que lo solicite.

Las organizaciones que empleen a menos de 250 trabajadores están exentas de configurar este registro de actividades, a menos que el tratamiento que realicen pueda entrañar un riesgo para los derechos y libertades de los interesados, no sea ocasional o incluya categorías especiales de datos o datos relativos a condenas e infracciones penales.

No obstante, hay que indicar que estas excepciones se aplican en casos muy limitados, puesto que en la práctica todos los tratamientos pueden suponer un riesgo para los derechos y libertades de los interesados, aunque sea ocasional, lo que viene a implicar que, en la práctica, la mayoría de los responsables o encargados del tratamiento que empleen a menos de 250 trabajadores estarán obligadas a llevar un registro de actividades de tratamiento.

Así pues, cada organización deberá llevar un Registro de Actividades de tratamiento de acuerdo a lo que el art. 30 del RGPD detalla. El artículo 30.1 dicta su contenido para el responsable de tratamiento, y el 30.2 detalla el contenido del Registro de Actividades que el encargado de tratamiento debe llevar. La descripción del contenido de este Registro de Actividades recuerda bastante al de la notificación de un fichero en el marco de la LOPD.

Corresponde a cada organización, de acuerdo al principio de responsabilidad proactiva que rige el RGPD, decidir el nivel de segregación o agregación con el que desea registrar los tratamientos de datos de carácter personal que requiere su actividad. Deberá valorar hasta qué punto la segregación de sus tratamientos en elementos diferentes se corresponde con finalidades, bases jurídicas y categorías de afectados distintos.

Asimismo, le corresponde ponderar la optimización de la gestión de la protección de datos dentro de su organización para que resulte útil, ágil, efectiva y permita el cumplimiento de la finalidad que la legislación persigue: que los individuos cuyos datos de carácter personal son objeto de tratamiento puedan tener, en su caso, un control efectivo de los mismos.

Es posible abordar la construcción del Registro de actividades de tratamiento en dos fases: la primera de ellas puede consistir en la revisión de los tratamientos de datos que la organización realiza; corresponderá a la segunda fase revisar las nuevas obligaciones que el RGPD impone al responsable del tratamiento y que se deben incluir en el registro de actividades.

A la hora de elaborar el registro de actividades de tratamiento puede resultar útil construirlo en torno a conjuntos estructurados de datos, volver la vista a los ficheros que la organización hubiera descrito con anterioridad para comprobar si todos los tratamientos de datos de carácter personal estaban recogidos en ellos, si el nivel de detalle al que se hubiera llegado sigue siendo el adecuado o corresponde segregar o, por el contrario, unificar en una única actividad de tratamiento aquellas que tuvieran una misma finalidad o finalidades prácticamente idénticas, misma legitimación o base jurídica para su tratamiento e idéntico colectivo de afectados.

Una vez incorporadas al Registro de Actividades todas aquellas que responden a su ámbito de actividad, la organización deberá fijarse en las nuevas obligaciones que el RGPD establece sobre los responsables y encargados del tratamiento.

El RGPD impone a cada responsable de tratamiento al menos dos obligaciones que pueden suponer tratamientos sobre datos de carácter personal y, por lo tanto, actividades que necesariamente deben incluirse en un Registro de Actividades de tratamiento:

1. Atención a los derechos de las personas. Lo que antes iba implícito en la gestión de cada fichero ahora cabría definirlo como una actividad de tratamiento específica, puesto que se recogerán los datos personales necesarios, según los principios que el artículo 5 del RGPD establece y explica, para poder atender los derechos de las personas que se dirijan a la organización.

2. Notificación de una quiebra de seguridad de los datos personales a la autoridad de control y a los interesados. Será esta una actividad que refleje los datos de carácter personal que deben incluirse para dar cumplimiento a lo establecido en los artículos 33 y 34 del RGPD.

En cualquier caso, y en ejecución del principio de responsabilidad proactiva, corresponde a la organización decidir de dónde parte a la hora de registrar sus actividades de tratamiento y cómo realizar la gestión de la misma.

Por último, el Registro de actividades de tratamiento está incluido en el artículo 31 de la Ley Orgánica 3/2018, de 5 de diciembre. El artículo 31.3 establece que los sujetos enumerados en el artículo 77.1 de la citada ley orgánica harán público un inventario de sus actividades de tratamiento accesible por medios electrónicos en el que constará la información establecida en el artículo 30 del Reglamento (UE) 2016/679 y su base legal. Los sujetos enumerados son los siguientes:

❑   Los órganos constitucionales o con relevancia constitucional y las instituciones autónomas análogas a los mismos.

❑   Los órganos jurisdiccionales.

❑ La Administración General del Estado, las Administraciones de las comunidades autónomas y las entidades que integren la Administración Local.

❑ Los organismos públicos y entidades de Derecho público vinculadas o dependientes de las Administraciones Públicas.

❑ Las autoridades administrativas independientes.

❑ El Banco de España.

❑ Las corporaciones de Derecho público cuando las finalidades del tratamiento se relacionen con el ejercicio de potestades de derecho público.

❑ Las fundaciones del sector público.

❑ Las Universidades Públicas.

❑ Los consorcios.

❑ Los grupos parlamentarios de las Cortes Generales y las Asambleas Legislativas autonómicas, así como los grupos políticos de las Corporaciones Locales.

Por último, para organizar este registro de actividades de tratamiento se puede:

❑ Partir de los ficheros que actualmente tienen notificados los responsables en el Registro General de Protección de Datos, detallando todas las operaciones que se realizan sobre cada conjunto estructurado de datos.

❑ Configurarlo en torno a operaciones de tratamiento concretas vinculadas a una finalidad básica común de todas ellas (por ejemplo, "gestión de clientes", "gestión contable" o "gestión de recursos humanos y nóminas") o con arreglo a otros criterios distintos.

4. Elaboración del documento de seguridad requerido por la legislación vigente en materia de protección de datos de carácter personal

El documento de seguridad de la LOPD consistía en un documento interno, de carácter público, que debía reflejar por escrito todo lo relacionado con las medidas, normas, procedimientos de actuación y reglas para asegurar la protección y seguridad de los datos en el intercambio de información y gestión de una organización determinada.

Este documento debía ser custodiado por el Responsable de Seguridad que era el encargado de comprobar y registrar el tratamiento que se realiza de los datos personales entro de la organización.

Antes de la entrada en vigor del RGPD, además de lo anterior y como se ha descrito en el epígrafe 3, era necesario dar de alta en la Agencia Española de Protección de Datos los ficheros que se correspondían con las diferentes bases de datos que tenía la empresa, dejando constancia de ellos en el propio Documento de Seguridad como tipos de datos tratados, con los niveles que establecía la propia LOPD.

Con la aplicación del Reglamento General de Protección de Datos, el 25 de mayo de 2018, desaparece la figura del Documento de Seguridad dando paso a una nueva figura: el Registro de Actividades. En este caso –también desarrollado en el epígrafe 3–, el artículo 30 del RGPD establece que todas las empresas deberán contar con un Registro de Actividades de tratamiento, tanto si actúan bajo su responsabilidad o por cuenta de un responsable.

 *Acude a los Contenidos Extra para consultar el Resumen y realizar la Autoevaluación de esta unidad.*

UNIDAD DIDÁCTICA 6

Seguridad física e industrial de los sistemas. Seguridad lógica de sistemas

Objetivos

- ☑ Describir las características de los mecanismos de control de acceso físico, explicando sus principales funciones.

- ☑ Exponer los mecanismos de traza, asociándolos al sistema operativo del servidor.

- ☑ Identificar los mecanismos de control de acceso lógico, explicando sus principales características (contraseñas, filtrado de puertos IP, entre otros).

Contenido

Introducción

1. Determinación de los perímetros de seguridad física

2. Sistemas de control de acceso físico más frecuentes a las instalaciones de la organización y a las áreas en las que estén ubicados los sistemas informáticos

3. Criterios de seguridad para el emplazamiento físico de los sistemas informáticos

4. Exposición de elementos más frecuentes para garantizar la calidad y continuidad del suministro eléctrico a los sistemas informáticos

5. Requerimientos de climatización y protección contra incendios aplicables a los sistemas informáticos

6. Elaboración de la normativa de seguridad física e industrial para la organización

7. Sistemas de ficheros más frecuentemente utilizados

8. Establecimiento del control de accesos de los sistemas informáticos a la red de comunicaciones de la organización

9. Configuración de políticas y directivas del directorio de usuarios

10. Establecimiento de las listas de control de acceso (ACLs) a ficheros

11. Gestión de altas, bajas y modificaciones de usuarios y los privilegios que tienen asignados

12. Requerimientos de seguridad relacionados con el control de acceso de los usuarios al sistema operativo

13. Sistemas de autenticación de usuarios débiles, fuertes y biométricos

14. Relación de los registros de auditoría del sistema operativo necesarios para monitorizar y supervisar el control de accesos

15. Elaboración de la normativa de control de accesos a los sistemas informáticos

Acude a los Contenidos Extra para ver el mapa conceptual de esta Unidad Didáctica, objeto de estudio fundamental para situarte según avances en los contenidos.

Introducción

En esta unidad didáctica aprenderemos la importancia de la seguridad física y sus controles elaborados a partir de la norma 17799. El alumno aprenderá varios sistemas de control de acceso a los centros de procesamiento de datos y la importancia de la revisión de los controles del acceso físico, climatización, protección contra incendios, sistemas de alimentación interrumpida y los sistemas de ficheros a proteger.

Abordaremos conceptos como ACLs, controles de acceso en las redes de comunicaciones y sus requerimientos así como la importancia de la gestión de altas, bajas y modificaciones de privilegios, su autenticación y auditoría. Todo ello bajo el paraguas de la ISO 27000 con el fin de saber elaborar adecuadamente la normativa de seguridad física e industrial para la organización.

Analizar e implementar los mecanismos de acceso físicos y lógicos a los servidores según especificaciones de seguridad.

1. Determinación de los perímetros de seguridad física

Se dice, en ocasiones, que el modelo de seguridad perfecto sería similar a encontrarse en el interior de una habitación sin puertas, permaneciendo aislado del exterior. Naturalmente eso no es viable, y por ello las orientaciones y metodologías actuales giran en torno a la idea de prevenir, detectar o detener fallos de seguridad informática que puedan existir, es decir, tener una actitud proactiva a los problemas del contexto.

Existe un marco estándar que define correctamente la seguridad informática y ofrece mecanismos para su correcta administración. Este marco es la norma ISO 17799, que proporciona a las organizaciones beneficios recomendados de prácticas tales como:

❑   Metodologías estructuradas reconocidas internacionalmente.

❑   Procesos de evaluación, implantación, mantenimiento y administración de seguridad informática.

La certificación ISO17799 permite identificar el status en materia de seguridad, ofreciendo una visión de cómo se encuentra la organización en ese sentido.

La base de la ISO 17799 está compuesta por controles de seguridad que evalúan los riesgos y garantiza la seguridad física del entorno.

Los controles de seguridad que facilita la norma ISO 17799 manejan la seguridad física inherente a las instalaciones de la empresa, entre las que se incluyen:

❑ **La ubicación.** Se deberá analizar en todo momento las instalaciones de la organización, teniendo en cuenta posibles desastres naturales.

❑ **La seguridad del perímetro físico.** El perímetro de seguridad en una instalación debe estar claramente definido y físicamente en buen estado. Las instalaciones se pueden dividir en zonas, según los niveles de clasificación u otros requisitos de la organización.

❑ **Control de accesos.** Las aperturas en el perímetro de seguridad de las instalaciones deben contar con controles de entrada/salida proporcionales con el nivel de clasificación de la zona a la que afecta.

❑ **Equipamiento.** Los equipos deben estar instalados en zonas específicas para las instalaciones que aseguren físicamente su entorno, integridad y disponibilidad.

❑ **Transporte de bienes.** Se establecerán controles mediante mecanismos que nos permitan el control de la entrada o salida de bienes a través del perímetro de seguridad.

❑ **Generales.** Las políticas y normas, tales como el uso de equipos de destrucción de documentos, almacenamiento seguro o reglas de "escritorio limpio', deben existir para la gestión de la seguridad en el lugar de trabajo.

Todos los puntos anteriores son necesarios para determinar de manera exhaustiva y eficiente los perímetros de seguridad física.

2. Sistemas de control de acceso físico más frecuentes a las instalaciones de la organización y a las áreas en las que estén ubicados los sistemas informáticos

El lugar en el que se encuentren los equipos debe contar con diferentes restricciones de acceso a personal interno y externo de la organización, en función del impacto que tendría sobre la sustracción o el deterioro de los equipos y, sobre todo, de la información. Por esa razón, es obvio que el área o las habitaciones en las que se encuentran los servidores (también conocidas como CPD o Centro de Proceso de Datos) tendrán la máxima protección dentro del conjunto de espacios en los que se concentren los equipos.

El control de acceso a personas se puede realizar con sistemas muy diversos. Hay incluso empresas que ocupan edificios completos con el sistema informático distribuido por plantas y que usan uniformes de distinto color para el personal que puede tener acceso a cada planta. Pero también puede hacerse mediante tarjetas magnéticas que permitan el acceso a una o varias zonas determinadas, vídeo vigilancia, tele vigilancia, vigilantes jurados, biometría,...

Prácticamente todo lo relacionado con el control de acceso tiene una vertiente preventiva, pero en caso de incidencias también tomará la vertiente correctiva.

Cuando se realice el tratamiento de imágenes con fines de seguridad a través de los diversos sistemas existentes de captación, debe valorarse en primer lugar la legitimación para utilizar dichos sistemas de captación, así como los principios de limitación de la finalidad y minimización de datos que recoge la norma en su artículo 5.

Además, y en referencia al principio de responsabilidad proactiva, deben realizarse también una serie de actuaciones para que estos tratamientos se ajusten al contenido del RGPD. El RGPD establece varios supuestos en su artículo 6 que legitiman el tratamiento de datos de carácter personal, entre los que se encuentra permitir el tratamiento cuando sea necesario para el cumplimiento de una misión de interés público.

El RGPD recoge en su artículo 5 este principio, en virtud del cual, los datos personales será recogidos con fines determinados, explícitos y legítimos y no serán tratados ulteriormente de manera incompatible con dichos fines, de manera que los datos que sean objeto de tratamiento a través de la videovigilancia serán tratados para la finalidad que ha motivado la instalación de la misma y que está vinculada a garantizar la seguridad de personas, bienes e instalaciones.

Ejemplo distintivo informativo.

Un vigilante delante de un monitor puede impedir el acceso de una persona a una zona que no le está permitida, pero en el caso de que se pase ese control y se produzca un ataque, esa persona podría ser identificada mediante grabaciones de la cámara.

Hay que tener claro que el fin principal de la protección tanto física como lógica de un sistema de información son los datos. La entrada de intrusos en un espacio protegido en el que se encuentra información esencial para la organización es un evento probable, y en cierto modo frecuente, que hace inútiles todas las medidas de protección del software y el hardware. Es, por tanto, importante la instalación de alarmas y/o detectores de movimiento para detectar la presencia de personas no autorizadas en las áreas significativas.

En el caso de detectores de movimiento se podrían utilizar barreras de infrarrojos, barreras de microondas, detectores de ultrasonidos, detectores de apertura de puertas, detectoras de rotura de vidrios, detectoras de vibraciones en superficies, etc.

Dotaremos de alarmas y/o detectores de movimiento al CPD para detectar la presencia de personas no autorizadas.

CPD: *ubicación donde se concentran los recursos de información en una organización mediante sistemas informáticos seguros.*

3. Criterios de seguridad para el emplazamiento físico de los sistemas informáticos

Las empresas, generalmente, ubican sus infraestructuras tecnológicas en salas especiales denominadas CPDs (Centros de Proceso de Datos). Aparte de tener en cuenta el aspecto económico y estratégico para la organización de la elección de la ubicación del CPD, deberemos asegurarnos que cumple con la seguridad mínima necesaria frente a los diferentes riesgos contra la seguridad física y lógica que pudieran darse.

Los criterios principales (diseño y construcción de planta) que debemos seguir se basan en unos requerimientos de implantación aconsejables que nos permitirán mayor seguridad, rendimiento y, también, imagen frente potenciales auditorías.

A continuación, vamos a detallar los requerimientos principales que se deben acometer en un CPD para su diseño e implantación. Todos los requerimientos están orientados a garantizar las mejores garantías respecto a la seguridad informática.

3.1. Falso Suelo

El falso suelo es la infraestructura sobre la cual reposarán los equipos informáticos. Un falso suelo está compuesto por baldosas independientes, removibles, pudiendo ser de diferentes dimensiones y materiales recubiertas de revestimiento plástico. Estas baldosas reposan sobre pequeños pilares regulables en altura colocados sobre superficie lisa y recubrimiento antipolvo, dejando un espacio entre el suelo real (por debajo) y el falso suelo.

Falso suelo.

La altura se encontrará comprendida normalmente entre 0.005 – 0.075 m, pudiendo ser ampliables en caso de ser necesario debido a las labores de mantenimiento de cableado, electricidad, limpieza,..., debajo del falso suelo. La resistencia media variará entre los 500 y 1000 kg/m^2 .

El falso suelo, debe ser:

❑   Robusto.

❑   Indeformable.

❑　　Resistente a la humedad.

❑　　Contener aislamiento eléctrico.

❑　　Contener aislamiento ignífugo.

❑　　Los pilares deben estar unidos a tierra (cuya resistencia eléctrica ronde los 2 o 3 ohmios) para posibles derivaciones eléctricas.

Ya que debe existir un desnivel entre el suelo fuera de la sala y originado por el falso suelo dentro de la sala CPD, se debe implantar una rampa para los traslados de material y/o desplazamientos en carros o accesos. Esta rampa deberá tener una pendiente no superior al 12% y recubierta de goma estriada para evitar deslizamientos incontrolados.

3.2.　Ruido

Se debe tener en consideración que es posible la existencia de altos niveles de ruido en las proximidades a los entornos de trabajo de los CPDs, perjudicando e incluso llegando a originar molestias de salud en los operadores del mismo. Un número elevado de máquinas en funcionamiento, los sistemas de refrigeración,…, pueden ser los causantes de tales molestias.

En caso de un nivel de ruido muy elevado, será necesario adoptar medidas para insonorizar el CPD, proceso que tendrá como objetivo eliminar al máximo las vibraciones sonoras en el interior del local y evitar la propagación al exterior. El ruido es originado por la propagación de ondas emitidas por vibraciones de fuentes de alimentación de los servidores, sistemas de ventilación, sistemas de refrigeración, sistemas de alimentación eléctrica,…

La absorción del sonido para dar un mejor servicio se obtiene a través de:

1.　Insonorización del techo, suelo y paredes. Se revisten placas de escayola perforada, de corcho aglomerado o de metales perforados recubiertos de fibra de vidrio. Los revestimientos plásticos presentan la ventaja de permitir una limpieza fácil, además de no presentar problemas de cargas estáticas. Las paredes de cristal o vidrio deben evitarse, ya que reflejan perfectamente los ruidos.

2.　Por uso de mobiliario de madera, en lugar de mobiliarios de metal, pues trasmiten en menor medida las vibraciones.

3.　Por insonorización de las máquinas, equipándolas con carcasas de insonorización o con bloques anti-vibraciones colocados bajo las peanas de sustentación de los equipos.

La transmisión de ruidos procedentes del exterior es bastante difícil evitar. Se suele recomendar el uso de tabiques pesados (350 kg / m²) con cámaras de espacio de 15 cm para absorber correctamente las vibraciones así como el uso de tabiques dobles separados y rellenos de material absorbente.

3.3. Elementos constructivos

La selección de los elementos constructivos internos más adecuados tales como las puertas, paredes, canalizaciones eléctricas, canalizaciones de comunicaciones son también criterios de seguridad para el emplazamiento físico de los sistemas informáticos. Estos elementos deberían cumplir con el máximo nivel de protección exigido por la normativa de construcción correspondiente.

Es importante evitar el polvo y la electricidad estática, para lo cual se debería aplicar un revestimiento especial en las paredes, el techo y el suelo de las salas donde se vayan a ubicar los servidores y equipos con los datos y aplicaciones más importantes. Asímismo, por este mismo motivo, no se deberían utilizar alfombras o moquetas para cubrir el suelo en estas salas.

Es importante también tener en cuenta la implantación de sistemas de vigilancia, basados en cámaras de circuito cerrado de televisión y en alarmas y/o detectores de movimiento, como ya vimos en un apartado anterior.

3.4. Clasificación de los CPDs

A la hora de diseñar un CPD tenemos que tener en cuenta las normativas, certificados y legislaciones que es necesario cumplir si queremos que este conjunto de sistemas que componen el CPD realice correctamente sus funciones y lo hagan dentro de los parámetros adecuados.

Existe un tipo de certificación muy avanzada basada en ANSI/TIA-942 *Telecommunications Infrastructure Standard for Data Centers* para la clasificación de nuestros CPDs. Una de las partes más estándares y básicas que debemos tener en cuenta es la que abarca la clasificación en los diferentes niveles llamados TIERS.

 *Tiers: sistema que permite clasificar la fiabilidad de un centro de datos. Este está compuesto por cuatro niveles. A mayor nivel, mayor será la disponibilidad y por tanto mayor el coste de construcción.*

Los niveles de Tiers existentes son:

Tier I: Centro de datos básico: disponibilidad del 99.671%,

❏ El servicio puede interrumpirse por actividades planeadas o no planeadas.

❏ No hay componentes redundantes en la distribución eléctrica y de refrigeración.

❏ Puede o no tener suelos elevados, generadores auxiliares o UPS.

❏ Tres meses para su implantación.

❏ La infraestructura del Datacenter (CPD) entrará al menos una vez al año fuera de servicio por motivos de mantenimiento y/o reparaciones.

Tier II: Centro de datos redundante: disponibilidad del 99.741%,

❏ Menos susceptible a interrupciones por actividades planeadas o no planeadas.

❏ Componentes redundantes.

❏ Tiene suelos elevados, generadores auxiliares o UPS.

❏ Conectados a una única línea de distribución eléctrica y de refrigeración.

❏ De 3 a 6 meses para su implantación.

❏ El mantenimiento de esta línea de distribución o de otras partes de la infraestructura requiere una interrupción del servicio.

Tier III: Centro de datos concurrentemente mantenibles: disponibilidad del 99.982%,

❏ Permite planificar actividades de mantenimiento sin afectar al servicio, pero eventos no planeados pueden causar paradas no planificadas.

❏ Componentes redundantes.

❏ Conectadas múltiples líneas de distribución eléctrica y de refrigeración, pero únicamente con una activa.

❏ De 15 a 20 meses para su implantación.

❏ Hay suficiente capacidad y distribución para poder llevar a cabo tareas de mantenimiento en una línea mientras se da servicio por otras.

Tier IV: Centro de datos tolerante a fallos: disponibilidad del 99.995%,

❏ Permite planificar el mantenimiento sin afectar a los servicios críticos, siendo capaz de soportar un evento no planificado.

❏ Conectadas múltiples líneas de distribución eléctrica y de refrigeración con múltiples componentes redundantes.

❏ De 15 a 20 meses para su implantación.

 *Puedes acudir a la página web de Telecommunications Industry Association para consultar la normativa ANSI/TIA-942: **http://www.tiaonline.org/***

4. Exposición de elementos más frecuentes para garantizar la calidad y continuidad del suministro eléctrico a los sistemas informáticos

Todo sistema informático depende principalmente de un suministro eléctrico de energía, sin ello su funcionamiento no es viable. Si este suministro fallase, el sistema se quedaría totalmente fuera de servicio durante el tiempo que el fallo perdurara pudiendo también afectar a otros sistemas, como por ejemplo, aire acondicionado, protección contra incendios, sistemas de alarmas,…, llegando a agravar más la situación con simulación de pérdidas de información o deterioro de sistemas de almacenamiento.

La pérdida de suministro eléctrico no es la única fuente de problemas en este sentido. Las variaciones o picos de voltaje en la caída o recuperación de los sistemas, por encima de los valores especificados por los fabricantes de los equipos incluso por breves intervalos de tiempo, pueden provocar un mal funcionamiento de los equipos e incluso su inoperatividad.

Habitualmente, las instalaciones reciben la alimentación de suministros públicos y se debe considerar el posible corte de suministro debido a daños en las estaciones eléctricas, cableado público, daños por tormentas en cableado aéreos, excesos de carga o incluso daños derivados de actos vandálicos.

 *En ocasiones las perturbaciones eléctricas pueden ser tan cortas que son difíciles de detectar y relacionarlo con el fallo de los equipos.*

Para detectar las variaciones y picos de tensión se precisa disponer de equipos de protección especiales para controlar la alimentación y sus perturbaciones.

Protector de variaciones o picos.

Un protector típico de picos de tensión consta de los siguientes componentes:

❏ Un fusible o un protector termomagnético que desconecta el circuito cuando se está sobrepasando el límite de corriente, o en caso de un cortocircuito.

❏ Un transformador.

❏ Resistencia variable.

❏ Diodo zener también conocido como diodo de supresión de voltaje.

Algunas de las posibles causas que pueden causar perturbaciones de tensión son:

❏ Reducción de voltaje o frecuencia en momentos de alta demanda de potencia por tiempos cortos.

❏ Reducción en el voltaje por altas corrientes producidas, por ejemplo, por las centrales eléctricas más cercanas por el arranque de motores.

❏ Perturbaciones transitorias producidas, por ejemplo, por equipos de aire acondicionado, ascensores o relámpagos repentinos.

 *Si un suministro puede ser objeto de perturbaciones, será necesaria una fuente de alimentación no sujeta a perturbaciones, implantando incluso filtros o motores con alternadores que actúan de amortiguador entre el suministro y el equipo.*

4.1. Sistemas de alimentación basados en SAI

El SAI es el sistema más completo de alimentación interrumpida, ya que una de sus características principales en la aceptación de diferentes tipos de entrada de energía convirtiéndola en el suministro necesario para el equipo de proceso. Las entradas de energía aceptables por SAI incluyen los suministros de las compañías, generadores locales o baterías.

Un sistema SAI acepta diversos suministros de energía de entrada, dentro de unos parámetros especificados, y los convierte en la energía de salida necesaria para el equipo de proceso de datos, dentro de los parámetros que éste precisa.

4.1.1. Tipos de Sistema SAI

❑ **SAI de modo directo.** La corriente eléctrica alimenta al SAI y éste suministra energía constantemente a los servidores. Estos dispositivos realizan también la función de estabilizadores de corriente.

❑ **SAI de modo reserva**. La corriente se suministra al servidor directamente. El SAI sólo actúa en caso de pérdida de dicha corriente.

Ejemplo de SAIs

D. *Sistema de Alimentación Ininterrumpida (SAI): es una unidad de conversión de energía eléctrica que proporciona corriente alterna de alta calidad.*

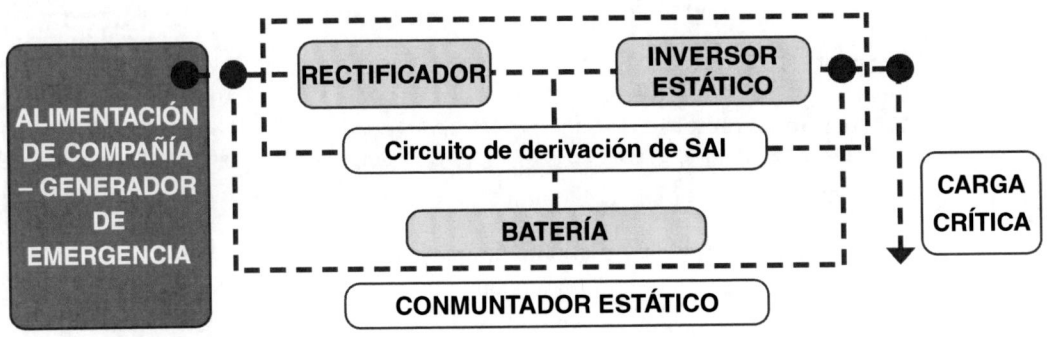

Circuito de alimentación eléctrica con SAI.

4.1.2. Componentes de un sistema típico de SAI

En el SAI, la capacidad de almacenamiento del combustible para el generador de energía de emergencia determina, en mayor medida, la cantidad de tiempo que el generador puede funcionar sin reabastecimiento de combustible. En función de la probabilidad de un fallo o corte en compañías eléctricas y la duración estimada debe preverse reservas de combustible con el objetivo de abastecer al SAI durante más tiempo que el que ofrece su capacidad de almacenamiento.

Las baterías proporcionan corriente continua en casos de una interrupción de la alimentación de corriente alterna, su tamaño y capacidad deben estar relacionados con la carga/salida inversora, lo que determinará la duración de la batería y cuánto puede soportar los requisitos de potencia de la instalación, variando el tiempo por lo general entre cinco y sesenta minutos. En algunos casos, pueden apilarse baterías para disponer de un mayor tiempo de abastecimiento.

La instalación de cualquiera de estas variantes (UPS, baterías y convertidores, con o sin los generadores de emergencia, etc.) implica consideraciones técnicas que deben discutirse primero con los fabricantes de los sistemas, teniendo en cuenta los diferentes rangos de energía de los equipos de acuerdo al fabricante.

La elección del SAI debe estar justificada por una comparación del coste total asociado a la implantación y a su explotación, con los costes y reper-cusiones causadas por la ausencia de funcionamiento de los equipos infor-máticos, así como con los diversos costes de obtención, mantenimiento y explotación de fuentes de energía alternativa.

5. Requerimientos de climatización y protección contra incendios aplicables a los sistemas informáticos

Para proporcionar una adecuada climatización a los sistemas de información debemos considerar determinados aspectos que inciden en el estado y tipo de ambiente en el que se ubicarán los equipos. Algunos de estos aspectos son la refrigeración de la sala, la humedad o la luminosidad. A su vez, como un subsistema adicional muy importante, se debe diseñar un co-rrecto y efectivo sistema de protección contra incendios, el cual ha de permitir medidas que anu-len amenazas contra los equipos y, al mismo tiempo, respeten el funcionamiento de los mismos.

A continuación vamos a analizar los principales sistemas que dan respuesta a los reque-rimientos de climatización, destacando por su importancia el subsistema de refrigeración y ambiente.

5.1. Sistema de refrigeración

Se recomienda que todos los equipos tengan un ambiente libre de polvo dentro de los límites especificados de temperatura y humedad relativa. Tal control sólo es posible mediante el uso de equipos de aire acondicionado, que realizan funciones básicas de mantenimiento de la temperatura del aire dentro de los límites requeridos, ya sea por eliminación de calor, haciendo circular el aire y/o mantenimiento de humedad.

Es conveniente recomendar que los equipos se utilicen y se almacenen a una temperatura de 21 ± 1 ° C y una humedad relativa de 50% ± 5%

El aire acondicionado también evita la entrada de polvo mediante la presurización de la sala de ordenadores con aire fresco para crear un flujo de salida de aire a través de elementos de filtración.

El funcionamiento de los equipos informáticos, y por tanto la seguridad de todo el sistema informático, puede verse comprometido por el daño que las partículas de polvo pueden causar al acumularse en diversos componentes de los mismos (ventiladores, procesadores, cabezas y/o superficies de grabación). El polvo puede surgir ya sea desde fuera de la sala de ordenadores (producido por las actividades en las habitaciones o en las operaciones industriales cercanas) o debido a la manipulación de papel, paredes o muros, desprendimientos de fibras desde el techo o el mismo aislamiento de la habitación. Las personas que acceden a la sala de ordenadores también pueden introducir polvo en la ropa y los zapatos, por lo que es importante una correcta gestión del acceso a la sala por el personal.

Los medios que deben adoptarse para evitar el problema del polvo incluyen:

❑　Filtrado de aire. Es importante que los filtros se limpien o cambien en períodos apropiados, evitando así que llegaran a bloquearse.

❑　Manipular el papel, materiales de embalaje,…, en una habitación separada de la sala de ordenadores.

❑　Efectuar tareas de limpieza y mantenimiento de la sala regularmente, incluyendo los huecos y espacios del falso suelo, paredes y suelos.

❑　Prohibición de entrar en la sala con cualquier sustancia ajena a la propia actividad de la misma, como por ejemplo comida, bebidas, tabaco, etc.

En la práctica, se pueden distinguir tres estados fundamentales del aire en una sala de equipos:

❑　**Ausencia de sistema de refrigeración:** la temperatura es la habitual admitida por las personas, que varía entre 15°C y 35°C. La higrometría normalmente se encuentra entre 40% y 65%.

❑　**Clima simple:** asegura una temperatura entre 18°C y 30°C, con variaciones de menos de 5°C por hora. La humedad relativa se mantiene entre 40% y 65%, con variaciones de menos de 5°C por minuto, siendo capaz de eliminar las partículas de polvo de tamaño superior a 5 micras.

❑　**Sistema de refrigeración total:** es esencial para un funcionamiento coherente de los sistemas informáticos de medianas y grandes empresas. La temperatura se mantiene alrededor de 21°C ± 1°C y con variaciones de menos de 5% por hora. La humedad relativa se mantiene a 50% ± 5%, con variaciones de menos de 5% por hora. El 90% de partículas de polvo en exceso de 1 micrón se eliminan por aire filtrado.

Higrometría: *estudio de la humedad atmosférica y las medidas de sus variaciones.*

Los encargados de la refrigeración, para determinar la potencia del sistema de aire que será necesario, proceden a la recogida de datos de los elementos para establecer los cálculos correspondientes que permitirán determinar las mejores características del sistema. Estos datos son fijados por una diferencia de temperatura promedio de 6°C - 7°C entre el interior - exterior y para coeficientes medios de transferencia de calor entre las paredes.

Los elementos mínimos necesarios de los que ha de disponer un sistema de aire acondicionado son:

❑ Una unidad de aire acondicionado.

❑ Una toma de aire exterior.

❑ Un sistema de humidificación.

❑ Una batería de refrigeración con compresor.

❑ Un ventilador.

❑ Una batería caliente.

❑ Un sistema de filtración de aire.

❑ Un sistema de distribución de aire.

❑ Un sistema de recuperación de aire.

❑ Un conjunto de mando y control de las condiciones del medio ambiente local y dispositivos de alarma audible y/o visual.

❑ Un equipo de captura que permite la monitorización continua de la temperatura y la humedad del aire.

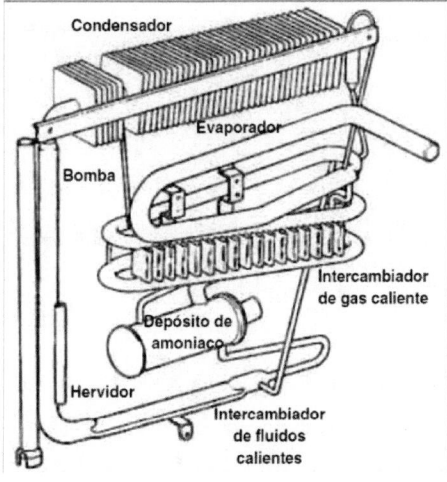

Ejemplo conductos de sistema de aire acondicionado.

La circulación del aire en locales con aire acondicionado está asegurada por un ventilador, el cual tiene como objetivo situar a estos en ligera sobrepresión. El aire de refrigeración está asegurado por los evaporadores, que también sirven como deshumidificadores. El frío es producido por los compresores de refrigeración herméticos que utilizan fluidos como el freón y que se utilizan como refrigerantes.

En el caso de que haya que elevar la temperatura de la sala, el calentamiento del aire se puede realizar mediante agua caliente (calefacción) o calentadores eléctricos, pudiendo limitar el tiempo de funcionamiento de esta batería con el circuito de calefacción general. No obstante, estas situaciones son difíciles de producirse, y normalmente acontecen en ubicaciones geográficas con temperaturas exteriores extremas.

Dentro de la sala de equipos, el aire se puede hacer circular siguiendo tres circuitos principales. Esta circulación favorece la refrigeración y optimiza los costes de la misma ya que consigue una mayor eficiencia:

❑ Por falso suelo, con recuperación del falso techo.

❑ Por el falso techo, con recuperación por rodapiés.

❑ Mediante una combinación de las dos formas precedentes.

La refrigeración de las unidades de aire acondicionado varía de 5000 a 60000 BTU. Dichos valores cubren ampliamente las necesidades de los sistemas de aire acondicionado de uso común. Los sistemas más grandes y potentes, requieren unidades especiales o la conexión en paralelo de varias unidades para garantizar la climatización de cualquier fallo en cualquiera de las unidades.

BTU: *unidad de medida de energía. (Procede del término inglés,* **British Thermal Uni***).*
Una BTU equivale aproximadamente a:
❑ *252 calorías.*
❑ *1.055,056 julios.*
❑ *12.000 BTU/h = 1 Tonelada de refrigeración = 3.000 frigorías/h.*

5.2. Ambiente

El ambiente de trabajo en términos de iluminación, ruido, temperatura, etc., es clave para la comodidad del trabajador permitiendo un espacio en el que se reduce la sensación de fatiga y problemas de salud. Esto redundará en una reducción de los riesgos potenciales que afecten al sistema derivados del personal de operación.

Un correcto ambiente debe cumplir con los mínimos siguientes:

❑   Debe ser lo suficientemente silencioso para no molestar y distraer al usuario. Por ejemplo, en la actualidad es habitual el uso de un programa de reconocimiento de voz y si el medio ambiente es excesivamente ruidoso aumenta la tasa de error del reconocedor.

❑   La iluminación debe permitir la correcta lectura de documentos, teclado, dispositivos electrónicos y pantallas. Cuando se trata de una oficina con un recinto común para varios empleados, si es necesario aumentar la iluminación para satisfacer las necesidades, utilizaremos un flexo con una posición única de manera que no afecte a otros usuarios. La lectura de documentos requiere una iluminación de 500 lux y la pantalla de trabajo de unos 300 lux. Una iluminación por encima de 1000 lux sería demasiado intensa.

❑   Es fundamental orientar las pantallas para evitar los reflejos de iluminación de ventanas o fuentes de luz artificial. Las ventanas deben tener elementos para regular la iluminación que penetra en el interior. Se debe también tener cuidado de que las superficies de los muebles, el techo, el piso y las paredes causen reflejos molestos en la pantalla produciendo incluso el deslumbramiento directo de visión del usuario.

❑   Las temperaturas de verano deben estar entre 23° - 60° grados y en invierno entre 20° - 24° grados.

❑   La humedad (relativa) tiene que estar entre 40% y 60%.

6. Elaboración de la normativa de seguridad física e industrial para la organización

La normativa de seguridad engloba los planes, normas y procedimientos adoptados por la empresa, dotándoles de documentación clara y detallada, sobre todas las medidas y directrices de seguridad.

Las políticas de seguridad de una empresa son las normas y procedimientos internos que deben seguir los integrantes de la empresa para respetar los requerimientos de seguridad que se desean preservar. Deben describirse la criticidad de los sistemas y de la información, los roles de cada puesto de trabajo y la mecánica de acceso a los sistemas, herramientas, documentación y cualquier otra componente del sistema de información.

Con frecuencia se desglosan políticas de seguridad en procedimientos detallados para cada componente del sistema de forma individualizada, pudiendose crear documentos que describan las políticas de tratamiento de los correos electrónicos, políticas de uso de internet, copias de respaldo, tratamiento de virus, políticas formativas en materia de seguridad para la plantilla, etc.

 *Los objetivos de seguridad también están recogidos en la política de seguridad.*

A la hora de definir las **políticas de seguridad** en una empresa, sería conveniente contemplar en la normativa los siguientes **elementos**:

❑ Alcance: recursos, instalaciones y procesos de la empresa sobre los que se aplicará.

❑ Objetivos perseguidos y prioridades de seguridad.

❑ Compromiso de la Dirección de la empresa.

❑ Clasificación de la información e identificación de los activos a proteger.

❑ Análisis y gestión de riesgos.

❑ Elementos y agentes involucrados en la implantación de las medidas de seguridad.

❑ Asignación de responsabilidades en los distintos niveles organizativos.

❑ Definición clara y precisa de los comportamientos exigidos y de los que están prohibidos por parte del personal.

❑ Identificación de las medidas, normas y procedimientos de seguridad a implantar.

❑ Gestión de las relaciones con terceros (clientes, proveedores, partners, ...).

❑ Gestión de incidentes.

❑ Planes de contingencia y de continuidad del negocio.

❑ Cumplimiento de la legislación vigente.

❑ Definición de las posibles violaciones y de las consecuencias derivadas del incumplimiento de las políticas de seguridad.

En la definición de las políticas de seguridad dentro de una empresa, los **colectivos que deben estar implicados** son:

❑ Directivos y responsables de los distintos departamentos y áreas funcionales de la empresa.

❑ Personal del departamento de informática y de comunicaciones.

❑ Miembros del equipo de respuesta a Incidentes de Seguridad Informática, en caso de que éste exista.

❑ Representantes de los usuarios que pueden verse afectados por las medidas adoptadas.

❑ Consultores externos expertos en seguridad informática.

 *También sería aconsejable una revisión de las medidas y directrices definidas en las políticas de seguridad por parte de los asesores legales de la empresa, como abogados o peritos.*

Por otra parte, resultará fundamental poner en conocimiento de todos los empleados que se puedan ver afectados por las políticas de seguridad cuáles son los planes, normas y procedimientos adoptados por la empresa, dotándoles del acceso a documentación clara y detallada sobre todas las medidas y directrices de seguridad, así como los planes de formación y sensibilización inicial de los nuevos empleados que se incorporan a la organización.

En cada documento de la normativa se podría incluir la siguiente **información**:

❑ Título y codificación.

❑ Fecha de publicación.

❑ Fecha de entrada en vigor.

❑ Fecha prevista de revisión o renovación.

❑ Ámbito de aplicación (a toda la empresa o solo a un determinado departamento o unidad de negocio).

❑ Descripción detallada (redactada en términos claros y fácilmente comprensibles por todos los empleados) de los objetivos de seguridad.

❑ Persona responsable de la revisión y aprobación.

❏ Documento (o documentos) al que reemplaza o modifica.

❏ Otros documentos relacionados.

En los procedimientos de seguridad será necesario especificar además otra **información adicional** como:

❏ Descripción detallada de las actividades que se deben ejecutar.

❏ Personas o departamentos responsables de su ejecución.

❏ Momento y/o lugar en que deben realizarse.

❏ Controles para verificar su correcta ejecución.

La implantación de un adecuado sistema de gestión documental facilitará el registro, clasificación y localización de toda la documentación que se haya generado, además de constituir un aspecto fundamental si la empresa desea conseguir la certificación del Sistema de Gestión de Seguridad de la Información.

Por otra parte, la empresa debería tener identificado al personal específico para garantizar el adecuado nivel de cumplimiento de las normas y procedimientos de seguridad. En estos casos, se podría pedir la firma de una carta o documento por parte de estos empleados en el que se comprometan a cumplir con las directrices y principios establecidos en las políticas de seguridad de la empresa.

Así mismo, la empresa podría adoptar una serie de medidas para recordar la importancia de la seguridad a los distintos empleados de la empresa en el día a día, así como contemplar una serie de actuaciones para verificar el adecuado nivel de cumplimiento e implantación de las directrices y procedimientos de seguridad. Además, es necesaria la actualización y revisión de las políticas de seguridad cuando sea necesario.

En el caso de violaciones de las políticas de seguridad la empresa deberá determinar cuál es el nivel de responsabilidad del usuario y la gravedad de su actuación, adoptando las correspondientes medidas disciplinarias que correspondan en cada caso.

Tal y como vimos en la Unidad Didáctica 4, se debe de tener en cuenta en la normativa de la seguridad física aspectos como:

❏ Control de acceso físico a las instalaciones.

❏ Protección de acceso y configuración de los servidores.

❏ Vigilancia de conectividad.

❑　Seguridad en los sistemas de almacenamiento.

❑　Protección de equipo y estaciones de trabajo.

❑　Control de salida de equipos.

❑　Copias de seguridad.

❑　Gestión de soportes informáticos.

❑　Protección de datos sensibles.

Los recordamos brevemente:

❑　**Control de acceso físico a las instalaciones**

Se aconseja definir cómo identificaremos al personal con acceso a las instalaciones, (por ejemplo identificador de nombre, cargo, fotografía para el personal interno y para el personal externo con un identificador provisional), asignando así los procedimientos de acceso a las áreas críticas. La empresa deberá mantener actualizada la lista con permisos permanentes a áreas críticas y también de accesos temporales contemplando si es posible los que se realicen fuera de horario. Una autorización de acceso temporal debería reflejar el nombre de quien lo autoriza, la identidad del visitante autorizado, el motivo y el intervalo de fechas en que tiene validez la autorización.

❑　**Protección de acceso y configuración de los servidores**

La empresa debe prestar especial atención a la configuración de seguridad de los servidores (web, ftp, datos...), para impedir ataques y conexiones no autorizadas por parte de personas con fines malintencionados. Además, como norma general, no se deben incluir datos de carácter personal o sensibles accesibles a todo el público dentro de servidores de tipo Web.

❑　**Vigilancia de conectividad**

Los dispositivos de red, como los hubs, switches, routers o puntos de acceso inalámbricos, podrían dotar de acceso a la red a usuarios no autorizados si no se encuentran adecuadamente protegidos. En la normativa de seguridad se deberá contemplar las medidas previstas para reforzar la seguridad de estos equipos y de toda la infraestructura de red, con configuraciones de arquitecturas de seguridad, firewall, proxy, certificados...

❑　**Seguridad en los sistemas de almacenamiento**

Los discos duros pueden tener fallos originados por los sistemas de hardware que los componen, se utilizan los sistemas RAID ("Redundant Array of Independent Disks) para mejorar la tolerancia a fallos y la disponibilidad de los medios de almacenamiento. No obstante, en la última generación de sistemas de almacenamiento se está generalizando el uso de unidades de almacenamiento de estado sólido, formadas por memorias flash.

❑ **Protección de equipo y estaciones de trabajo**

Dentro de la normativa se deberá especificar el uso de únicamente herramientas corporativas con licenciamiento legal, utilización de equipos por personal autorizado de la empresa, evitar los cambios de configuraciones de los equipos mediante políticas de gestión cambios (GPOs), limitaciones de uso de puertos USB,… Estas son medidas a tomar para la adecuada protección de las estaciones de trabajo.

❑ **Control de salida de equipos**

Como política de seguridad general, los equipos y portátiles informáticos de la organización no podrán ser sacados fuera de sus instalaciones por empleados sin la correspondiente autorización, para lo cual hay que establecer medidas, procedimientos y controles de seguridad para los equipos que deban usarse fuera de la empresa, de forma que estén sujetos a una protección igual o superior a la interna.

❑ **Copias de seguridad**

En la seguridad física no solo es necesario contemplar la protección de la confidencialidad física, sino que también es importante salvaguardar su integridad y disponibilidad. Para ello usamos unos procedimientos de realización de copias de seguridad y de recuperación que, en caso de fallo del sistema informático, nos permitirían recuperar y, en su caso, reconstruir los datos y los ficheros dañados o eliminados.

la política de copias de seguridad debería establecer la planificación de las copias que se deberían realizar en función del volumen y tipo de información generada por el sistema informático, especificando el tipo de copias (completa, incremental o diferencial) y el ciclo de esta operación (diario, semanal).

❑ **Gestión de soportes informáticos**

La empresa deberá disponer de un inventario actualizado con los soportes donde se guarden datos y documentos sensibles: discos, discos duros externos, CD, DVD, "pendrives", etc. Cuando contienen datos o ficheros con contenido protegido deberían estar almacenados en lugares con acceso restringido. De hecho, esta medida es obligatoria en España para todos los ficheros que contengan datos de carácter personal, independientemente de su nivel de seguridad. Además, debería contemplarse la existencia de un registro de entradas y de salidas de soportes, la cual es una medida obligatoria también en España para los ficheros de carácter personal de nivel medio o alto, de acuerdo con la Ley Orgánica de Protección de

Datos. Asimismo, la Política de Gestión de Soportes también debería contemplar las medidas necesarias para garantizar una adecuada protección de estos soportes durante sus traslados y su almacenamiento.

Por otra parte, debido a la generalización del uso de los dispositivos extraíbles que se pueden conectar a través de un puerto USB o Firewire a cualquier ordenador, como podrían ser los discos duros externos, pendrives, tarjetas de memoria, etc., las empresas empiezan a demandar soluciones que permitan controlar y limitar el uso de estos dispositivos en sus equipos informáticos evitando la fuga de información.

❑ **Protección de datos sensibles**

La política de seguridad relacionada con la protección de datos debe abarcar en primer lugar la clasificación de los documentos según su nivel de confidenciali-dad. Posteriormente, será necesario proceder al etiquetado de los documentos y datos de la organización. La organización tendría que mantener una base de datos actualizada con la relación de los documentos más sensibles, registrando la fecha de la creación, la utilización prevista, la fecha de destrucción y el cambio de clasi-ficación del documento. En la política de seguridad también se deberá especificar qué medidas de protección se tendrán que implantar en la manipulación de los documentos más sensibles. También podría ser recomendable incluir cláusulas de confidencialidad en los contratos de los empleados, así como cláusulas de confi-dencialidad y de no divulgación en los acuerdos o contratos con terceros.

De cada acceso a los datos y documentos sensibles se deberían guardar, como mínimo, la identificación del usuario, la fecha y hora en que se realizó el acceso al documento, el tipo de acceso y si ha sido autorizado o denegado. Por otra parte, a nivel técnico será conveniente exigir el cifrado de los datos y documentos más protegidos, por lo que se debe definir cómo se tienen que registrar y conservar de forma segura las contraseñas utilizadas para el cifrado de ficheros.

7. Sistemas de ficheros más frecuentemente utilizados

Todo sistema operativo brinda la oportunidad, entre otras muchas cosas, de utilizar algún sistema de almacenamiento físico y permanente y además, cualquier sistema debe ofrecer una interfaz común independiente del dispositivo que es usado.

Por ejemplo, un archivo de texto estará alojado en una carpeta sin que el usuario se pre-ocupe de que el dispositivo que lo contiene sea un disco duro de un servidor, un sistema DFS de almacenamiento en un NAS o incluso un pendrive.

Estos datos pueden estar ubicados fundamentalmente en servidores independientes (NAS) o cabinas de almacenamiento (SAN). Estos sistemas están orientados a organizaciones que necesitan un rendimiento elevado y posibles cambios con ampliaciones constantes. El mayor inconveniente que tienen es que son dispositivos basados en complejas configuraciones RAID pero dan una mayor seguridad y flexibilidad que la mayoría de tecnologías de almacenamiento. Una cabina de almacenamiento depende de otro componente no menos importante, el chasis, diseñado para poder ahorrar espacio en un CPD, reduciendo así el consumo y simplificando la administración. Estos chasis cuentan con sus propios sistemas de ventilación y de conectividad LAN y SAN.

 *Existen sistemas de almacenamiento ubicados en entornos protegidos como CPD y centro de datos seguros solamente dedicados al almacenaje de datos.*

 *Un Chasis "Blade" puede tener hasta 16 servers y 4 switches dependiendo del fabricante.*

Ejemplo cabina de discos.

 *Los sistemas avanzados tipo SAN, NAS, DFS cuentan con la posibilidad de redundancia en caso de fallo, pérdida o caída de los sistemas, dotando así a la organización de mantener la alta disponibilidad en todo momento.*

7.1. Organización del sistema de archivos

Los sistemas de archivos o ficheros están diseñados y vinculados a cada desarrollador de sistemas operativos, los cuáles indican la forma en que van a ser almacenados los archivos en los dispositivos de almacenamiento masivo (unidades SSD, discos duros, discos ópticos, memorias USB, etc.), así como también la forma en que va a iniciar el sistema operativo (proceso de arranque).

 *Formatear se refiere a preparar el dispositivo de almacenamiento, para guardar la información en un sistema de archivos definido.*

La organización de un sistema de archivos dado incide sobre varios aspectos:

❑ Se refiere a la organización de los archivos de los usuarios en el sistema y en los propios dispositivos.

❑ Un sistema de archivos puede ser jerárquico o no. En Linux todos los archivos de sistema se encuentran en una carpeta, salvo la raíz. En Windows, por ejemplo, los archivos de cada dispositivo están dentro de una carpeta, salvo la raíz de cada dispositivo.

❑ Se refiere a la forma en la que se clasifiquen los archivos. Lo usual es que existan archivos y carpetas, aunque las carpetas no sean más que archivos especiales del sistema para contener los archivos del usuario.

❑ La ubicación de los dispositivos de almacenamiento respecto al sistema, distinguiendo dispositivos locales de dispositivos no-locales (servidores de archivos, por ejemplo), y forma en el que el sistema trabaja con dichos dispositivos.

Finalmente, también podemos referirnos a la eventualidad de que un sistema sea usado por un solo usuario o con un fin específico, o bien que sea un sistema diseñado para ser compartido con distintos usuarios que pueden tener distintas políticas respecto a determinados aspectos de la información del sistema.

7.2. Tipos del sistema de ficheros

Cuando almacenamos un archivo (una carpeta, una imagen, un vídeo, un documento de Word, etc.), este conserva su nombre y sus características propias, pero se acopla al sistema de archivos existente en el dispositivo de almacenamiento. Es decir, el sistema de archivos solo cambia la forma de almacenarlos.

En cada dispositivo, los archivos se almacenan siguiendo alguna estructura predeterminada. Un disco FAT, por ejemplo, emplea una tabla donde se guarda el nombre de cada archivo y su ubicación física en dicho dispositivo; un disco ext4 emplea un sistema más complejo, incluyendo un registro de diario de cambios, un sistema de enlaces para reubicar el archivo de forma más eficiente, etc.

Un dispositivo dado puede usar un sistema de archivos de tipos diferentes, y en un disco puede haber particiones que usen tipos distintos. Aunque en general, pueden hacerse agrupaciones:

❏ El sistema de archivos de UNIX y LINUX puede usar **btrfs, ext, ext2, ext3, ext4, reiserfs, y xfs.**

❏ El sistema Windows emplea fundamentalmente **FAT** (Windows 3.11 y Windows 95), **FAT32** (Windows 98 y Windows Millenium), **NTFS** (Windows XP, Windows Vista y En Windows, el sistema de archivos principal es NTFS (New Technology File System), que fue introducido con Windows NT en 1993. También existen otros sistemas de archivos compatibles con Windows, como FAT32, exFAT y UDF. NTFS es el más utilizado en sistemas operativos Windows modernos debido a sus características avanzadas y capacidad para manejar grandes archivos y particiones.

❏ El sistema de archivos de MacOS de Apple utiliza **HFS/HFS+**.

❏ El sistema de archivos de Sun Solaris utiliza **ZFS**.

❏ Los CD/DVD usan el **estándar iso9660**, y por lo tanto también las imágenes de archivos .iso utilizan tal formato. Además, los CD también utilizan **CDFS** ("Compact Disc File System") y tanto los CD como los DVD pueden utilizar también **UDF** ("Universal Disk Format").

❏ Un "pendrive" suele usar **VFAT** por compatibilidad, aunque podría usar cualquier otro tipo. De forma similar, las particiones que no sean la raíz pueden emplear cualquier tipo sistema de archivos.

Algunos sistemas operativos tienen la capacidad de interactuar sus sistemas de archivos entre sí y otros no (básicamente los sistemas operativos LINUX y Microsoft Windows respectivamente).

8. Establecimiento del control de accesos de los sistemas informáticos a la red de comunicaciones de la organización

En redes de comunicaciones compartidas, y especialmente aquellas que se extienden más allá de los límites de la empresa, se deberán evitar las opciones de los usuarios internos o externos para vulnerar la seguridad del sistema de información. Para ello, se mantendrán o se actualizarán los derechos de acceso a los usuarios de la red de acuerdo con los requisitos de la política de control de acceso. Este control tiene por objeto supervisar las conexiones del usuario a las redes a través de sistemas de autenticación y validez de usuario en la red de comunicaciones.

Estas conexiones pueden ser tanto internas como externas, dotando al usuario final del completo acceso en los dos tipos de conexiones posibles. A su vez estos sistemas te permiten controlar el acceso a los usuarios de tal manera que identifiquemos la hora, ubicación, método de acceso, identificador, etc... con el fin de controlar las acciones realizadas.

En la imagen siguiente, observamos un servidor de red, clientes de red inalámbricos, servicios de autenticación o cliente remoto, todos formando una infraestructura de accesos a la red de comunicaciones de la organización.

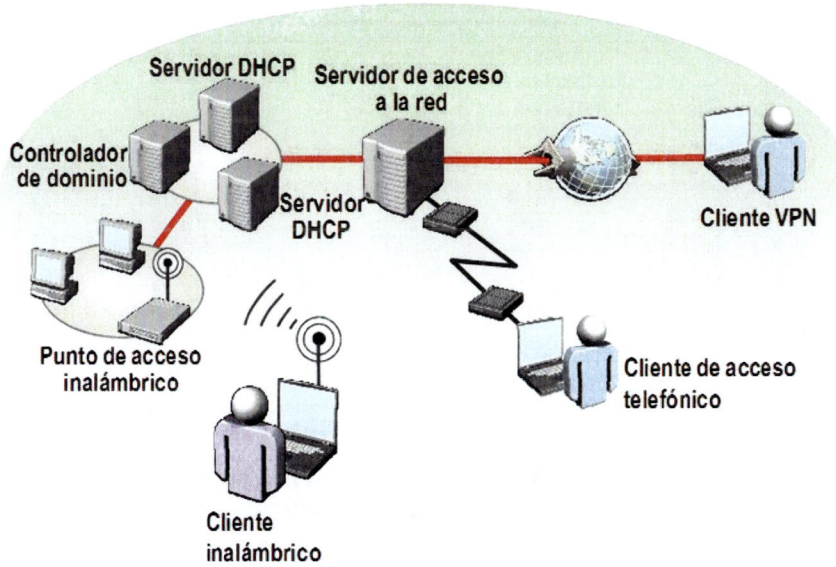

Infraestructura de accesos a la red de comunicaciones de la organización.

A continuación veremos los tipos de conexiones remotas más frecuentes:

8.1. Conexiones con Cliente VPN

Una conexión de acceso remoto es realizada por un cliente o un usuario que se conecta a una red privada. Los paquetes enviados a través de la conexión VPN son originados en el cliente de acceso remoto, el cual se autentifica con el servidor de acceso y, a su vez, éste se autentifica ante el cliente. Una VPN requiere de permisos de autorización para realizar esta operación, pudiendo ser controlados los accesos mediante un sistema de logs de acceso. Estos permisos están basados en servicios de autenticación y pueden ser:

❑ **Servicios IPsec:** servicios que cifran el tráfico de red y autentican los equipos clientes mediante certificados.

❑ **Servicios Kerberos:** servicios de autenticación cifrada para los inicios de sesión.

❑ **LDAP y NIS (servicio de nombres):** autentican los usuarios en la red.

❑ **RPCs:** son servicios especialmente usados para autenticar peticiones remotas combinadas con los servicios Kerberos habitualmente.

❑ **SSH:** servicios de autenticación mediante contraseñas y claves usando autenticación RSA y DSA para claves públicas.

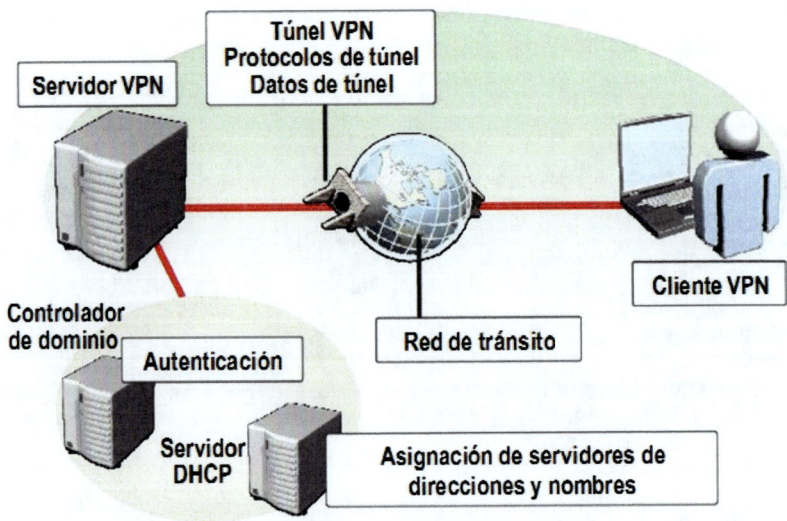

Componentes de una VPN.

8.2. Conexiones con cliente de acceso telefónico

Este tipo de conexión se realiza mediante una red de comunicaciones, creando una conexión física a un puerto en un servidor de acceso remoto en una red privada. Para este tipo de control de acceso se requiere de un módem o adaptador RDSI para marcar al servidor de acceso remoto.

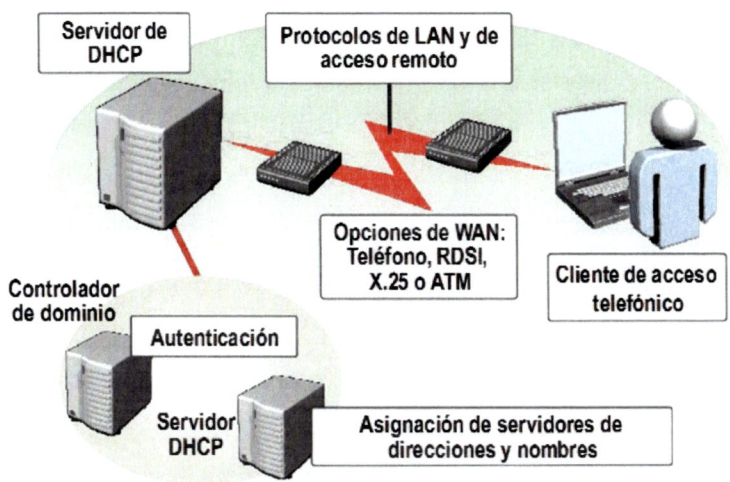

Componentes de acceso telefónico.

Los métodos de autenticación para una conexión de acceso telefónico son:

❑   PAP

❑   CHAP

❑   SPAP

❑   MS-CHAP

❑   MS-CHAP v2

❑   EAP-TLS

❑   EAP-Desafío MD5

8.3. Conexiones con clientes inalámbricos

Las conexiones de red inalámbrica son empleadas en lugares tecnológicos que permiten a los dispositivos la comunicación mediante protocolos estándar sin cables. Los clientes se conectan a puntos de acceso comunicándose entre sí.

Existe una gran variedad de estándares inalámbricos, siendo los más usados:

❏   802.11a

❏   802.11b

❏   802.11g

❏   802.11n

❏   802.11ac

❏   802.11ax

❏   802.11ay

Asimismo, los métodos de autenticación más usados en las redes inalámbricas son:

❏   WPA2-PSK

❏   WPA3

❏   WEP

❏   802.1x/EAP

❏   VPN

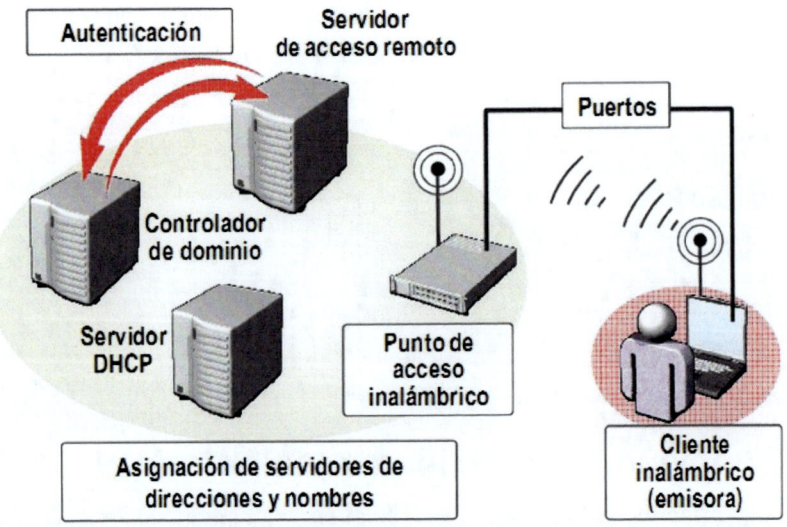

Componentes de acceso inalámbrico.

El control de acceso de los usuarios se realiza mediante directivas que nos permiten controlar el acceso remoto, comprobar el identificador de la conexión y asignar la dirección IP para la aplicación dc rutas posibles, entre otras cosas.

 *Una directiva de acceso remoto es una regla que contiene elementos que otorgan acceso o lo deniegan mediante propiedades de control en componentes (IAS) integrados en los sistemas.*

8.4. Conexión IAS - Internet Authentication Service

IASv ha sido renombrado a NPS (Network Policy Server) , siendo éste la implementación de un servidor RADIUS que autentica a los usuarios remotos, los audita y controla las cuentas de las conexiones VPN, ya sean telefónicas o inalámbricas.

Los componentes de un servidor RADIUS son:

❑   Clientes para el acceso en los usuarios.

❑   Servidor de sesiones de acceso.

❑   Proxy pasarela RADIUS.

❑   Base de datos con la cuentas.

 *La capacidad de conectar a los usuarios a la red debe ser restringida a través de proxy, también denominadas Pasarelas o Gateway.*

 **Proxy:** *Es un dispositivo que nos brinda la posibilidad de conectar redes con protocolos y arquitecturas diferentes y de distintos niveles.*

Algunos ejemplos de entornos corporativos en los que se deben aplicar las restricciones de acceso, con especial cuidado, a la red de comunicaciones de la organización son:

❑   Entornos basados en sistemas de correo.

❑   Transferencia de archivos entre medios.

❑　Acceso interactivo en tiempo real para intervenciones en los sistemas.

❑　Acceso a aplicaciones con contenido sensible o crítico.

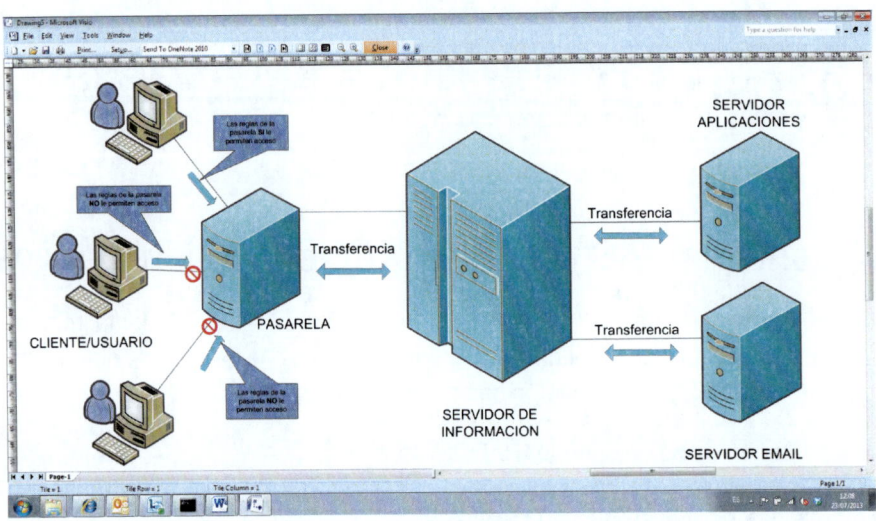

Ejemplo de comunicación de pasarela con servidores destino.

Con el desarrollo de este epígrafe hemos conseguido:

❑ *Identificar los mecanismos de control de acceso lógico, explicando sus principales características (contraseñas, filtrado de puertos IP, entre otros)*

9. Configuración de políticas y directivas del directorio de usuarios

Se debería definir una norma homogénea de identificación de usuarios para toda la organización.

Dentro de la seguridad lógica, la gestión de cuentas de usuarios es un elemento fundamental ya que de ella dependerá el buen funcionamiento de otras medidas y directrices de seguridad tales como el control de acceso a recursos o el registro de la actividad de las personas.

Por este motivo, toda organización debería contar en su política de seguridad con las directrices relativas al proceso de solicitud, modificación, seguimiento y cancelación de cuentas de usuarios. Asimismo, se debería definir una norma homogénea de identificación de usuarios para toda la organización.

En la documentación de este proceso será necesario definir los roles que pueden ejercer la facultad de autorizar la creación de cuentas de usuario y qué usuarios tienen privilegios administrativos dando lugar a una autoridad dentro del sistema capaz de su adecuada gestión. En relación con estas cuentas de usuario con privilegios de administrador, se deberá especificar en qué medida y bajo qué condiciones específicas el usuario o los usuarios pueden utilizar los privilegios de administración para acceder a las carpetas o los archivos de otros usuarios, controlar el uso y los equipos de la red, instalar o desinstalar aplicaciones, cambiar la configuración de los equipos, etc., contando con la autorización de la Dirección de la organización.

 *Asimismo, es recomendable que cada usuario con privilegios de administración emplee otra cuenta con menos privilegios para su trabajo cotidiano (si lo tuviere) recurriendo a la cuenta de administrador solo para las tareas que así lo requieran.*

La organización debería mantener un registro actualizado de los usuarios que obtengan privilegios de administración de los sistemas, indicando en qué momento se conceden estos privilegios, por qué razón, finalidad y durante cuánto tiempo. Por otra parte, los administradores de seguridad deben proceder a cancelar o cambiar las contraseñas de las cuentas incluidas por defecto en el sistema informático y la desactivación de todas las cuentas de usuario genéricos (como por ejemplo los usuarios invitados).

A continuación vemos un ejemplo en el que hemos deshabilitado la cuenta "guest" invitado y, para darle mayor seguridad a nivel local, hemos habilitado que la contraseña nunca caduque y no pueda cambiar la contraseña sin permiso del Administrador.

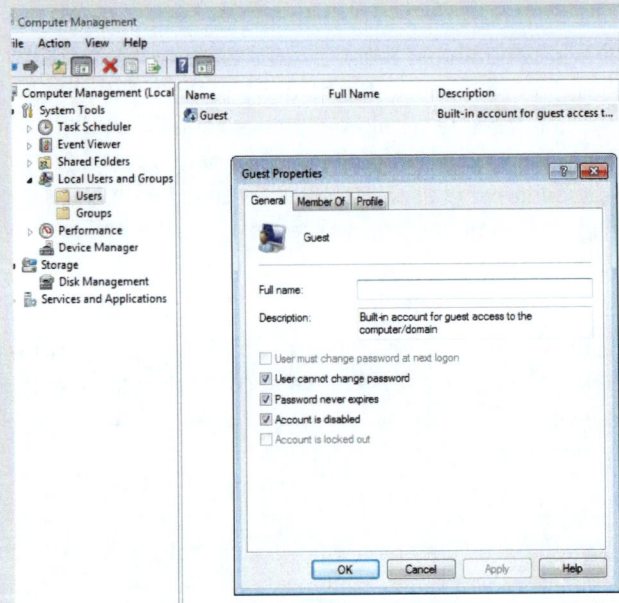

Usuario "guest" local.

Las políticas de seguridad deben establecer revisiones periódicas sobre la gestión de las cuentas de usuarios de grupos asignados y establecer permisos de acceso, actividades de observación, como las enumeradas a continuación:

❑ Validación anual de usuarios del sistema y los grupos.

❑ Asignación de permisos y privilegios otorgados a las necesidades operacionales de cada usuario en función de su cargo.

❑ Modificaciones de los permisos que surgen de los cambios en la asignación de un empleado, procediendo al registro de las nuevas condiciones y modificación de las anteriores.

❑ Detectar las actividades no autorizadas, como pueden ser las conexiones en sus ratos libres o de las computadoras que fueron considerados inicialmente.

❑ Detección y bloqueo de cuentas inactivas, es decir, aquellos que no se han utilizado en los últimos meses.

La organización debe establecer cómo actuar en caso de bajas en el sistema, proceder a la revocación de los permisos y a la cancelación inmediata de las cuentas de usuario que proceda en cada momento.

 *A veces será necesario para mantener el identificador de la cuenta en los registros de la actividad del sistema, aunque en estos casos los administradores deben bloquear la cuenta por lo que no podrá ser utilizado dicho usuario.*

También se debería definir dentro de las políticas de seguridad cuáles son las directrices fijadas por la organización en relación con la eliminación de los datos y ficheros de ámbito personal de aquellos usuarios que hayan causado baja en el sistema, previa grabación de estos en un CD u otro soporte para que puedan ser entregados a los interesados.

10. Establecimiento de las listas de control de acceso (ACLs) a ficheros

Las listas de control de acceso (ACL, "Access Control Lists") se utilizan para promover la separación de privilegios y para controlar el flujo de tráfico entre los equipos de red como routers y switches. Su propósito principal es el de filtrar el tráfico, permitiendo o denegando el tráfico de red de acuerdo a alguna condición especificada.

En las ACLs se detallan puertos de servicio, o nombres de dominio de red, que están disponibles en un dispositivo terminal u otro nivel de red, cada uno con una lista de terminales y/o redes que tienen permiso para usar dicho servicio.

 *Las listas de control de acceso general, puede configurarse para controlar el tráfico entrante y saliente por lo que en este contexto son similares a las de un cortafuegos.*

Hay dos tipos de listas de control de acceso:

❑ **Listado estándar**; donde sólo tiene que especificar una dirección de origen.

❑ **Listado extendido**; en cuya sintaxis aparece el protocolo y una dirección de origen y de destino, realizando un filtrado más específico.

Ejemplo ACL Estándar:

Permitir solo los host 36 al 38 de la red 192.168.1.0/24

access-list Adams permit 192.168.1.36 0.0.0.3

access-list Adams permit 192.168.1.40 0.0.0.7

access-list Adams permit 192.168.1.38 0.0.0.0

Se pueden otorgar algunos permisos a dos usuarios sobre un fichero sin ne-cesidad de incluirlos en el mismo grupo. Este mecanismo es visible en la ma-yoría de sistemas (Solaris, AIX, HP-UX...), mientras que en otros que no viene por defecto se puede instalar como complemento adicional.

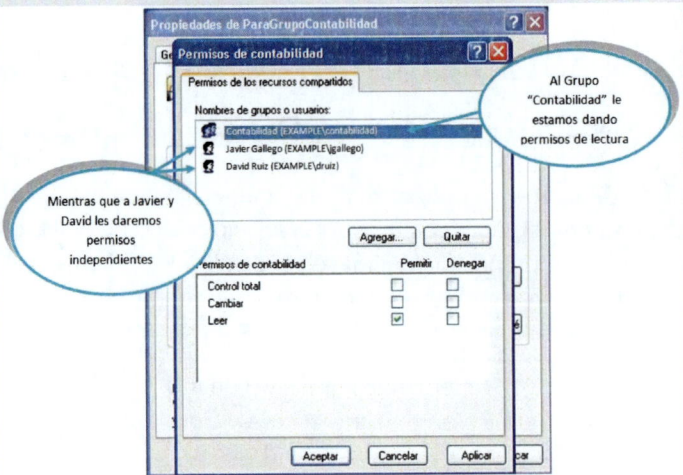

Ejemplo de asignación permisos carpeta.

11. Gestión de altas, bajas y modificaciones de usuarios y los privilegios que tienen asignados

Toda política de seguridad contempla el alta, baja y modificación de usuarios como unas tareas imprescindibles para garantizar el correcto mantenimiento de la seguridad. Los princi-pales aspectos que cubre esta gestión son:

❑   Alta y bajas de usuarios.

❑   Mantenimiento de usuarios.

❑   Configuración de privilegios en los usuarios.

11.1. Alta de usuarios

El procedimiento de registro de los nuevos usuarios requiere la atención de aspectos como la incorporación de determinadas cláusulas de confidencialidad en los contratos, sobre todo si la persona en cuestión va a tener acceso a los datos sensibles y/o que van a manejar las aplicaciones críticas en el sistema informático.

También es necesario definir claramente el procedimiento para crear nuevas cuentas de usuario en el sistema, así como para la posterior asignación de permisos de conformidad con las facultades y áreas de responsabilidad de cada usuario.

Por último, no hay que descuidar la formación adecuada de estos nuevos empleados, definiendo con claridad cuáles son sus obligaciones y responsabilidades en materia de seguridad de datos y aplicaciones de sistemas informáticos de la organización.

11.2. Baja de usuarios

En el procedimiento deben estar definidas las funciones que ha desempeñado el usuario con el fin de facilitar al administrador de sistemas, la cancelación o bloqueo de dicha cuenta de usuario inmediatamente debido a la posibilidad de que un usuario tuviera varias cuentas o permisos especiales. Además, este procedimiento comprenderá la devolución de los equipos, tarjetas de acceso y otros dispositivos en las manos de los empleados que causan baja en la organización.

11.3. Funciones, deberes y derechos de los usuarios

La organización debe definir claramente cuáles son los diferentes niveles de acceso a los servicios y recursos de su sistema informático para los diferentes tipos de usuarios. También será necesario determinar qué datos y documentos pueden poseer o administrar cada empleado. La organización también debe tener en cuenta la privacidad de los usuarios que tienen acceso a estos recursos y servicios del sistema informático, y establecer las condiciones acordes a la protección de datos en sus archivos, mensajes de correo electrónico y otros documentos.

Es conveniente diferenciar las funciones y determinados privilegios sobre usuarios con acceso al sistema informático de la organización, para evitar conflictos sobre las funciones de cada usuario.

Todas estas medidas deben complementarse con la elaboración de una serie de manuales de políticas y procedimientos, que incluyan medidas administrativas y organizativas adoptadas para garantizar el uso adecuado de los recursos informáticos por parte del personal de la organización.

Será necesario definir cuáles son las posibles violaciones de las políticas de seguridad, las consecuencias para los responsables y las medidas o pasos a seguir en cada caso.

12. Requerimientos de seguridad relacionados con el control de acceso de los usuarios al sistema operativo

El acceso a los equipos con sistemas operativos debe controlarse mediante procedimientos de registro seguro de los usuarios. Los mecanismos de registro deben funcionar de tal manera que sean capaces de limitar las opciones de accesos no autorizados y facilitar la trazabilidad de aquellos que si lo son.

El procedimiento de registro de acceso de un sistema operativo debe estar diseñado para reducir al mínimo y evitar las opciones de acceso no autorizado.

A continuación se especifican algunas pautas para realizar un buen procedimiento de control de acceso:

❑ Hasta que no se haya completado con éxito el proceso de registro no se debe mostrar identificadores de sistema o aplicación.

❑ La pantalla debe mostrar una advertencia donde se muestre la prohibición de acceso al equipo por personal no autorizado.

❏ La aplicación no debe dar mensajes de ayuda, ya que pueden facilitar el acceso a personas no autorizadas.

❏ Sólo validaran la información de registro de acceso después de completar toda la entrada o salida de datos.

❏ Se debe limitar el número de intentos de acceso y el tiempo máximo para el procedimiento de registro.

❏ Cuando se realiza correctamente el registro de acceso se deben mostrar la siguiente información: fecha, hora y los detalles de cualquier intento de acceso fallido desde último registro correcto.

❏ Nunca se debe mostrar la clave secreta que se ha introducido, es posible ocultar los caracteres por símbolos.

El acceso a los sistemas operativos de las estaciones de trabajo o servidores debe ser controlado por un procedimiento de registro seguro de los usuarios.

La primera medida importante para mantener la seguridad informática y de la información, es habilitar el inicio seguro que da lugar a una variedad de conexiones seguras para el inicio de la sesión del usuario en el sistema operativo.

Ejemplo de activación de inicio de sesión seguro Ctrl-Alt-Supr

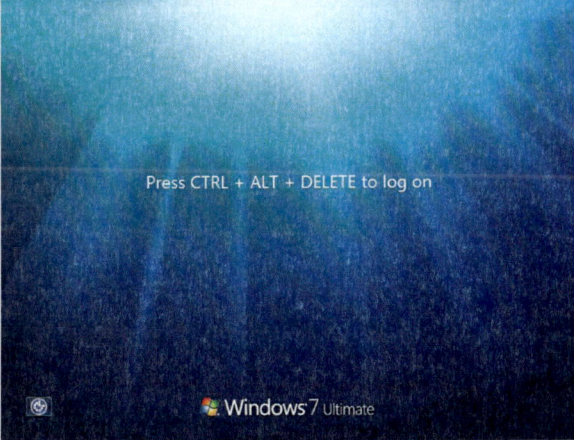

Press CTRL + ALT + DELETE to log on

Windows 7 Ultimate

Ejemplo de inicio de sesión seguro Windows.

El uso del inicio de sesión seguro ofrece otro nivel adicional de seguridad para el equipo. Cuando se habilita este tipo de inicio de sesión, ningún otro programa, ya sea malicioso o no, puede interceptar el nombre de usuario y contraseña a la hora de su escritura.

Debemos identificar y aislar los sistemas sensibles de la organización para darles un tratamiento especial.

La implantación del control de acceso en un sistema informático depende principalmente de la buena gestión de usuarios (alta, baja y modificación) teniendo en cuenta los permisos y privilegios que hayamos otorgado.

Podemos distinguir dos tipos de controles de acceso:

❑ **Control de acceso obligatorio:** permisos de acceso otorgados por el sistema.

❑ **Control de acceso discrecional:** los permisos son controlados por el propietario de cada objeto.

A la hora de confeccionar una lista de usuarios que tendrán acceso a cada objeto del sistema, técnicamente lo haremos con Listas de Control de Acceso (ACL). De esta manera podemos limitar los accesos no solo por usuario sino también en función del horario y/o de la ubicación física del usuario.

13. Sistemas de autenticación de usuarios débiles, fuertes y biométricos

Podemos decir que la identidad de un usuario es el conjunto de características únicas e irrepetibles que le permiten distinguirse de otros individuos de su mismo colectivo.

Los posibles factores que ayudan a la identificación de un usuario pueden ser:

❑ **Intrínsecos:** dependencia de la naturaleza del usuario.

❑ **Extrínsecos:** dependencia de propiedades externas.

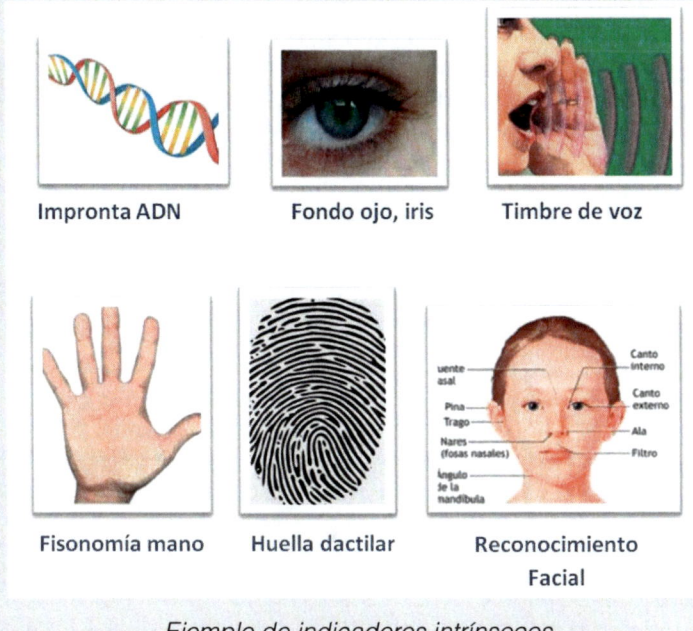

Ejemplo de indicadores intrínsecos.

Ejemplo de indicadores extrínsecos.

Tabla comparativa sistemas de identificación

Sistema de identificación	Nivel de identificación	Observaciones
Fondo de ojos	Fuerte	Difícil replicación entre usuarios.
Firma manuscrita	Débil	Mediante técnicas de aprendizaje, un posible atacante puede replicar la firma.
Timbre de voz	Débil	Sujeta a variaciones y vulnerable ante grabaciones.
Importación ADN	Fuerte - Débil	Siempre y cuando no se manipulen y se obtenga la certificación de usuario y su ADN.
Fisonomía de la mano	Medio	Vulnerable ya que existe margen por las variaciones que sufre la mano a lo largo de la vida.
Huella dactilar	Fuerte	Buena fiabilidad y estabilidad, difícil de suplantar.
Reconocimiento facial	Débil	Variaciones efectos de edad, sensible ante condiciones de iluminación.
PIN	Débil	Mediante técnicas de aprendizaje, un posible atacante puede obtener el PIN.
Tarjeta inteligente	Débil	Puede ser relativamente fácil de sustraer y replicar.
Contraseña	Débil	Mediante técnicas de aprendizaje tipo Keylogger, copia visual…, un posible atacante puede obtener la contraseña.

 *Los niveles de identificación (débil o fuerte) se analizan comparativamente entre los diferentes sistemas.*

Los dos sistemas de identificación más empleados en la actualidad son los basados en sistemas de usuario/contraseña o bien, en algunos casos donde la demanda de seguridad es mayor, en los diferentes sistemas biométricos.

A continuación, profundizaremos en ambos modelos.

13.1. Autenticación basada en contraseña

 *La autenticación es el proceso de detectar y comprobar mediante las credenciales de usuario y validación, la identidad de una o varias personas.*

El mecanismo más utilizado en la actualidad para la identificación de usuarios está basado en el nombre de usuario ("login") y contraseña ("password"). De este modo a cada usuario se le asignará un identificador asociado a una contraseña que permitirá verificar la identidad correcta en el proceso de autenticación. Para ello las contraseñas han de cumplir con unos mínimos requisitos los cuales deberán estar definidos en la política de contraseñas del sistema, como por ejemplo:

❑ **Tamaño mínimo de contraseña:** con un mínimo de caracteres que deberá contener.

Recomendación: Entre 8 y 16 caracteres. Un mínimo de 8 caracteres no es aconsejable ni aceptable en la mayoría de los sistemas informáticos. A mayor longitud, mayor complejidad.

❑ **Caducidad de contraseña:** establecer un periodo de contraseña antes de que se caduque.

Recomendación: la caducidad dependerá de la importancia de la cuenta. Por lo general, para usuarios genéricos la caducidad podrá ser cómo máximo de 90 días. Para usuarios con accesos críticos la caducidad será de 30 a 40 días.

❑ **Limitación de repetición de contraseña:** evitamos así que puedan volver a poner la misma o parecida contraseña.

Recomendación: se configurará en torno a 20 repeticiones como política para volver a poner la misma contraseña.

❑ **Combinación de caracteres:** evitando la repetición de secuencia de caracteres.

Recomendación: construir las contraseñas mezclando caracteres alfabéticos (combinación de mayúsculas, minúsculas, dígitos, caracteres especiales tipo @,+,$,_...). La contraseña no debe de contener nombres de usuarios de la cuenta, tampoco serie de letras o números adyacentes (qwertyio, 12345678, abcdef123...).

Siguiendo e implantando las recomendaciones anteriores, construimos contraseñas fuertes y robustas evitando así que sea fácil de vulnerar. Una contraseña débil sería la contraseña fácil de recordar, corta, con caracteres relacionados con datos personales del usuario como nombres propios, fechas de cumpleaños,.... Aun así, también hay que tener en cuenta que una contraseña fuerte puede ser robada o extraída mediante mecanismos de hacking, como la captura de datos del teclado con programas malware orientados a ello.

La sensibilización de los usuarios es un aspecto importante para garantizar la buena gestión de las contraseñas.

El factor humano es uno de los puntos más débiles de la seguridad informática. Sin la cooperación, concienciación y ayuda de los usuarios toda política o procedimiento quedará seriamente en riesgo. Los usuarios deben ser conscientes y aplicar normas de seguridad tales como:

❑ Cambiar la contraseña asignada, por defecto, desde un inicio.

❑ No anotar contraseñas.

❑ No guardar contraseñas en archivos o documentos sin cifrar.

❑ La contraseña solo debe ser conocida por el usuario y en casos excepcionales el conocimiento de terceros.

❑ Cambiar la contraseña lo antes posible si se detecta que la contraseña ha sido comprometida o se han detectado cambios no realizados por el usuario.

Debemos controlar en todo momento el fichero de contraseñas con el fin de garantizar la confidencialidad e integridad de la organización. Como norma se debería evitar incluso que los propios administradores tengan y/o conozcan las contraseñas de usuarios.

13.2. Los sistemas biométricos

Otro sistema de autenticación de elevada sofisticación es el basado en sistemas de identificación biométrica. Actualmente existen diversos tipos de sistemas biométricos, dependiendo de las características físicas o de comportamiento empleadas para determinar la identidad de la persona. Algunos de los más relevantes son:

❑ **Reconocimiento de voz:** está basado en el reconocimiento de voz de una persona que mediante ondas sonoras que son emitidas por el usuario (generalmente la propia voz del usuario) permite autenticarle en el sistema.

❑ **Firmas manuscritas:** la identificación se realiza mediante el reconocimiento de firma del usuario. Todo usuario deberá de tener una firma propia la cual tendrá diversas características dinámicas para garantizar la autenticación, tales como el tiempo empleado en realizar la firma, el n° de veces que ser separa el bolígrafo del papel, el ángulo, presión,… En este tipo de sistemas es posible que sea necesario una fase previa de "aprendizaje" entre el sistema y el usuario, de cara a que el primero sea capaz de ir reconociendo con mayor tasa de acierto la firma del usuario.

❑ **Huella dactilar:** estos sistemas suelen ser más baratos respecto al resto existente en el mercado, siendo uno de los sistemas biométricos más utilizados. Sin embargo, representan cierto grado de inseguridad ya que los usuarios pueden dejar su huella en cualquier parte, dando así lugar a su reproducción mediante técnicas de suplantación de identidad.

❑ **Reconocimiento facial:** esta técnica recrea una imagen facial a partir de atributos, como la colocación de la nariz, distancia entre ojos, cejas, tamaño de boca. Este sistema no es utilizado de manera habitual, suele verse en películas o entornos de ciencia ficción y se piensa que mediante técnicas de suplantación se podría vulnerar fácilmente. No obstante, se están realizando importantes avances en su desarrollo y está siendo considerado como posible medio de autenticación por diversos fabricantes, por ejemplo, de dispositivos de telefonía móvil.

❑ **Análisis del fondo del ojo:** la distribución de los vasos sanguíneos de la retina humana es otro elemento característico de cada individuo, circunstancia que también ha motivado su utilización como elemento base de otra familia de sistemas biométricos. Ya desde el siglo XIX los científicos pudieron constatar esta peculiar característica del ojo humano, que además permanece invariable en el tiempo, salvo en caso de traumatismo o de padecer una enfermedad degenerativa del ojo. En estos sistemas biométricos el usuario a identificar debe situar el ojo próximo a un sensor que se encarga de recorrer el fondo de la retina mediante una emisión de radiación infrarroja de baja intensidad, realizando un recorrido en forma de espiral. Se trata de un sistema caro, aunque de los más efectivos por su alta fiabilidad. Sin embargo, muchos usuarios lo han rechazado por considerarlo demasiado intrusivo.

❑ **Análisis del iris:** el iris humano está compuesto por una estructura compleja siendo única por persona e inalterable de por vida. Este sistema ya está siendo utilizado por algunas empresas para el control de acceso aunque aún permanece en un estado de uso potencial generalizado.

Los anteriores sistemas biométricos son los más extendidos, existiendo otros sistemas biométricos alternativos pero que cuentan con una menor aceptación o se encuentran en una fase de análisis más inicial. Entre ellos, encontramos:

❏　Calor corporal.

❏　Sistemas de análisis de la distribución de los vasos sanguíneos.

❏　Obtención de la impronta del ADN de la persona.

Con el desarrollo de este epígrafe hemos conseguido:

❏　*Describir las características de los mecanismos de control de acceso físico, explicando sus principales funciones.*

14. Relación de los registros de auditoría del sistema operativo necesarios para monitorizar y supervisar el control de accesos

La monitorización del correcto funcionamiento del sistema y del rendimiento de los servidores y dispositivos de red es un paso crucial que debe estar previsto en la política de seguridad, a fin de facilitar la detección de situaciones no autorizadas o intentos de ataques contra estos recursos.

En referencia a lo anterior, se debe habilitar y configurar correctamente en estas máquinas los registros de actividad ("logs"), para facilitar información e indicadores sobre los siguientes aspectos:

❏　Sesiones iniciadas por los usuarios en los servidores.

❏　Procesos que se ejecutan en cada equipo.

❏　Las conexiones externas.

❏　El acceso y uso de los recursos del sistema.

❏　Intentos de violación de la política de seguridad: errores en autenticación, acceso no autorizado a los recursos (carpetas, archivos, impresoras,...) por parte de algunos usuarios, etc.

❏　Detección de ataques por intrusión.

 *El sistema operativo de los equipos y servidores puede ser configurado para grabar varios eventos de seguridad que proporcionan detección de intrusos e intentos de violación de acceso a los recursos, como pueden ser los intentos repetitivos para acceder a los recursos protegidos, el uso del sistema después de varias horas por un usuario autorizado, etc.*

La organización tendría que especificar las alertas e informes que se generan a partir de los registros de actividad de los servidores y dispositivos de red, identificando a los usuarios y los departamentos que tendrán acceso a los mismos.

Será necesario definir un procedimiento para la evaluación de los informes de violación de acceso a los recursos del sistema informático de la organización. Debido a que en los registros de actividad se refleja el uso de los empleados y usuarios de la organización de los distintos recursos de su sistema informático, debemos informar previamente de esta circunstancia a fin de respetar sus derechos como trabajadores y usuarios del sistema. También es importante tener en cuenta que los registros de acceso deben ser protegidos de la manipulación o alteración.

La aplicación de los controles de acceso a los registros se refleja tanto en la Ley de Protección de Datos como en la norma **ISO 17799**, indicando aspectos tales como:

❑ Existirá un responsable de seguridad encargado de revisar periódicamente la información de control registrada con el fin de elaborar un informe con los problemas detectados.

❑ Se registrarán los errores de accesos, se analizarán y escalarán al soporte encargado para llevar a cabo las acciones correctivas.

❑ Se planificará toda actividad de auditoría y verificación evitando interrupciones en los procesos de negocio.

❑ La protección de la información (logs) son una medida básica garantizando así el acceso no autorizado.

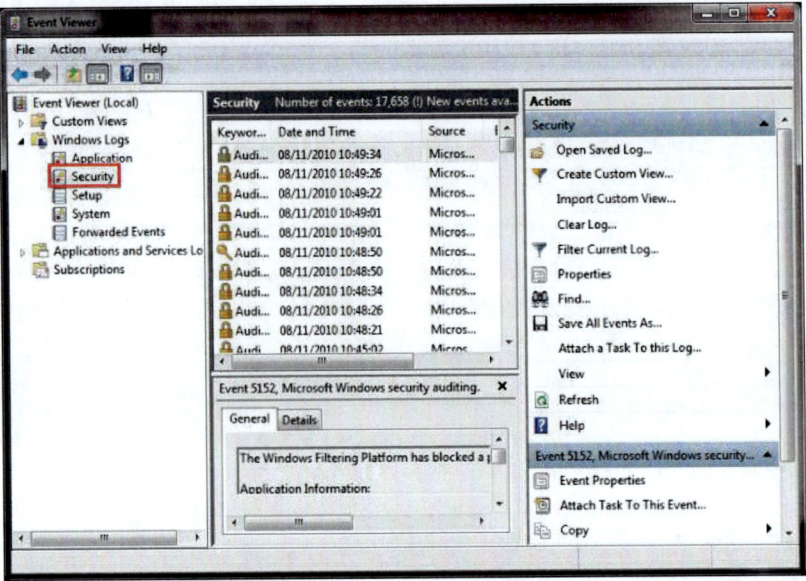

Control de acceso Windows.

15. Elaboración de la normativa de control de accesos a los sistemas informáticos

Gracias al uso de las medidas definidas por la organización que hacen posible el correcto control de acceso, las restricciones adecuadas en las aplicaciones, la custodia de los datos guardados en el sistema, la garantía de los servicios (internos-externos) y otros recursos podríamos decir que, considerando todo ello se estaría en disposición de poder elaborar la normativa de control de acceso.

La aplicación de control de acceso en un sistema informático depende, en gran medida, de los usuarios y permisos de administración sobre las cuentas y gestión de privilegios, tanto físicos como lógicos.

Además de lo ya expuesto anteriormente sobre el control de acceso a la red de comunicaciones de la organización, el control de acceso al sistema operativo y las aplicaciones, a los sistemas de autenticación de usuarios para el desarrollo de normas de control de acceso relativas al sistema de información de gestión de la seguridad (SGSI) y la norma ISO 27002, que es actualmente la ISO17799, debemos tener como pilar básico la ISO 27000 que incluye una serie de normas relacionadas con la seguridad de la información.

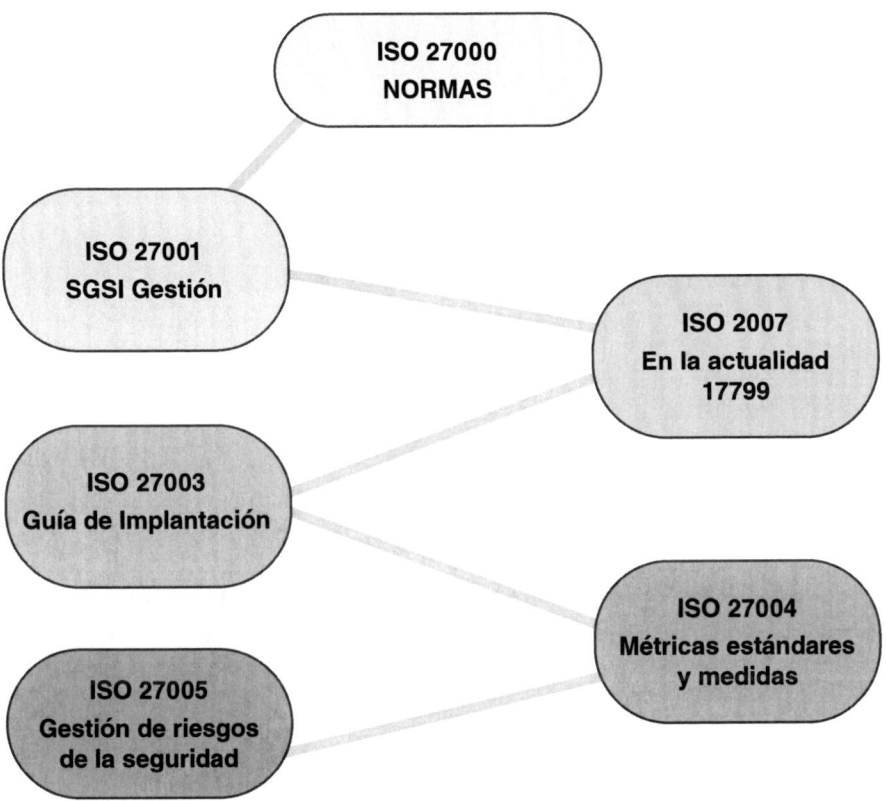

Acude a los Contenidos Extra para consultar el Resumen y realizar la Autoevaluación de esta unidad.

Identificación de servicios

- ⊡ Identificar los servicios habituales en el sistema informático de una organización, describiendo su misión dentro de la infraestructura informática y de comunicaciones.

- ⊡ Identificar y describir los servicios necesarios para el funcionamiento de un servidor, en función de su misión dentro del sistema informático de la organización.

- ⊡ Describir las amenazas de los servicios en ejecución, aplicando los permisos más restrictivos, que garantizan su ejecución y minimizan el riesgo.

Contenido

Introducción

1. **Identificación de los protocolos, servicios y puertos utilizados por los sistemas de información**

    1.1. Protocolos en TCP/IP

    1.2. Servicios

    1.3. Puertos

2. **Utilización de herramientas de análisis de puertos y servicios abiertos para determinar aquellos que no son necesarios**

    2.1. Análisis Activo

    2.2. Análisis Pasivo del sistema operativo

    2.3. Herramientas de análisis de puertos y servicios abiertos

3. **Utilización de herramientas de análisis de tráfico de comunicaciones para determinar el uso real que hacen los sistemas de información de los distintos protocolos, servicios y puertos**

Acude a los Contenidos Extra para ver el mapa conceptual de esta Unidad Didáctica, objeto de estudio fundamental para situarte según avances en los contenidos.

Introducción

El objetivo principal de esta unidad didáctica es conocer la importancia sobre puertos, protocolos y servicios utilizados en los sistemas. Estos servicios o puertos podrán ser analizados con ciertas herramientas que conoceremos a lo largo de la unidad, dándonos así un conocimiento e información del tráfico de red y llegar hacer trabajos de análisis que nos permitirán evaluar la seguridad de la información.

1. Identificación de los protocolos, servicios y puertos utilizados por los sistemas de información

 **Red de comunicación:** *se define como una conexión de elementos conectados entre sí, con el fin de intercambiar información por los usuarios.*

En la presente unidad vamos a profundizar en la identificación de diferentes servicios activos en nuestro sistema de información. A continuación vamos a recordar algunos conceptos que serán importantes.

Todos los equipos que estén conectados mediante servicios de comunicaciones pueden estar basados en diferentes tecnologías (por ejemplo teléfonos, ordenadores, equipos microinformáticos) pero comparten la virtud de poder conectarse entre sí.

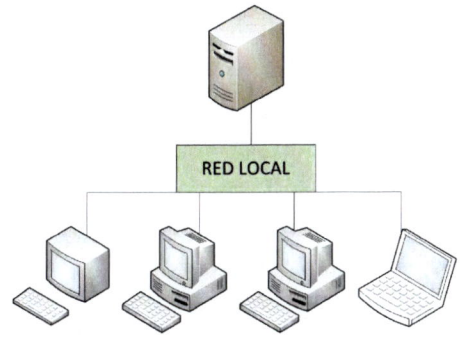

Esquema red local

 *El ejemplo más claro de red interconectada es Internet, que es una red de millones de ordenadores ubicados en diferentes partes del mundo interconectados para compartir información y recursos.*

Como en cualquier proceso de comunicación, en una red de comunicaciones se requiere un emisor, un mensaje, un canal y un receptor. El objetivo principal para la creación de una red informática es compartir recursos e información, lo que obliga a garantizar la fiabilidad y la disponibilidad de la información, aumentar la velocidad de transmisión de datos y permite reducir el coste global de los sistemas.

La composición y modo de operación de las redes de comunicaciones de hoy se define en diversos estándares. El más importante y extendido de todos es el protocolo TCP/IP basado en el modelo de referencia OSI. Este último especifica cada red en siete capas, cada una con funciones específicas pero relacionadas entre sí. En TCP/IP se reducen estas siete capas a cuatro, agrupando funcionalidades en ellas. Existen diversos protocolos repartidos por cada una de las capas, los cuales también se rigen por sus respectivos estándares.

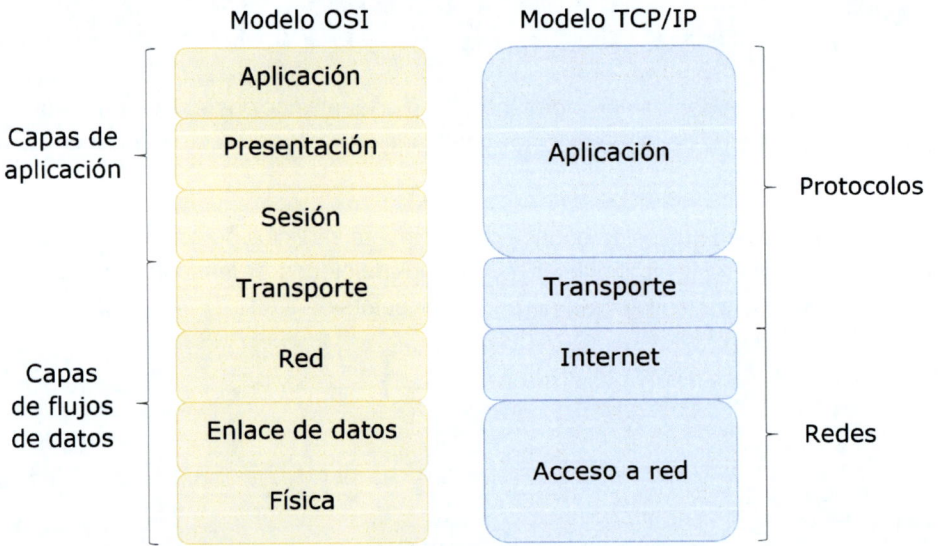

Los modelos de referencia OSI y TCP/IP tienen muchas cosas en común. Ambos se basan en el concepto de disponer de un importante número de protocolos independientes, siendo la funcionalidad de las capas de ambos modelos similar.

Por ejemplo, en ambos modelos las capas por encima de la capa de transporte, incluida ésta, prestan un servicio de transporte de extremo a extremo, independiente de la red, a los procesos que deseen comunicarse en los diferentes equipos que intervienen en la comunicación. También en ambos modelos, las capas encima de la de transporte son usuarios del servicio de transporte orientados a aplicaciones.

Pero al igual que los modelos TCP/IP y OSI tienen similitudes, también son evidentes interesantes diferencias. Es importante notar que aquí estamos comparando los **modelos de referencia**, no las **pilas de protocolos** correspondientes.

El más importante y extendido de todos es el protocolo TCP/IP basado en el modelo de referencia OSI.

Una diferencia obvia entre los dos modelos es el número de capas que los componen: el modero OSI tiene siete capas y el TCP/IP cuatro. Ambos tienen capas de (inter)red, de transporte y de aplicación, pero las otras capas son diferentes.

Otra diferencia hace referencia al área de la comunicación sin conexión frente a la orientada a la conexión. El modelo OSI apoya la comunicación tanto sin conexión como la orientada a la conexión en la capa de red, pero en la capa de transporte (donde es más importante porque el servicio de transporte es visible a los usuarios) lo hace únicamente con la comunicación orientada a la conexión. El modelo TCP/IP sólo tiene un modo en la capa de red (sin conexión) pero apoya ambos modos en la capa de transporte, con lo que ofrece una alternativa a los usuarios. Esta elección es importante sobre todo para los protocolos simples de petición y respuesta.

En el modelo OSI son fundamentales tres conceptos:
1. *Servicios.*
2. *Interfaces.*
3. *Protocolos.*

Es probable que la contribución más importante del modelo OSI sea hacer explícita la distinción entre estos tres conceptos. Cada capa presta algunos **servicios** a la capa que se encuentra sobre ella. La definición de servicio dice lo que la capa hace, y no cómo las entidades superiores (capas superiores, con sus protocolos o procesos) tienen acceso a ella o cómo funciona la capa en sí misma.

Estas ideas funcionales de intercambio de información entre diferentes capas mediante protocolos e interfaces, se ajustan muy bien con las ideas modernas acerca de la programación orientada a objetos. Al igual que una capa, un objeto en programación tiene un conjunto de métodos (operaciones) que los procesos pueden invocar desde fuera del propio objeto. La semántica de estos métodos define el conjunto de servicios que ofrece el objeto. Los parámetros y resultados de los métodos forman la interfaz del objeto. El código interno del objeto es su protocolo y no está visible ni es de la incumbencia de las entidades externas al objeto.

El modelo TCP/IP originalmente no distinguía en forma clara entre servicio, interfaz y protocolo, aunque se ha tratado de reajustarlo después a fin de hacerlo más parecido al modelo OSI. Por ejemplo, los únicos servicios reales que ofrece la capa de interred son enviar paquete IP y recibir paquete IP.

La interfaz de una capa les dice a los procesos superiores cómo acceder a ella (a los servicios que presta); especifica cuáles son los parámetros y qué resultados esperar. Nada dice sobre cómo trabaja la capa en sí misma.

Como consecuencia, en el modelo OSI se estandarizan y adaptan mejor los protocolos a cada capa que en el modelo TCP/IP y se pueden reemplazar con relativa facilidad al cambiar la tecnología. La capacidad de efectuar tales cambios es uno de los principales propósitos de tener protocolos por capas en primer lugar. También es cierto que el modelo OSI es un modelo más teórico, siendo el modelo TCP/IP el más implantado a nivel práctico.

El modelo de referencia OSI se desarrolló al margen de los protocolos. Este orden significa que el modelo no se orientó hacia un conjunto específico de protocolos, lo cual convirtió su desarrollo en algo muy general y teórico. En lo negativo de este enfoque, los diseñadores de protocolos tuvieron más dificultades para asignar bien las funcionalidades a cada capa (por ejemplo, la capa de enlace de datos originalmente tenía que ver sólo con redes de punto a punto y cuando llegaron las redes de difusión, se tuvo que insertar una nueva subcapa en el modelo).

Cuando se empezaron a constituir redes reales, fuera del ámbito puramente académico, haciendo uso del modelo OSI y de los protocolos existentes se descubrieron carencias con las especificaciones de servicio requeridas, de modo que se tuvieron que desarrollar en el modelo OSI subcapas de convergencia que permitieran cubrir dichas carencias.

Lo contrario sucedió con TCP/IP: primero llegaron los protocolos, y el modelo fue en realidad sólo una descripción de los protocolos existentes. No hubo el problema de ajustar los protocolos al modelo, se ajustaban a la perfección. El único problema fue que el modelo no se ajustaba a ninguna otra pila de protocolos y en consecuencia, no fue de mucha utilidad para describir otras redes que no fueran del tipo TCP/IP.

1.1. Protocolos en TCP/IP

Cuando hablamos de aplicaciones, entendemos programas o procesos de usuario o de aplicaciones estandarizadas. La pila TCP/IP incluye protocolos de aplicación tales como:

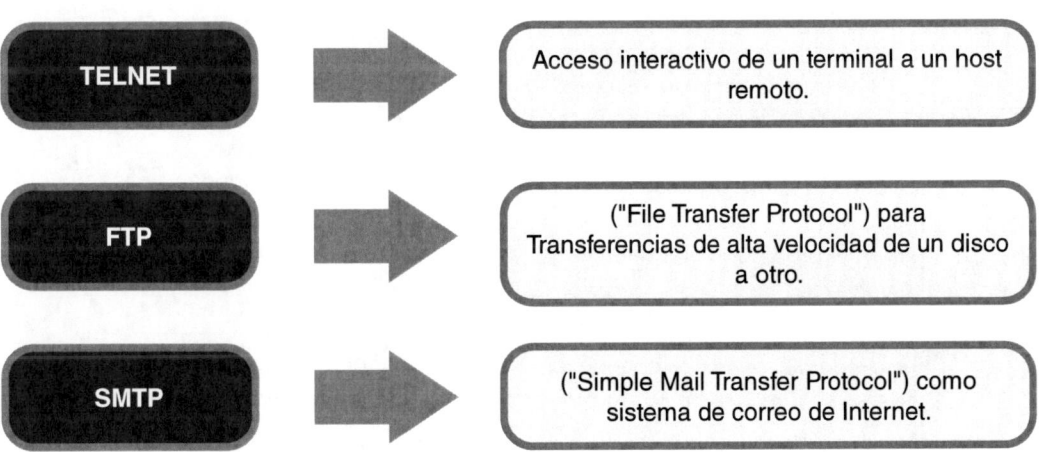

Estas son las aplicaciones más extendidas, pero existen muchas otras. Cada implementación TCP/IP particular incluye un conjunto más o menos restringido de protocolos de aplicación. Usan UDP o TCP como mecanismo de red de transporte.

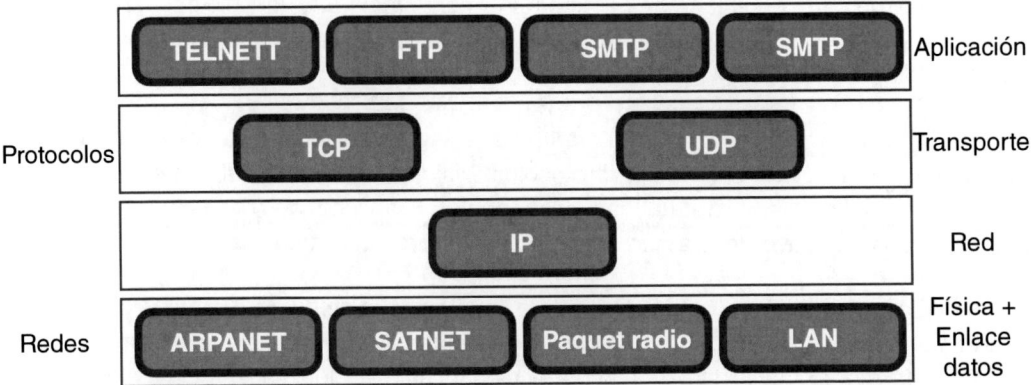

Esquema de protocolos, redes y capas.

UDP es un protocolo no orientado a conexiones. Decimos que cuando una máquina X envía paquetes a una máquina Y, el flujo es unidireccional. La transferencia de datos se hace sin haber realizado con anterioridad una conexión con la máquina de destino (máquina Y), y el destinatario recibe los datos sin enviar una confirmación al emisor (la máquina X). Esto es debido a que la encapsulación de datos enviada por el protocolo UDP no permite transmitir la información relacionada al emisor. Por ello el destinatario no conocerá al emisor de los datos excepto su dirección IP.

La mayoría de los protocolos de aplicación utilizan TCP, pero algunas aplicaciones se construyen sobre UDP para proporcionar un mejor rendimiento reduciendo la carga del sistema que genera el protocolo. En cualquier caso, la mayoría de ellas usa el modelo de interacción cliente/servidor.

Recordar que UDP no es fiable ni ofrece control de flujo, por lo que en este caso la aplicación ha de proporcionar sus propias rutinas de recuperación de errores y de control de flujo. Suele ser más fácil desarrollar aplicaciones sobre TCP, un protocolo fiable y orientado a conexión.

1.2.   Servicios

Las entidades en un nivel de capa N ofrecen servicios que son utilizados por las entidades del nivel N+1. El nivel N es, entonces, el proveedor del servicio y el nivel N+1 el usuario del servicio. A su vez, el nivel N para proporcionar sus servicios puede utilizar los servicios que le ofrece el nivel N-1.

Los servicios se hacen disponibles en los SAP (*Service Access Point*, puntos de acceso al servicio). Los SAPs del Nivel N son los puntos donde el nivel N+1 puede acceder a los servicios ofrecidos. Un servicio es invocado por el usuario (proceso, aplicación,...), o es indicado por el proveedor del servicio de trasporte mediante el intercambio de un conjunto de primitivas de servicio a través de la interfaz entre los niveles implicados. En el modelo OSI, estas primitivas se dividen en cuatro clases:

Request	→	Una entidad solicita el servicio.
Indication	→	Una entidad es informada de algún evento.
Response	→	Una entidad quiere responder a un evento.
Confirm	→	Una entidad es informada sobre su solicitud.

Los servicios pueden ser confirmados o no confirmados. Un servicio confirmado utiliza las cuatro primitivas: *request, indication, response y confirm*. Un servicio no confirmado sólo requiere primitivas *request e indication*. El establecimiento de la conexión siempre es un servicio confirmado, mientras que la transferencia de datos puede ser confirmada o no, dependiendo de que el emisor necesite o no un reconocimiento.

Los niveles pueden ofrecer dos tipos básicos de servicio: sin conexión y orientados a conexión. La conexión permitirá establecer unos parámetros generales para toda la comunicación, agrupando los diferentes mensajes en un marco común. En los servicios sin conexión la información recibida por cada nivel es procesada de forma autónoma, independientemente de la que haya recibido anteriormente.

Curiosidad: *el servicio no orientado a conexión es un servicio similar al ofrecido por Correos, en el cual cada carta viaja de forma independiente de las anteriores.*

Se pueden distinguir dos modelos de servicios sin conexión:

❑   **Datagramas:** consiste en enviar la información y despreocuparse de ella. Por ello se le suele denominar Send&Pray (Sueña y Reza). Este servicio sería equivalente al correo ordinario, en el cual enviamos una carta y no obtenemos confirmación de su llegada.

❑   **Con acuse de recibo:** el receptor tiene que enviar un reconocimiento de que ha recibido la información.

Los servicios orientados a conexión corresponden al modelo del sistema telefónico. Cada mensaje enviado es interpretado en un contexto formado por los mensajes anteriores y posteriores, de forma que forman una unidad, un todo. Para ellos es necesario que se cumplan tres fases:

| Establecimiento de la conexión | Utilización | Desconexión o cierre de la conexión |

1.3. Puertos

Los puertos se utilizan como interfaz para el intercambio de información entre equipos o aplicaciones. Es decir, dicha interfaz funciona enviando o recibiendo datos de diferente tipo (como emails, fotos, música, vídeos…).

Por lo general todos los puertos están cerrados hasta que aplicaciones o servicios internos requieran de su apertura.

Cuando activamos o abrimos puertos en los servidores, estos son capaces de detectar que tipo de petición se realiza y a qué nivel de aplicación se está solicitando. En ocasiones pueden mantener comunicaciones simultáneas con diferentes clientes.

 *Tanto TCP como UDP utilizan puertos para intercambiarse información con las capas superiores.*

A continuación vemos un listado de los puertos más comunes:

ASIGNACIÓN DE PUERTOS		
NÚMERO	**NOMBRE**	**DESCRIPCIÓN**
0		Reserved
1-4		Unassigned
5	rje	Remote Job Entry
7	echo	Echo
9	discard	Discard
11	systat	Active Users

ASIGNACIÓN DE PUERTOS		
NÚMERO	**NOMBRE**	**DESCRIPCIÓN**
13	daytime	Daytime
15	netstat	Who is Up or NETSTAT
17	qotd	Quote of the Day
19	chargen	Character Generador
20	ftp-data	File Transfer [Default Data]
21	ftp	File Transfer [Control]
22	ssh	SSH RemoteLoginProtocol
23	telnet	Telnet
25	smtp	Simple Mail Transfer
37	time	Time
39	rlp	ResourceLocationProtocol
42	nameserver	Host Name Server
43	nicname	WhoIs
53	domain	DomainName Server
67	bootps	BootstrapProtocol Server
68	bootpc	BootstrapProtocolClient
69	tftp	Trivial File Transfer
70	gopher	Gopher
75		any private dial out service
77		anyprivate RJE service
79	finger	Finger
80	http	World Wide Web HTTP
95	supdup	SUPDUP
101	hostname	NIC Host Name Server
102	iso-tsap	ISO-TSAP Class 0
110	pop3	Post Office Protocol - Version 3
113	auth	AuthenticationService
117	uucp-path	UUCP PathService

ASIGNACIÓN DE PUERTOS		
NÚMERO	**NOMBRE**	**DESCRIPCIÓN**
119	nntp	Network News Transfer Protocol
123	ntp	Network Time Protocol
137	netbios-ns	NETBIOS NameService
138	netbios-dgm	NETBIOS DatagramService
139	netbios-ssn	NETBIOS SessionService

Con el desarrollo de este epígrafe hemos conseguido:

❑ *Identificar los servicios habituales en el sistema informático de una orga-nización, describiendo su misión dentro de la infraestructura informática y de comunicaciones.*

2. Utilización de herramientas de análisis de puertos y servicios abiertos para determinar aquellos que no son necesarios

Una vez vistas las funciones de los puertos y los servicios, vamos a tratar en este apartado de ver algunos métodos, conceptos y herramientas que nos ayuden a trabajar con los puertos, pudiendo realizar un análisis e identificación sobre los mismos. En la actualidad, podemos agru-par en dos tipos las opciones para realizar un análisis de puertos:

❑ Análisis Activos.

❑ Análisis Pasivos.

2.1. Análisis Activo

El análisis activo de puertos consiste en el envío de paquetes TCP y UDP, esperando respuesta a dicho envío para conocer qué puertos se encuentran abiertos y cuales cerrados.

TCP es un protocolo que otorga un transporte fiable de flujo ente aplicativos. Está orientado al envío de grandes cantidades de información de una forma segura y fiable. Por otra parte, UDP proporciona transporte poco fiable de datagramas que sólo cuenta con la información necesaria para la comunicación de extremo a extremo. Es utilizado sobre todo en las tareas de control, streaming de audio y vídeo a través de una red. No hay retardos para establecer una conexión, no mantiene ningún estado de la conexión y no controla estos parámetros. Por lo tanto, un servidor dedicado a una aplicación particular puede apoyar a los clientes más activos cuando la aplicación se ejecuta a través de UDP en vez de a través de TCP.

La principal desventaja de los puertos de análisis activo es que estos paquetes de envío "sospechosos" son fácilmente detectables por un sistema de detección de intrusos (IDS) realizando un análisis informático de puertos.

 *IDS o sistema de Detección de Intrusos analiza la información de toda una organización o de un ordenador detectando acciones maliciosas o situaciones que se puedan dar comprometiendo la seguridad del sistema.*

Los IDS son sistemas que funcionan como alarmas detectando los ataques pero no pudiendo evitar que sucedan, por ello se dice que son sistemas de análisis pasivos. Estos sistemas tienen como reto el poder reducir falsos positivos y elevar la tasa de los ataques detectados. Su mayor defecto es que no puede detectar a tiempo real ataques nuevos que no estén registrados en la base de datos.

2.1.1. Posibles mejoras en el análisis activo

Hay algunas técnicas de mejora que intentan abordar el análisis activo y subsanar el problema de la detección de intrusos. Entre estas técnicas o herramientas destacan las siguientes:

A) Análisis aleatorio

El análisis aleatorio intenta eludir algunos sistemas de detección de intrusos que buscan sólo los intentos de conexión secuencial, realizando análisis de puertos al azar. En el análisis también se pueden solicitar direcciones IP aleatorias, el intervalo de tiempo entre las pruebas y los valores de algunos campos no esenciales de los paquetes enviados para su análisis, como el número de secuencia, el número de reconocimiento, la dirección IP y el puerto de origen.

B) Análisis lento

El análisis lento intenta hacer más extensa la espera entre el puerto en proceso de análisis y el siguiente puerto estableciendo un tiempo suficiente para que el sistema IDS no detecte la acción como un proceso de análisis. Los sistemas de detección de intrusos determinan si existe un intento de análisis de detección de todo el tráfico de la red generado por direcciones de IP origen en un periodo determinado de tiempo, configurable en el sistema de detección.

C) Análisis distribuido

Este tipo de análisis se utiliza en varios equipos que simultáneamente realizan el análisis de una manera coordinada. Este método de análisis combinado con la prueba lenta y aleatoria, es muy eficaz y difícil de detectar.

Una de las ventajas del análisis distribuido es la adquisición de un modelo más completo del objetivo, que incluiría información sobre múltiples rutas y la ruta más rápida.

D) La fragmentación de paquetes

Esta técnica implica *romper* los paquetes IP utilizados en el análisis en fragmentos más pequeños.

Así, firewalls y sistemas de detección de intrusos que no cuentan con la característica de cola de ensamblaje dejan pasar los fragmentos hacia la cola FIFO *(First In First Out)*, que se desensamblan en TCP/IP.

Cola de ensamblaje, *contenedor de donde se almacenan los paquetes hasta que pasan a la cola FIFO.*

Cola FIFO: *contenedor que recibe los paquetes ordenándolos por entrada de manera que el primero en entrar es el primero en salir.*

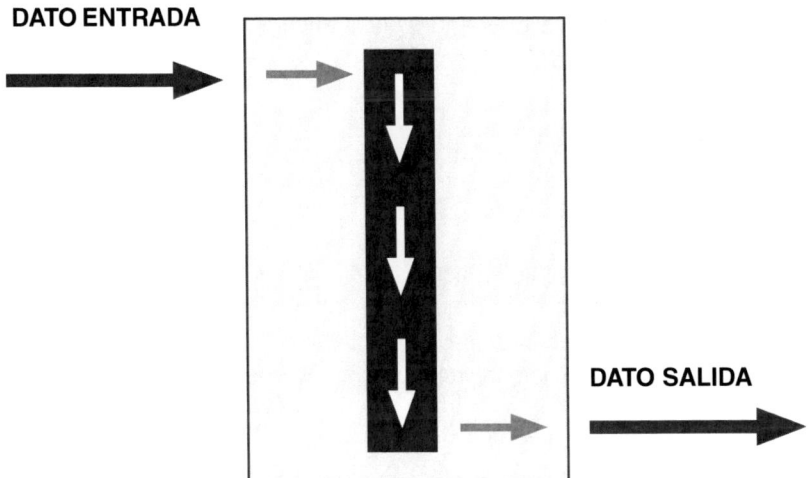

DATO ENTRADA

DATO SALIDA

Funcionamiento cola FIFO.

Hay dos versiones de este método:

❏ Enviar fragmentos como pequeñas señales de código (8 bytes de datos) no viajando el datagrama TCP en el primer paquete IP.

❏ Enviar el primer fragmento con un puerto de destino y señales de la fuente aceptables, pero un segundo fragmento con una desviación negativa que pisa el reensamble del paquete.

E) Análisis por proxy

En el análisis mediante proxy podemos detectar la dirección de proxy a través del cual se está ejecutando el análisis, pero no la dirección real del análisis del equipo de origen. Un tipo especial de análisis a través de proxy es escaneado de FTP Bounce Scan. Este tipo de análisis aporta el acceso a puertos específicos que un atacante no podría acceder de manera normal.

F) Análisis de señuelos

En este tipo de análisis es también difícil de obtener la dirección real del equipo desde el cual se está ejecutando el proceso de análisis. Consiste en realizar una gran cantidad de análisis de puertos simultáneamente en una máquina, excepto el análisis que detecta la dirección de origen falsa y no lo puede realizar.

Por lo tanto, para el objetivo que está siendo analizado será prácticamente imposible encontrar el verdadero sentido de las cientos de direcciones falsas que están lanzando las solicitudes a los puertos.

2.2. Análisis Pasivo del sistema operativo

A diferencia del análisis activo de los puertos, el análisis pasivo no funciona enviando la información al equipo objetivo para analizar sino en esperar a que se establezca una conexión con nuestro equipo. Los paquetes capturados contienen información suficiente para determinar con que sistema operativo funciona y sus configuraciones.

Recuerda que el campo de tiempo de vida inicial (TTL) es un número (por lo general una potencia de dos) que indica el tiempo de vida de un paquete IP desde la parte del equipo de origen. Cada vez que se enruta el paquete por una nueva red, el valor TTL se rebaja en uno. Si este valor llega a cero, el paquete se descarta.

La combinación de los valores iniciales de tiempo de vida (8 bits), el tamaño de la ventana (16 bits), el tamaño máximo de segmento (16 bits), bit de no fragmentación (1 bit), la opción ackOK (1 bit), la opción NOP (1 bit) y la opción de escala de ventana (8 bits) forman una firma de 51 bits única para cada sistema.

Hay otro método de análisis pasivo alternativo, que consiste en recopilar información sobre el nivel de aplicación. Numerosos programas adjuntan a los datos enviados a través de la red la información suficiente para identificar el sistema operativo y el hardware del sistema que lo envió.

Las ventajas del análisis pasivo las podemos resumir en:

❑   El análisis pasivo es imposible de detectar ya que, a diferencia del análisis activo, no envía ninguna información al equipo a analizar.

❑   Estar a la escucha de conexiones nos permite detectar los equipos que están activos durante un corto tiempo.

❑   Estar escuchando conexiones para descubrir los servicios ocultos. Mediante el análisis pasivo se pueden descubrir los puertos poco conocidos por los servicios especiales o, por ejemplo, por programas de código maliciosos como los troyanos.

❑   Identificación de firewall proxy remoto, mientras estos reconstruyen sus conexiones con clientes.

- **Limitaciones del análisis pasivo**

  ❑ Es costoso porque se debe esperar un intento de conexión de la máquina. Por ejemplo, en el caso de que el equipo sea un servidor que analiza las páginas web, solo tiene que solicitar y analizar las respuestas de la página. Sin embargo, en la mayoría de los casos se puede elegir un equipo o servicios específicos a ser analizados.

  ❑ Si se ha sufrido un análisis activo, y se conoce el análisis del sistema operativo del ordenador de origen a partir del análisis pasivo de paquetes TCP / IP enviados, hay que señalar que la mayoría de los paquetes generados por las herramientas de análisis activos difieren de las generadas por defecto por el sistema operativo, lo que podría dar lugar a error en las conclusiones.

  ❑ Será fácil de cambiar los parámetros que se observan en un análisis pasivo.

2.3. Herramientas de análisis de puertos y servicios abiertos

2.3.1. Herramienta de auditoría SNMP

 **SNMP:** *es un protocolo utilizado para el intercambio de información de administración entre dispositivos de red.*

El objetivo del protocolo SNMP es supervisar y gestionar las redes manteniendo un esquema simple y eficaz. La idea es que la recogida y gestión de información de la red se realiza en las denominadas estaciones de gestión de red que se comunican con otros elementos de la red. Estas estaciones de gestión de red suelen ser estaciones de trabajo que muestran gráficamente los aspectos relevantes de estos elementos de control tales como routers, servidores de acceso, switches, bridges, hubs, computadores o impresoras.

La aplicación que se encarga de la comunicación con los elementos de la red es el gestor, que es la aplicación que se configura en la máquina que supervisará la gestión (estación de SNMP).

La ejecución de SNMP consta de tres elementos:

❑ **La base de información de gestión (MIB)**

MIB es un tipo de base de datos que contiene información jerárquica de todos los dispositivos gestionados en una red de comunicaciones. Esta base de datos es amplia y bien definida, con una estructura de árbol adecuada para el manejo de diversos tipos de objetos (información sobre las variables y los valores que se pueden adoptar), con identificadores únicos para cada objeto.

❏ **La estructura de información de gestión (SMI)**

Es la definición de la estructura de MIB, indicando aspectos tales como el tipo de datos que contiene MIB, cómo se representa o nombra recursos, etc. En resumen, son las normas para la definición de MIB.

❏ **Simple Network Management Protocol (SNMP)**

Es el protocolo utilizado entre el gestor y el elemento de red. Proporciona un mecanismo para acceder a los objetos MIB, para que puedan ser consultados y modificados, además de permitir que los dispositivos conectados en red envíen mensajes no solicitados a una estación de administración SNMP para indicar que se ha producido una cierta condición.

SNMP define cinco tipos de intercambio de mensajes entre el proceso de gestión gerente y los agentes llamados PDU (Protocol Data Unit):

♦ Get-request: usado por la estación de administración para obtener el valor de uno o más agentes MIB del agente SNMP de una estación remota.

♦ Get-next-request: similar a la anterior, con la diferencia que se obtiene el valor de una variable sin definir explícitamente. De hecho, se obtiene el valor de la variable que sigue a la especificada dentro del orden de la MIB.

♦ Response: es la respuesta del agente a una petición de devolución de una o más variables.

♦ Set-request: es el mecanismo que permite al gestor cambiar los valores de las variables MIB de la estación remota.

♦ Trap: cuando un cierto evento o condición en la estación remota se cumple, el agente envía una "trap" para notificar al administrador. Dado que el mensaje se envía sincrónicamente y en cualquier momento, la estación de administración debe supervisar la red en todo momento.

SNMP: *Simple Network Management Protocol.*
MIB *Management Information Base.*
SMI *Structure of Management Information.*

SNMP permite el diálogo entre el supervisor y los agentes para recolectar los objetos requeridos en la MIB.

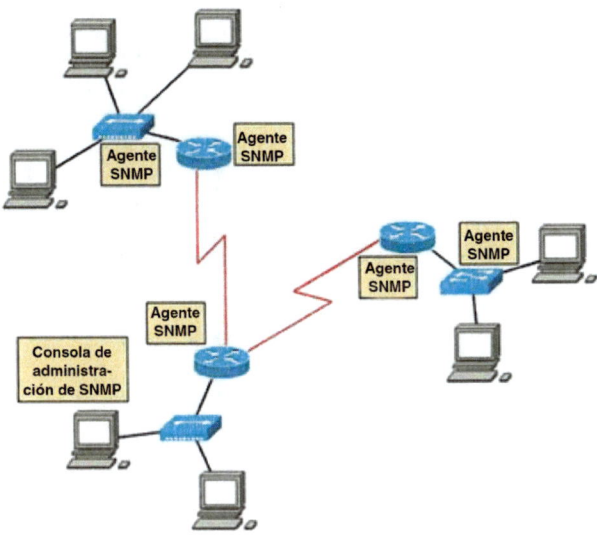

Esquema Análisis SNMP

2.3.2. Herramienta Nmap

Nmap es un programa de código abierto para realizar un escaneo y análisis de puertos. Se utiliza para evaluar la seguridad de los sistemas informáticos y poder descubrir servicios o servidores en una red de ordenadores. Nmap puede detectar qué puertos están abiertos en una máquina específica, determinar los servicios en ejecución y sus versiones.

Podemos descargar Nmap de: **http://nmap.org/**

Una sintaxis sería:

user@machine:~$ nmap (máquina_a_escanear)

```
^  v  × root@bt: ~
File Edit View Terminal Help
root@bt:~# nmap 192.168.1.1

Starting Nmap 5.59BETA1 ( http://nmap.org ) at 2012-01-05 19:49 ART
Nmap scan report for 192.168.1.1
Host is up (0.051s latency).
Not shown: 997 closed ports
PORT      STATE SERVICE
80/tcp    open  http
1900/tcp  open  upnp
49152/tcp open  unknown
MAC Address: D8:5D:4C:C7:DC:EE (Tp-link Technologies Co.)

Nmap done: 1 IP address (1 host up) scanned in 1.49 seconds
root@bt:~#
```

Ejemplo Sintaxis Nmap.

Nmap cuenta con trece posibles tipos de escaneos de puertos, siendo los más utilizados:

❑ Escaneo TCP SYN: este tipo permite hacer escaneos de modo oculto, añadiendo la sintaxis " –sS".

❑ Escaneo TCP connect: es la forma más básica del escaneo.

❑ Escaneo UDP: este tipo solo se activa para los protocolos UDP con el fin de que solo escanee los puertos que tengan que ver con UDP. Para la activación añadiremos la sintaxis "-sU".

❑ Escaneo SCTP INIT: se trata de un tipo de escaneo rápido y que distingue bien entre los estados abierto, cerrado y filtrado.

Una sintaxis del escaneo UDP sería:

root@machine:~#nmap -sU (máquina)

Una sintaxis del escaneo TCP sería:

root@machine:~#nmap -sF/sA --scanflags URG

Nmap también cuenta con un entorno gráfico, aunque los usuarios de Nmap más avanzados trabajaban en modo terminal mediante la introducción de las sintaxis de comandos. Para los casos de uso con entorno grafico existe la aplicación Zenmap que recoge todas las funcionalidades de Nmap con una GUI (Interfaz Gráfica de Usuario) muy intuitiva y completa.

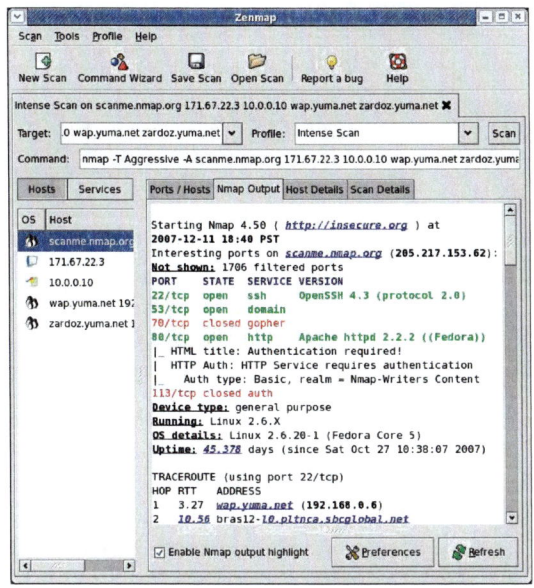

Ejemplo Nmap Consola gráfica (Zenmap).

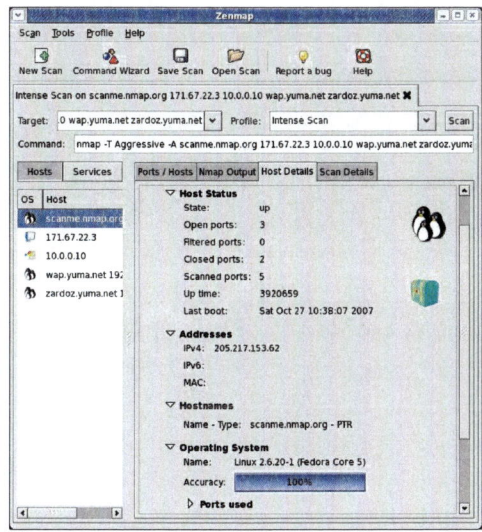

Ejemplo Nmap Consola grafica (Zenmap).

2.3.3. Herramienta Nikto

Nikto es otra herramienta para probar servidores, principalmente servidores web. Nikto realiza pruebas conocidas de errores comunes que se producen en servidores web, así como pruebas de configuración de los mismos. Nikto fue desarrollado por Chris Sullo, actualmente es el administrador de BBDD de vulnerabilidades OSVDB.

 **OSVDB** *Open Source Vulnerability DataBase*

Este programa se puede conseguir desde la web oficial del proyecto: http://www.cirt.net/nikto2

La instalación de este programa es bastante sencilla y no precisa de una alta experiencia para dejarlo operativo. Una vez descargado, para empezar a utilizarlo, debemos descomprimirlo usando la siguiente instrucción:

tar -xvf nikto-current.tar.gz

Una vez descomprimido ya estaría listo para usarlo.

 **Si queremos realizar un escáner lo haremos con la siguiente instrucción:**

./nikto.pl -h hostAEscanear

"-h" es el host que queremos escanear.

 **Si queremos realizar un escáner básico lo haremos con la siguiente instrucción:**

./nikto.pl -h xxx.xxx.xxx.xxx o http://www.dominio.xx

Nikto por defecto escanea en el puerto 80, si lo queremos cambiar lo haremos con la clave -p

Perl nikto.pl -host 10.50.209.156 –port 443

```
vadmin@ubuntu:~/Downloads/nikto-2.1.1$ perl nikto.pl -host 10.50.209.156 -port 4
43
- Nikto v2.1.1
---------------------------------------------------------------------------
+ No web server found on 10.50.209.156:443
---------------------------------------------------------------------------
+ 0 host(s) tested
vadmin@ubuntu:~/Downloads/nikto-2.1.1$
```

Ejemplo Nikto

En este caso nos dice que no hay ningún servicio funcionando en el puerto 443.

Si queremos realizar un escaneo de múltiples puertos y hosts:

./nikto.pl -h host -p puerto1,puerto2,puerto3,…,puertoN

Separamos los puertos mediante comas. Si quisiéramos hacerlo de diferentes hosts tendremos que crearnos un archivo.txt con los hosts a escanear.

www.hostUno.com

www.hostDos.es:443

www.hostTres.es:80

y ejecutamos:

./nikto.pl -h hosts.txt

Revisar toda la información obtenida en una venta de terminal, puede ser complicado sobre todo si hay mucha información y vulnerabilidades que revisar. Para facilitar esto, Nikto permite exportar los datos a un fichero de texto, para ello utilizamos el parámetro –output y nombre del fichero.

Perl nikto.pl -host 10.50.209.156 –output ./nikto1.txt

```
^Cvadmin@ubuntu:~/Downloads/nikto-2.1.1$ ls -l
total 36
drwxr-xr-x 2 vadmin vadmin 4096 2010-02-02 11:34 docs
-rw-r--r-- 1 vadmin vadmin  221 2010-05-01 18:01 nikto1.txt
-rw-r--r-- 1 vadmin vadmin 2891 2010-02-02 11:28 nikto.conf
-rwxr-xr-x 1 vadmin vadmin 9936 2010-02-02 11:28 nikto.pl
drwxr-xr-x 2 vadmin vadmin 4096 2010-02-02 11:30 plugins
drwxr-xr-x 2 vadmin vadmin 4096 2010-02-02 11:31 templates
-rw-r--r-- 1 vadmin vadmin  584 2010-05-01 18:00 test.txt
```

Captura de exportación a fichero txt.

Los símbolos " ." y "/" en Linux se utilizan para dejar el fichero en la misma carpeta donde se ejecuta el programa.

Podemos proceder a la visualización posterior con *gedit*:

Gedit niko1.txt

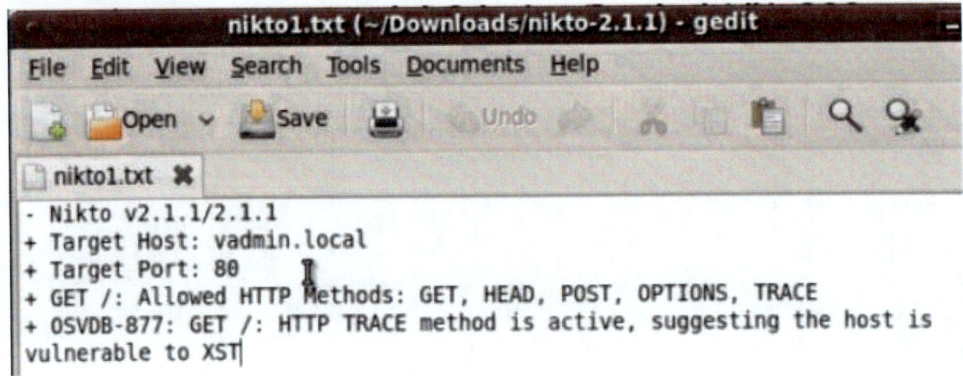

Visualización de txt.

Como hemos podido ver, se puede localizar vulnerabilidades utilizando herramientas diseñadas para ese fin, este solo ha sido un pequeño ejemplo de Nikto, pero como mencionamos anteriormente disponemos de muchas otras aplicaciones.

Existen otras herramientas gratuitas y relacionadas con análisis de puertos tales como:

❑ Scapy.

❑ Santoku 0.4.

❑ Snort.

❑ Kismet.

❑ Blacktrack.

Con el desarrollo de este epígrafe hemos conseguido:

❑ *Identificar y describir los servicios necesarios para el funcionamiento de un servidor, en función de su misión dentro del sistema informático de la organización.*

3. Utilización de herramientas de análisis de tráfico de comunicaciones para determinar el uso real que hacen los sistemas de información de los distintos protocolos, servicios y puertos

Las redes de comunicación han evolucionado con el tiempo dando respuesta a la necesidad de satisfacer la demanda de diferentes servicios de información. Las aplicaciones como la videoconferencia, transmisión de datos, multimedia y el envío de información en tiempo real, requieren un nivel de calidad de servicio para mantener un rendimiento eficiente.

El análisis de tráfico de la red se basa, por lo general, en el uso de sondas con interfaz de red conectadas. Estos sensores capturan y analizan el tráfico formando una plataforma sobre la que se ejecutan, de forma continua, aplicaciones propietarias o de dominio público, con el que se puede determinar el tipo de información que fluye a través de la red y el impacto que puede llegar a tener sobre el mismo.

Este análisis de tráfico de red se basa en la captura o grabación de la información contenida como por ejemplo la dirección IP origen, destino, protocolos, paquetes capturados o tiempo de captura en el marco (en inglés, *frame*) o datagrama IP.

 *Con métodos de análisis de tráfico podemos determinar la existencia de virus o individuos con fines maléficos. Elevadas peticiones de red mediante la misma IP origen podrían dar lugar a determinar que existe un ataque de denegación de servicio.*

Vamos a ver una de las principales herramientas que nos realizará un análisis de tráfico en una red de comunicaciones, Wireshark.

- **Wireshark**

Anteriormente conocido como Ethereal, Wireshark es un analizador de protocolos utilizado para realizar análisis y solucionar problemas en redes de comunicaciones, para desarrollo de software y protocolos, y como una herramienta didáctica para educación. Cuenta con todas las características estándar de un analizador de protocolos.

Permite examinar datos de una red o de un archivo de captura salvado en disco. Se puede analizar la información capturada, a través de los detalles por cada paquete. También incluye un completo lenguaje para filtrar lo que queremos ver y la habilidad de mostrar el flujo reconstruido de una sesión de TCP.

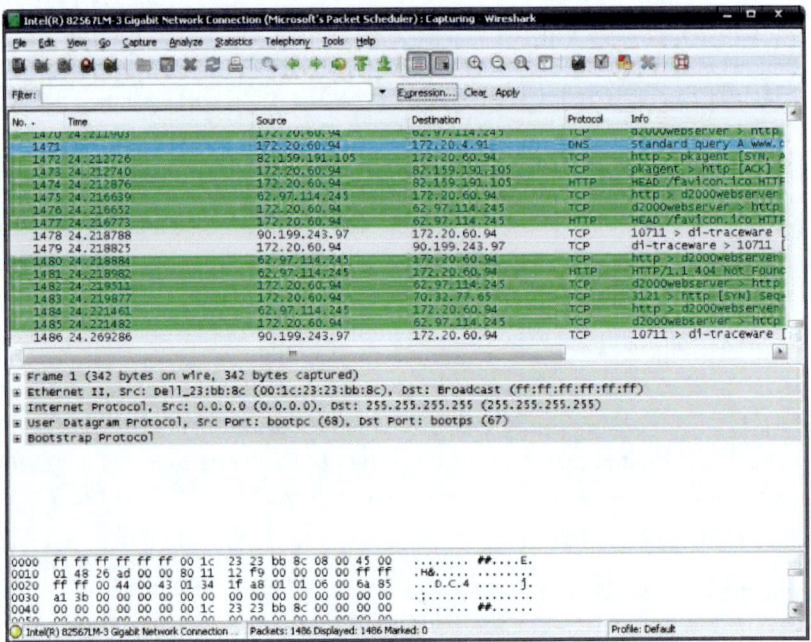

Consola Wireshark

Wireshark implementa una amplia gama de filtros que ayudan a definir criterios de búsqueda para más de 1.100 protocolos soportados actualmente, y todo a través de una interfaz sencilla e intuitiva que permite capas que dividen cada uno de los paquetes capturados.

Dentro de la estructura de los protocolos, podemos ver los campos de cada una de las capas que componen los encabezados y paquetes controlados, ofreciendo un amplio abanico de posibilidades al administrador de la red cuando se trata de determinadas tareas de análisis de tráfico.

Puede haber situaciones en las que Wireshark no es capaz de interpretar ciertos protocolos, debido a la falta de documentación y normalización de los mismos, en cuyo caso la ingeniería inversa es la mejor manera de abordar la situación.

Existen otras herramientas como Snort, OSSIM y multitud de sistemas IDS/IPS de alerta para detectar algunos de los problemas y ataques que son detectables con el análisis de la red. Sin embargo, cuando es necesario analizar el tráfico en profundidad o para auditar un entorno en el que el tiempo de actuación es prioritario usaremos Wireshark.

• Pasos para auditar una red

Para auditar una red existen una serie de pasos o metodologías, que nos permiten obtener información de la seguridad de nuestra red. A continuación vemos un esquema de conexión donde se observa distintos modos para auditar una red. Es importante que definamos bien donde vamos a realizar la recogida de datos siempre que tengamos la posibilidad de hacerlo y según el modo que hayamos usado.

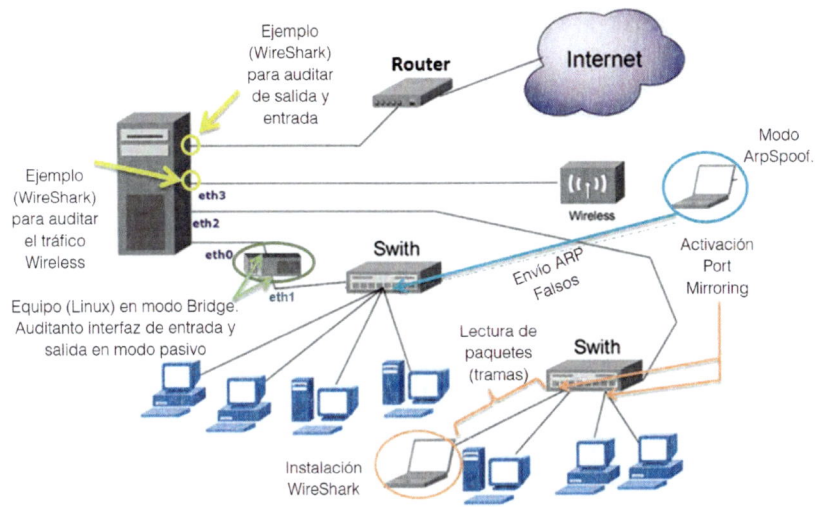

Esquema auditar red.

PASO 1. El uso de Hub

SI conectamos Wireshark a uno de los puertos del switch mediante previa instalación en un equipo, se podría ver las tramas de red que transcurren entre el switch y el equipo, siendo una situación no deseable. El switch divide la red en segmentos, comenzando así la creación de dominios de colisión separados y eliminando los que pasan por medio. Sólo envía las tramas a todos los puertos (que pertenecen a la misma VLAN), cuando son difusiones broadcast.

PASO 2. Utilización de Port Mirroring (VLAN-BASED ACLS)

También llamado puerto espejo, se utiliza junto a un switch de red para enviar copias de paquetes de red vistos es un puerto de switch a una conexión de red monitorizada en otro puerto del switch, esto se utiliza para aplicaciones de red que necesitan la monitorización del tráfico.

Cada vez que tenemos acceso al switch, y siempre que soporte esta característica, será la manera más cómoda para capturar el tráfico de red. Este modo, llamado SPAN en entornos Cisco por ejemplo, puede duplicar el tráfico que pasa a través de uno o más puertos de switch o el puerto que desea replicar.

Una de las ventajas que tiene *Port Mirroring* frente a VACL-ACL es que permite tener más granularidad pudiendo especificar el tráfico analizado. Al configurar la duplicación de puertos se puede redirigir el tráfico de un puerto o VLAN a otra, y se puede especificar el control VACL ACL para seleccionar el tipo de tráfico en el que estamos interesados.

Ten en cuenta que el puerto configurado como mirroring tiene que ser tan rápido como el puerto y/o puertos que se deben supervisar para evitar la pérdida de tramas. Este método es utilizado por muchos administradores para instalar IDS u otras herramientas de monitoreo.

VACL ACL: *proporciona control de acceso para los paquetes de datos que puenteen dentro de una VLAN o Interfaz WAN con el fin de capturar VACL.*

PASO 3. Accionar Modo Bridge.

En caso de no tener acceso al switch, se puede utilizar un equipo con dos tarjetas de red para situarnos entre el switch y el servidor. Se compone de un MITM (Man in the Middle), donde tendremos un acceso pasivo a la totalidad del flujo de tráfico.

Man-in-the-middle. *Está considerando como un ataque en el que el enemigo cuenta con la capacidad de leer, insertar y modificar los mensajes entre dos partes sin que una de ellas conozca que el enlace entre ellas ha sido vulnerado. No obstante este modo es de gran utilidad para los administradores de cara a auditar las redes.*

Acceso pasivo: *consiste en tener acceso a información sin llegar a solicitarla de tal manera que lee el paquete de datos con información de un sistema.*

Tenemos varias opciones para poner nuestra máquina en modo Brigde ya que cuenta con herramientas y utilidades de fácil manejo en algunos sistemas operativos. Se crearán interfaces puente de tipo virtual por las que pasan las interfaces físicas del equipo. Finalmente ejecutamos un sistema tipo WireShark o similar ya implantado en las herramientas del sistema y comenzamos a obtener información.

Este tipo de ataque es el más habitual entre usuarios inexpertos ya que es el utilizado para obtener claves WIFI de redes colindantes. Actualmente existen herramientas gratuitas y mucha documentación donde los usuarios ponen en práctica este modo de ataque sin tener muchos conocimientos.

PASO 4. Activar modo ArpSpoof.

También conocido como ARP Poison Routing o ARP Poisoning, es una técnica utilizada para intentar acceder a una red basada en switches que permite al atacante leer, modificar e incluso parar el tráfico y los paquetes de una LAN. Como principal objetivo es enviar mensajes ARP falsos (también llamados "envenenados") y así poder asociar la MAC del atacante con la IP de otro nodo, que sería el nodo atacado, como por ejemplo un equipo Gateway.

Con esto se consigue que la IP de este nodo sea erróneamente dirigida a la del atacante en lugar de a su destino real. El atacante puede elegir entre reenviar el tráfico al Gateway (puerta de enlace) y, así, actuar en modo escucha, o por el contrario modificar los datos antes de que sean reenviados, acatando en modo activo.

PASO 5. Captura de paquetes remoto

También conocido como RCAP (Remote Packet Capture) es un sistema de capturas de paquetes, que permite escuchar el tráfico que genera otro equipo de esa misma red. Dichos paquetes pueden ser analizados archivados y procesados.

El sistema RCAP consta de 2 procesos diferentes:

❑ El servidor que recoge el tráfico de red en un sistema remoto.

❑ El cliente que recibe y procesa los paquetes, que realmente es una librería para realizar dichas funciones.

Este método es adecuado para entornos no críticos donde podemos instalar el software en el equipo cuyo tráfico se desea analizar, con el riesgo que ello conlleva para la estabilidad y el rendimiento.

Se puede especificar el puerto de escucha y otras opciones como la autenticación, la lista de clientes permitidos para conectarse al servidor, etc. El modo de funcionamiento puede ser activo o pasivo.

En el primer caso, se tratará de establecer una conexión con el cliente para que envíe los mandatos adecuados para el servidor. Este modo es útil cuando nos encontramos detrás de un firewall que no tiene NAT configurado para la conexión desde el exterior. En el segundo caso, el cliente iniciará la conexión con el servidor para empezar a enviar los datos de seguimiento.

Es importante destacar que si la captura se realiza en la misma interfaz que se utiliza el protocolo propio RPCAP para transferir datos contra el cliente, también se mostrará este tipo de paquetes en Wireshark y puede complicar la interpretación de los mismos.

Otra alternativa además RPCAP para la captura de datos a distancia es redirigir la salida de *tcpdump* desde una conexión ssh.

 **Conexión SSH:** *"Secure Shell" nos permite copiar archivos de forma segura mediante conexiones seguras.*

- ## El uso de herramientas externas

    - ### ❏ Snort

        Es un snifer de paquetes y un detector de intrusión basado en red (NIDS o Network IDS) capaz de almacenar tanto archivos de texto como bases de datos abiertas como puede ser MySQL. Implementa un motor para la detección de ataques y barrido de puertos y así poder responder a dichos ataques.

        Este IDS implementa un lenguaje para la creación de reglas flexibles, potente y sencillo y nos provee de reglas predefinidas para amenazas como puede ser DDoS, Backdoor, ataques web, etc.

        Snort dispone de una base de datos de ataques en continua actualización a través de Internet y en la cual los usuarios pueden colaborar subiendo sus propias "firmas" para la detección de ataques.

        Snort puede obtener los paquetes de alertas generadas, en una base de datos o un formato binario llamado Unified2.

        Solo los paquetes de registrados en Snort generaran alertas, por lo que no se tendrá un rastro completo de las sesiones o conversiones entre el cliente y el servidor, pero no puede servir para identificar código malicioso.

❑ **Scripts**

Igual que usaremos Snort como herramienta ante grandes cantidades de datos, también podremos usar scripts que nos podrán ayudar a obtener la información más clara de un ataque o un fallo de red.

Como ejemplo tenemos el script en python:

"sqlinject-finder.py"

Que acepta como entrada un archivo "Pcap" y reconstruir los ataques de inyección SQL en parámetros GET / POST.

La información generada nos mostrará la IP del atacante, el servidor web, el número de paquetes en el que se encuentra la sentencia sospechosa de SQL, el parámetro, el valor utilizado, etc.

Con el desarrollo de este epígrafe hemos conseguido:

❑ *Describir las amenazas de los servicios en ejecución, aplicando los permisos más restrictivos, que garantizan su ejecución y minimizan el riesgo.*

Acude a los Contenidos Extra para consultar el Resumen y realizar la Autoevaluación de esta unidad.

Robustecimiento de sistemas

Objetivos

- ☉ Conocer los procedimientos de modificación de usuarios y contraseñas relacionados con sistemas de información.

- ☉ Diferenciar los conceptos de directivas de contraseñas y gestión de privilegios.

- ☉ Determinar qué herramientas, utilidades, servicios y puertos son prescindibles para su eliminación o cierre.

- ☉ Identificar la actualización de parches de seguridad de los sistemas informáticos y la importancia de la protección de los sistemas frente a código malicioso.

- ☉ Gestionar de forma segura las comunicaciones, carpetas compartidas, impresoras y otros recursos compartidos del sistema.

- ☉ Utilizar las reglas para la monitorización de la seguridad y el uso adecuado de los sistemas de información.

Contenido

Introducción

Introducción

1. Modificación de los usuarios y contraseñas por defecto de los distintos sistemas de información

2. Configuración de las directivas de gestión de contraseñas y privilegios en el directorio de usuarios

3. Eliminación y cierre de las herramientas, utilidades, servicios y puertos prescindibles

4. Configuración de los sistemas de información para que utilicen protocolos seguros donde sea posible

5. Actualización de parches de seguridad de los sistemas informáticos

6. Protección de los sistemas de información frente a código malicioso

7. Gestión segura de comunicaciones, carpetas compartidas y otros recursos compartidos del sistema

8. Monitorización de la seguridad y el uso adecuado de los sistemas de información

 *Acude a los Contenidos Extra para ver el mapa conceptual de esta Unidad Didáctica, objeto de estudio fundamental para situarte según avances en los contenidos.*

Introducción

Los sistemas informáticos actuales conectados a la red nos permiten acceder a infinidad de aplicaciones, servicios e información de gran utilidad, pero también es una puerta de entrada a visitas no deseadas. Por ello es necesario tener muy presente los posibles ataques de internet, sabotaje, espionaje y intrusiones, que pueden sacar jugosos beneficios de la información extraída de nuestra red.

Los ordenadores conectados a internet, hacen a las empresas más productivas, permitiendo compartir información y acceso a datos en tiempo real. Pero también hay gente que, por diferentes motivos, quiere atacar una red, como puede ser robo de información, o causar pérdidas económicas, etc. Por ello es imprescindible instalar un firewall o cortafuegos contra las amenazas externas.

El servicio de robustecimiento o "hardening" ayuda a las empresas a protegerse contra este tipo de amenazas, ayudando en la configuración de un cortafuego en un servidor, soluciones de gestión de identidad, etc.

1. Modificación de los usuarios y contraseñas por defecto de los distintos sistemas de información

Cuando adquirimos un software o hardware (ordenador, router, firewall, swicth...), éstos suelen venir con una configuración de acceso estándar la cual puede llegar a ser conocida por más gente que la deseada. En estos casos, hay que tener en cuenta que si no cambiamos el usuario y/o contraseña estamos ante un posible riesgo de seguridad, por lo que es muy importante y recomendable cambiar estos datos, incluso de forma periódica, para aumentar la seguridad de nuestro sistema informático.

Otra de las cosas que podemos y debemos hacer es cambiar la encriptación de nuestra red Wifi de WEP a WPA o WPA2, ya que el WEP es fácilmente vulnerable. Si nuestra red ya venía configurada con una clave WPA, debemos cambiarla, ya que en algunos modelos de router se ha conseguido descifrar el proceso de generación de claves vinculadas generalmente al modelo y dirección MAC del punto de acceso.

WEP *(Wired Equivalent Privacy) fue el primer estándar de seguridad para redes Wi-Fi. Hoy está superado.*

WPA *(Wi-Fi Protected Access): surgió para corregir las limitaciones del WEP. Introdujo mejoras de seguridad como el TKIP (Temporal Key Integrity Protocol), que varía por sí solo la contraseña Wi-Fi cada cierto tiempo. Su variante más normal es la WPA-Personal. Usa el sistema PSK, o de clave pre compartida. En él, todos los usuarios de la red inalámbrica tienen una misma contraseña Wi-Fi, que el propio usuario define.*

WPA2: *es el estándar más moderno para proteger redes inalámbricas y el que recomienda la Wi-Fi Alliance. Existe también una versión personal (WPA2-Personal) y empresarial (WPA2-Enterprise).*

NO debes usar WEP para proteger tu red inalámbrica si tienes alternativa. Su protección es demasiado débil. Se puede crackear un cifrado WEP en pocos minutos usando las herramientas adecuadas.

Para acceder a nuestro router, accedemos vía http a 192.168.1.1 y nos pide el usuario y contraseña que suele ser:

Usuario: admin

Contraseña: admin

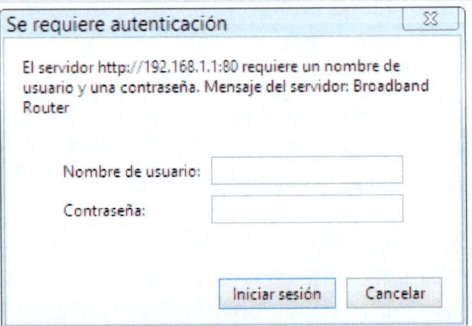

Y al iniciar sesión ya estamos dentro de la configuración del router, lo cual es un grave fallo de seguridad.

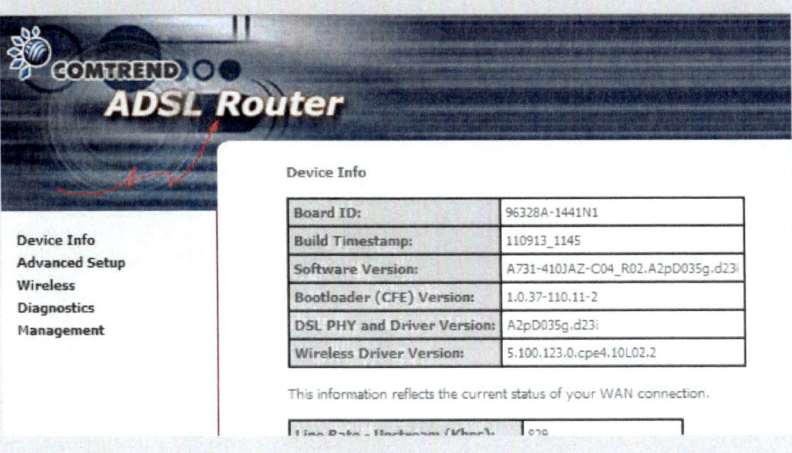

También los responsables de seguridad de la empresa deben cancelar o modificar las contraseñas de las cuentas incluidas por defecto en los sistemas informáticos, así como desactivar el acceso de usuarios anónimos tanto a servicios como en accesos a red. También debemos evitar que puedan poner contraseñas vacías, débiles o inhabilitadas.

Nunca dar permisos a "Usuarios Anónimos" a nuestras carpetas compartidas.

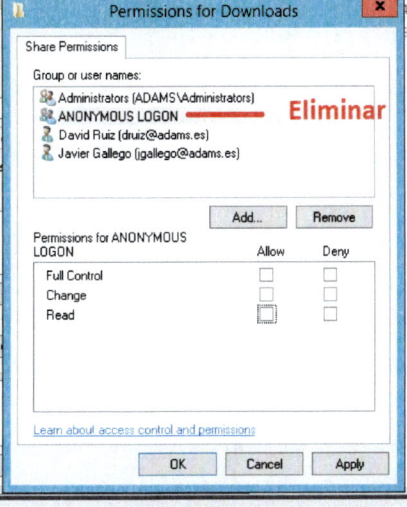

El Instituto Nacional de Ciberseguridad (INCIBE) facilita una serie de recomendaciones en el uso de contraseñas:

1. Por lo menos debe de tener 8 caracteres, un número de caracteres inferior reduce significativamente el tiempo para descifrar esa clave.

2. Se recomienda utilizar dígitos, letras y caracteres especiales, intercalando mayúsculas y minúsculas.

3. Elegir una contraseña que podamos recordar fácilmente.

4. Hay que cambiar dichas contraseñas con regularidad, pero también hay que evitar que sean consecutivas, ejemplo "PascaL23" evitar cambiar a "PascaL24".

5. Utilizar signos de puntuación o que no sean alfanuméricos, siempre y cuando nuestro sistema lo permita, como por ejemplo: .-$%&/(=)?-

6. Algún truco que podemos utilizar es cambiar letras por números, por ejemplo, tenemos pensado utilizar la palabra "TALADROS" cambiaríamos las "A" por "4" y la "O" por "0" cero y ponemos la "T" y la "L" en minúscula, quedaría así : "t4l4DR0S".

Aparte de estas indicaciones también **nos recomiendan acciones que NO debemos hacer**:

1. Evitar utilizar información personal en la contraseña.

2. No utilizar secuencias básicas, "asdf", "qwerty" "12345" ni repetitivas "111222".

3. No utilizar datos relacionados con el usuario, como apellidos o apodos.

4. No utilizar la misma contraseña siempre en todos los sistemas.

5. Evitar las palabras que estén en el diccionario, ya que existen programas que realizan "ataques por diccionario".

6. No escribir la contraseñas en ordenadores de uso público en los que se desconozca su nivel de seguridad, ya que pueden contener sniffers o keyloggers.

Sniffers: *es un software que registra la información que envían los periféricos, así como la actividad realizada en un determinado ordenador.*

Keylogger: *es un software que se encarga de registrar las pulsaciones que se realizan en el teclado, para posteriormente memorizarlas en un fichero o enviarlas a través de internet.*

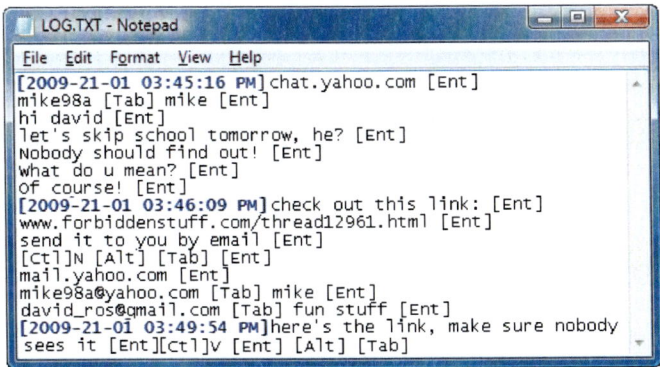

Log Keylogger

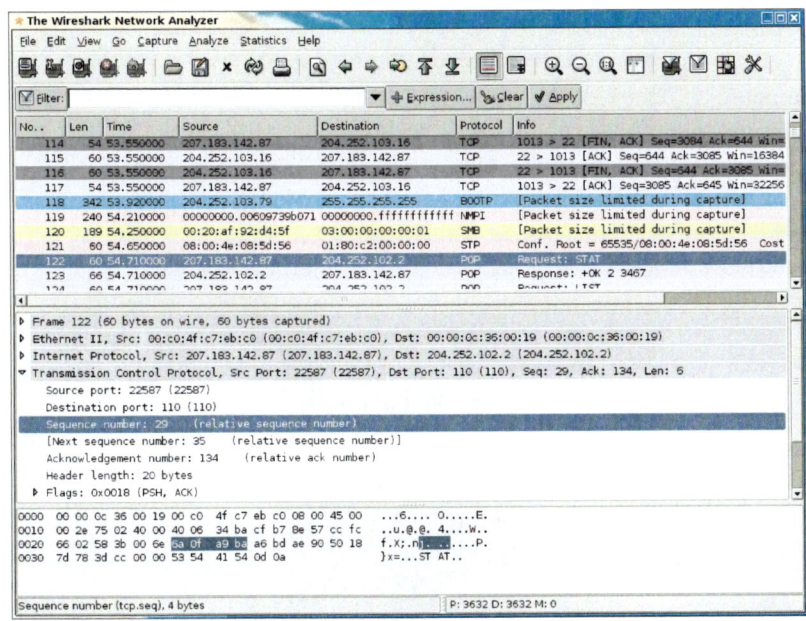

Sniffer

Con el desarrollo de este epígrafe hemos conseguido:

❑ *Conocer los procedimientos de modificación de usuarios y contraseñas relacionados con sistemas de información.*

2. Configuración de las directivas de gestión de contraseñas y privilegios en el directorio de usuarios

Las contraseñas son consideradas como el primer nivel de seguridad para protegernos de accesos indeseados a nuestra información personal. Por ello suele ser el principal objetivo de los atacantes, que utilizan todo tipo de métodos para la obtención de nuestras contraseñas.

2.1. Directivas de contraseñas

La mayoría de los usuarios solemos acceder a nuestros equipos locales o remotos escribiendo un nombre de usuario y contraseña, pero cada vez existen métodos más avanzados y alternativos como pueden ser las tarjetas inteligentes, control biométrico (huellas dactilares) o, en dispositivos táctiles, utilizando patrones de desbloqueo. La mayoría de las empresas continúan utilizando los sistemas tradicionales de usuario y contraseña por lo que es muy importante que apliquen directivas de contraseñas en sus equipos que fuercen al usuario a utilizar contraseñas seguras y establecer una caducidad de las mismas.

Patrón desbloqueo

Antes de establecer dichas directivas debemos identificar las diferentes opciones que nos permiten configurar parámetros de contraseña, como pueden ser su complejidad, longitud mínima, etc. Estos parámetros suelen ser comunes en la mayoría de los sistemas, los más comunes son:

1. Exigir longitud mínima de contraseña: el número de caracteres mínimo, en nuestro caso establecemos 8.

2. Exigir historial de contraseñas: en nuestro caso elegimos 3, significa que no podremos utilizar las 3 últimas contraseñas usadas anteriormente.

3. Las contraseñas deben cumplir los requisitos de complejidad: es decir, que contenga, letras, números, símbolos, etc.

4. Almacenar contraseña con cifrado reversible: proporciona compatibilidad a las aplicaciones que utilizan protocolos que necesitan conocer la contraseña del usuario para la autenticación. Esta directiva no debe habilitarse nunca salvo que se considere más importante satisfacer los requisitos de las aplicaciones que proteger la información de las contraseñas.

5. Exigir vigencia mínima de contraseña: permite cambiar la contraseña, en nuestro caso, como mínimo, un día después de haberla cambiado.

6. Exigir vigencia máxima de contraseña: es la caducidad de la contraseña, en nuestro caso a los 42 días se le solicitará que la cambie.

7. Exigir directiva de bloqueo de cuenta: establece el número de intentos fallidos antes de que se bloquee la cuenta, en nuestro caso seleccionamos 3, así como el tiempo que estará la cuenta bloqueada, (elegimos 30 minutos), si se superan esos intentos.

En la siguiente imagen se puede ver un panel de configuración con los parámetros anteriormente citados.

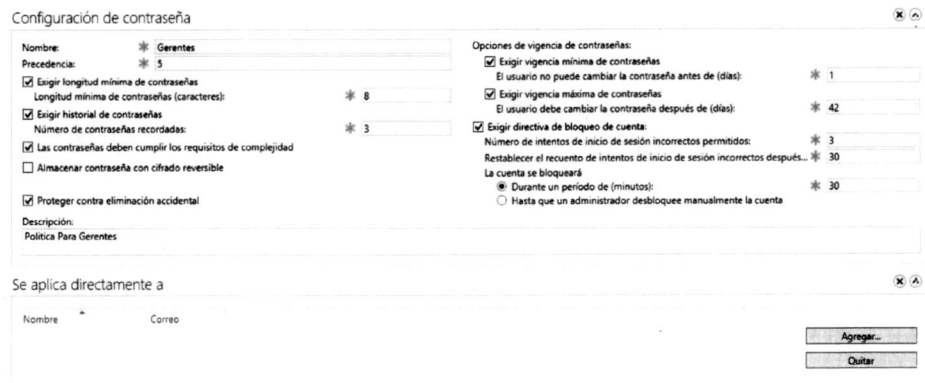

Directivas de contraseñas

2.2. Gestión de privilegios

Hay que asignar a cada usuario los privilegios que le pertenecen dentro del estatus de la organización, permitiendo el acceso a los recursos y servicios que le correspondan y restringiéndolo a todo lo demás. Hay que tener mucho cuidado y control con el usuario que tienen privilegios de administrador, ya que pueden acceder a cualquier recurso, instalar y desinstalar software y cambiar la configuración de equipos y servidores.

Es muy importante aplicar directivas de contraseñas en los equipos que fuercen al usuario a utilizar contraseñas seguras y establecer una caducidad de las mismas.

Un usuario que pertenece al departamento Facturación, por ejemplo, debería estar metido dentro del grupo con el mismo nombre, y no debería poder acceder a la carpeta de red de Recursos Humanos. Aunque esto siempre dependerá de la política de la empresa.

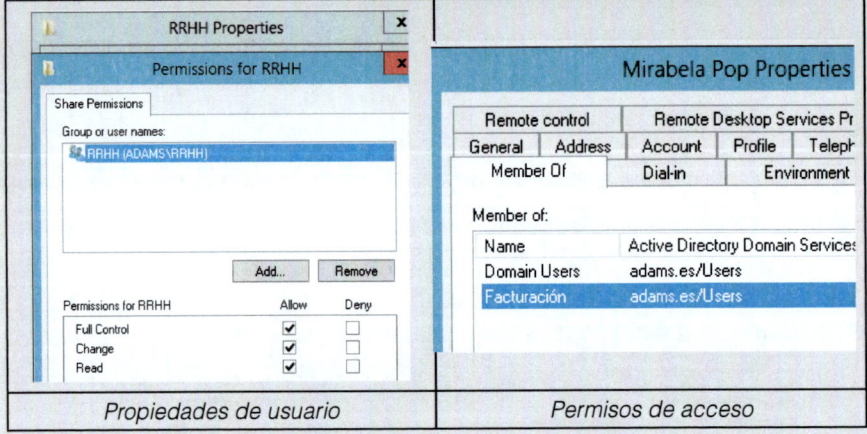

Propiedades de usuario	Permisos de acceso

Con el desarrollo de este epígrafe hemos conseguido:

❑ *Diferenciar los conceptos de directivas de contraseñas y gestión de privilegios.*

3. Eliminación y cierre de las herramientas, utilidades, servicios y puertos prescindibles

Cuando conectamos un equipo a Internet cada software utiliza diferentes puertos, por donde se envía y recibe la información, en total hay 65536 (2^{16}) puertos y se identifican de forma numérica.

En el caso en el que alguien intenta atacar un equipo o una red, lo primero que hace es "escuchar" o mirar que puertos está utilizando (detrás de dichos puertos hay servicios en activo como vimos en unidades anteriores) y procurará aprovechar vulnerabilidades de dichos servicios para acceder a nuestro equipo o red.

No cabe duda que es necesario tener unos puertos abiertos para poder trabajar con nuestro equipo (a no ser que no tengamos conectado el equipo a ninguna red ni a Internet) tanto para poder navegar por internet, loguearnos en un servidor, etc., pero todos los demás deberían estar cerrados. Para realizar este proceso hay que utilizar un sistema o programa llamado Cortafuegos o Firewall en el que podemos decir qué aplicación permitimos y en qué puerto lo hacemos, tanto como en entrada como en salida.

3.1. Abrir puertos

La apertura de un puerto concreto es solicitada por el programa específico que necesita acceso a él queriéndolo usar. Hay puertos que utilizamos en el día a día para la comunicación cotidiana y no constituyen ningún peligro, aunque debemos tener en cuenta que en alguno de ellos la información no viaja encriptada, como pueden ser:

- ❏ **Puerto 80:** HTTP, la comunicación necesaria para navegar por Internet.

- ❏ **Puerto 21:** FTP, transferencias de ficheros en servidores FTP.

- ❏ **Puerto 22:** SFTP, transferencias seguras de servidores SFTP.

- ❏ **Puerto 443:** SSL, HTTPS, comunicación segura para navegación web.

- ❏ **Puerto 110:** POP3: protocolo de descarga de correo electrónico.

- ❏ **Puerto 25:** SMTP, protocolo de envió de correo electrónico.

- ❏ **Puerto 22:** SSH, protocolo y programa de acceso seguro de intérprete de comandos.

- ❏ **Puerto 23:** Telnet, programa de acceso a intérprete de comandos.

Existen varias herramientas para visualizar qué puertos está utilizando ahora mismo nuestro equipo. En Windows y en Linux hay una herramienta llamada NETSTAT que funciona desde la línea de comandos o terminal.

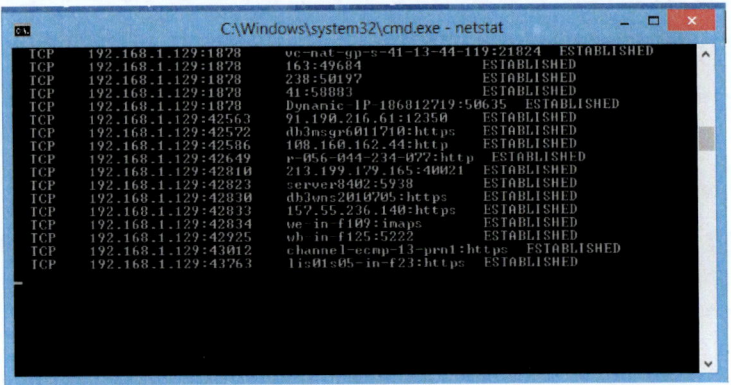

NetStat

Sin embargo si queremos tener algo más de información detallada podemos utilizar la aplicación llamada **CurrPorts (Current Ports)** que la podemos descargar de la web del autor **http://www.nirsoft.net**. Esta aplicación también te permite cerrar el puerto abierto en ese momento y cerrar aplicaciones abiertas que estén haciendo uso de puertos.

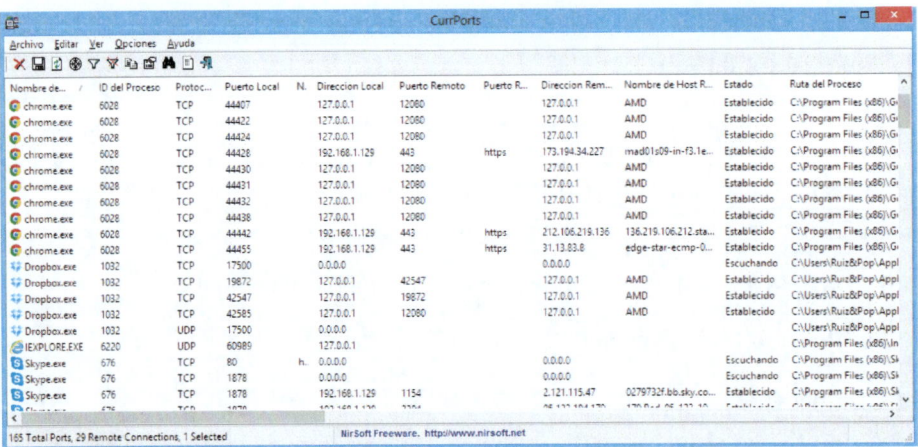

CurrPorts

Además, marca con color rosa las conexiones sospechosas creadas por aplicaciones no identificadas.

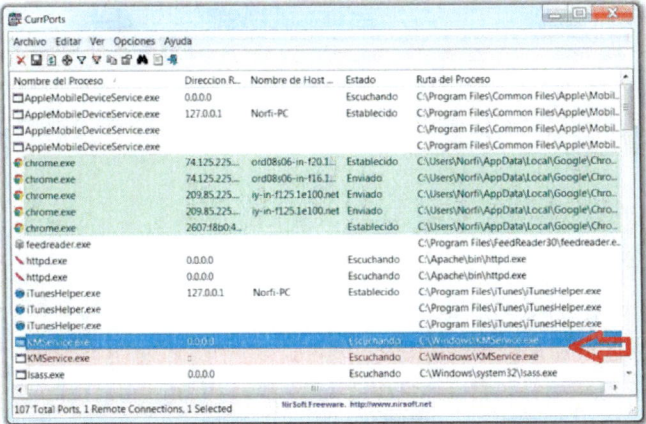

Conexión sospechosa en CurrPorts

3.2. Bloquear puertos peligrosos

Existen también puertos que son considerados peligrosos porque se usan de forma tal que pueden constituir una amenaza para el sistema si se encuentran abiertos y no se dispone de un firewall que sea capaz de proteger nuestro sistema. Algunos ejemplos de estos puertos son:

❑ **Puertos 137, 138, 139 y 445:** si nuestro equipo tiene el NetBIOS habilitado, el problema radica automáticamente en todos y cada uno de los adaptadores de red que tengamos, y, teniendo en cuenta que Internet es también una red, estamos poniendo nuestro equipo en un serio riesgo ya que tendría en modo "escucha" en los puertos UDP 137 y 138 y en los TCP 139 y 445. En caso de que NetBIOS este deshabilitado solo se debería escuchar en el puerto 445. Para deshabilitar NetBIOS en los sistemas Windows tendremos que seguir los siguientes pasos: en propiedades de Protocolo de internet 4(TCP/IPv4) / Opciones avanzadas / WINS selecciona "Deshabilitar NetBIOS a través de TCP/IP".

Para desactivar completamente NetBIOS a través del registro modifica la siguiente clave: HKEY_LOCAL_MACHINE\SYSTEM\CurrentControlSet\Services\ NetBT\Parameters Renombra TransportBindName a TransportBindNameBAK

❑ **Puerto 135:** es compartido por DCOM, MSDTC y el programador de tareas. Si se tiene cualquiera de estos servicios, puerto permanece abierto aceptando conexiones entrantes. Hay que cerrarlo deteniendo los servicios indicados anteriormente o modificando la clave del registro: **HKEY_LOCAL_MACHINE\ SOFTWARE\Microsoft\ Ole. En EnableDCOM**, cambia el parámetro Y por N.

❏ **Puertos 5000 y 1900 (uPnP):** deshabilitando el Servicio de descubrimientos SSDP, cierras las conexiones a los puerto 1900 UDP y 5000 TCP.

NetBios permite que los ordenadores de una red se comuniquen entre sí y compartan impresoras y archivos.

DCOM: (Distributed Component Object Model), es una tecnología propietaria de Microsoft para desarrollar componentes software distribuidos sobre varios ordenadores y que se comunican entre sí.

MSDTC: (Microsoft Distributed Transaction Coordinator) es un componente de las versiones modernas de Microsoft Windows que se encarga de coordinar las transacciones que abarcan varios administradores de recursos, como bases de datos, colas de mensajes y sistemas de archivos.

SSDP: (Simple Service Discovery Protocol) es un protocolo que sirve para la búsqueda de dispositivos UPnP (Universal Plug and Play) en una red. Utiliza UDP en unicast o multicast en el puerto 1900 para anunciar los servicios de un dispositivo.

Con el desarrollo de este epígrafe hemos conseguido:

❏ *Determinar qué herramientas, utilidades, servicios y puertos son prescindibles para su eliminación o cierre.*

4. Configuración de los sistemas de información para que utilicen protocolos seguros donde sea posible

Todos los equipos actuales, ya sean PC, portátiles o tablets, disponen de conexión de red de algún tipo. Para poder utilizar dicha conexión de red es necesario realizar un proceso previo de configuración óptima.

Recordemos que un protocolo es un conjunto de reglas utilizadas por ordenadores y otros dispositivos de red para comunicarse unos entre otros a través de la red intercambiando mensajes. Estos protocolos pueden ser implementados por hardware o software o un mix de ambos y permiten que haya un flujo de información entre equipos que utilizan el mismo lenguaje. El protocolo TCP/IP fue creado para las comunicaciones a través de Internet, y es necesario que lo tenga instalado cualquier ordenador que se quiera conectar a Internet.

4.1.   Configuración de red

Para establecer una comunicación es necesario disponer de una numeración (dirección IP) que es asignada a cada dispositivo de red. Aunque esta numeración por lo general nos lo asigna bien nuestro router de Internet o un servidor DHCP, nuestra tarjeta de red necesita una serie de parámetros para poder funcionar correctamente:

❑   **Dirección IP:** identificador del ordenador en nuestra red o internet.

❑   **Máscara de Red:** permite identificar la red a la que pertenece la máquina.

❑   **Puerta de enlace:** también denominada "Gateway". Es la IP a través de la cual se enviarán los datos.

❑   **Servidores DNS:** son las IP de las máquinas que convierten los nombres de webs en direcciones IP.

Cuando nosotros entramos a una web a través de un navegador, y tecleamos por ejemplo www.adams.es, realmente estamos accediendo a una dirección pública, del tipo 62.57.25.48. Sin embargo, es mucho más fácil acordarse de un nombre en vez de acordarnos de una serie de números, por eso existen las DNS, que nos convierten el nombre de dominio en direcciones IP.

Configuración de red, con configuración automática (DHCP) y manual

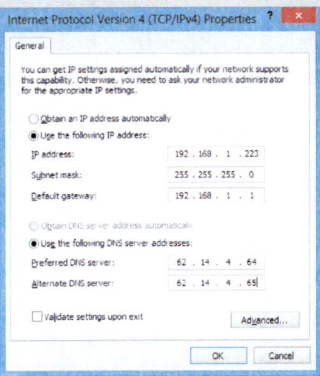

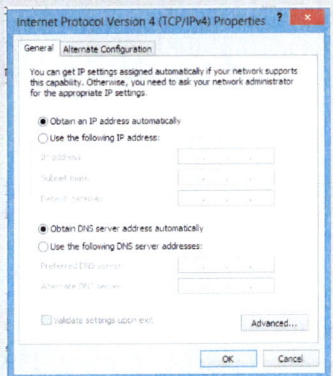

DHCP AutomaticaCONFI   *IP Manual*

Por ejemplo, en los sistemas Windows, para saber si hemos realizado bien una configuración de red, podemos utilizar 2 herramientas:

❑ **Nslookup:** resuelve una dirección con su IP correspondiente.

❑ **Ping:** envía un mensaje al destino, y este mismo nos responderá.

```
C:\Users\Ruiz&Pop>nslookup
Default Server:  65.1.216.87.static.jazztel.es
Address:  87.216.1.65

> www.adams.es
Server:  65.1.216.87.static.jazztel.es
Address:  87.216.1.65

Non-authoritative answer:
Name:    www.adams.es
Address:  62.93.166.94

>
```

Nslookup

```
C:\Users\Ruiz&Pop>ping www.adams.es

Pinging www.adams.es [62.93.166.94] with 32 bytes of data:
Reply from 62.93.166.94: bytes=32 time=54ms TTL=53
Reply from 62.93.166.94: bytes=32 time=55ms TTL=53
Reply from 62.93.166.94: bytes=32 time=57ms TTL=53
Reply from 62.93.166.94: bytes=32 time=56ms TTL=53

Ping statistics for 62.93.166.94:
    Packets: Sent = 4, Received = 4, Lost = 0 (0% loss),
Approximate round trip times in milli-seconds:
    Minimum = 54ms, Maximum = 57ms, Average = 55ms

C:\Users\Ruiz&Pop>
```

Ping

4.2. Componentes de protocolos de seguridad

Existen protocolos que nos permiten mejorar la seguridad, integridad y autenticación y se componen de:

❑ **Cifrado de datos:** se trata de enviar el mensaje cifrado por un emisor hasta que llega a su destino y puede ser descifrado por su receptor.

❏ **Autenticación:** es la validación de identificación, sería como nuestro documento de identidad pero en Internet.

❏ **Lógica de estructura y secuencia:** llevar un orden en el cual se agrupan los datos, el significado del mensaje y saber cuándo enviar dicho mensaje.

❏ *SSH: (Secure Shell) usado exclusivamente en lugar de la funcionalidad de telnet.*

❏ *SSL: (Secure Socket Layer) usado principalmente en comunicaciones de hipertexto pero con posibilidad de uso en otros protocolos.*

❏ *TSL: (Transport Layer Secure) es del mismo estilo del anterior.*

❏ *HTTPS: (Hypertext Transfer Protocol Secure) usado exclusivamente para comunicaciones de hipertexto segura.*

Por ejemplo cuando queremos realizar una compra online, o acceder a nuestro banco online, nos tenemos que fijar en que la conexión esté cifrada. Esto lo podemos comprobar cuando la dirección empieza por https:// que utiliza la capa de conexión segura **SSL o TSL (Puerto 443)** y que nos proporciona tres garantías:

❏ **Autenticidad:** que los datos de pago se envían a la pagina que nos indica que es.

❏ **Confidencialidad:** en caso de que los datos sean capturados, no podrán ser empleados ya que están cifrados.

❏ **Integridad:** los datos que se han enviado no se han alterado durante el viaje

Autoridad de Certificación: es una entidad de confianza, responsable de emitir y revocar los certificados digitales, que verifica la identidad del solicitante de un certificado antes de su expedición o, en caso de certificados expedidos con la condición de revocados, elimina la revocación de los certificados al comprobar dicha identidad. Un ejemplo de Autoridad de Certificación es VeriSign (http://www.verisign.es/) que se encarga de analizar los datos de la empresa solicitante así como sus normas de seguridad.

Otra de las medidas de seguridad que nos podemos encontrar en un banco online o tienda de compras online es un certificado emitido por una Autoridad de Certificación. Ver imágenes siguientes:

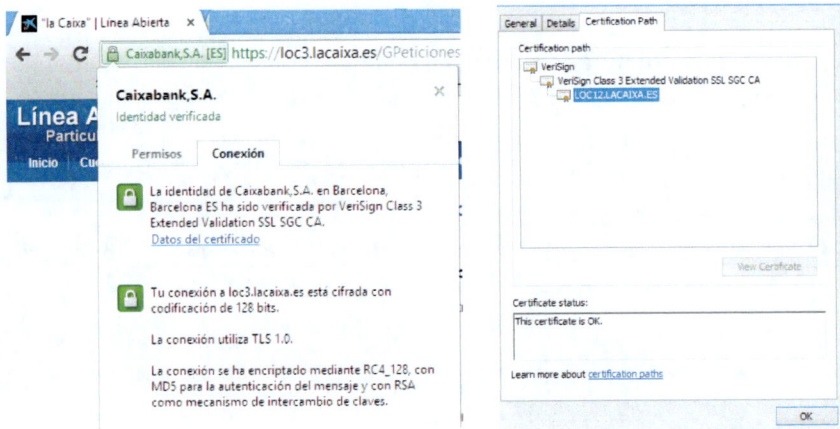

Certificado   Detalle de Certificado

El protocolo de seguridad mas empleado, tal vez por su simplicidad, es el SSL (Secure Sockets Layer) cuyo principal objetivo es cifrar la información, ya sea el número de la tarjeta de crédito al realizar un pago o cualquier otra información. SSL ofrece servicio de cifrado de datos, integridad de mensajes, autenticación del servidor y, en menor medida, la identificación del cliente para conexiones TCP/IP. También proporciona un canal electrónico seguro entre los servidores (ya sean bancos, entidades emisoras de tarjetas o tiendas online) y los navegadores de Internet.

 *Es muy importante que cuando introduzcas datos como un usuario o contraseña o un identificador, en el navegador, la dirección de acceso empiece por https:*

5. Actualización de parches de seguridad de los sistemas informáticos

Cuando aparece en el mercado un software o un sistema operativo, aunque ha sido probado por miles de usuarios en sus versiones Beta, antes de su comercialización, es finalmente al usarlo por millones de personas cuando realmente pueden verse los fallos o problemas en determinadas situaciones. A partir de ahí, se empiezan a desarrollar actualizaciones o parches para solucionar esos problemas.

Un parche puede servir para solucionar errores, también llamados "bugs", o para mejorar u optimizar un software o sistema operativo. Estos parches pueden ser aplicados tanto a un fichero binario ejecutable como al código fuente de un programa o sistema operativo.

 *Desarrollar un software completamente seguro en la práctica resulta muy difícil, por no decir casi imposible, por lo que los fabricantes optaron por crear estos parches o actualizaciones, con el fin de ir resolviendo resolver fallos de seguridad.*

Podemos diferenciar dos grandes grupos de actualizaciones según sea su propósito y en función del código:

❑ **Según su propósito:**

♦ Parches de actualización modifican el programa con la finalidad de introducir mejoras.

♦ Parches de traducción: cambian el idioma del programa.

♦ Parches de depuración: reparan errores de programación que no fueron detectados en versiones Beta.

♦ Parches de seguridad: solucionan agujeros de seguridad, son especialmente frecuentes sobre todo en aplicaciones expuestas a la red.

❑ **Según el código:**

♦ Parches al código fuente: esta más difundida en referencia al software libre.

♦ Parches a archivos binarios: es una actualización del archivo ejecutable del programa, que es modificado para añadir los cambios o ser completamente remplazado.

Por lo general los sistemas operativos tienen opciones de configuración para descargar e instalar automáticamente las actualizaciones, por lo que es mas cómodo y despreocupado para el usuario, ya que no tiene que andar revisándolas cada cierto tiempo y así poder estar actualizado y seguro día a día. Sin embargo existen muchos programas que no tienen esta función, por lo que deja al usuario la responsabilidad de revisar posibles actualizaciones del programa.

Otro de los problemas que tenemos que tener en cuenta es disponer del parche concreto antes de que afecte a la seguridad. Para este tipo de casos es aconsejable disponer de un firewall, un antivirus y estar siempre alerta frente a los intentos de engaños, como puede ser el phishing.

Phishing: *es una modalidad de estafa con el objetivo de intentar obtener de un usuario sus datos, claves, cuentas bancarias, números de tarjeta de crédito, identidades, etc. suplantando la imagen de una empresa o entidad pública, como puede ser un banco.*

En la imagen podemos ver, como se ha clonado el diseño de la web de una entidad financiera y podemos identificar tres errores:

❑ *El primero es la dirección del principio, es decir, www.Reginex.Com que teóricamente es donde se aloja dicha web clonada y fraudulenta.*

❑ *La segunda, la conexión segura debe empezar por https://*

❑ *La tercera, tener su correspondiente certificado digital.*

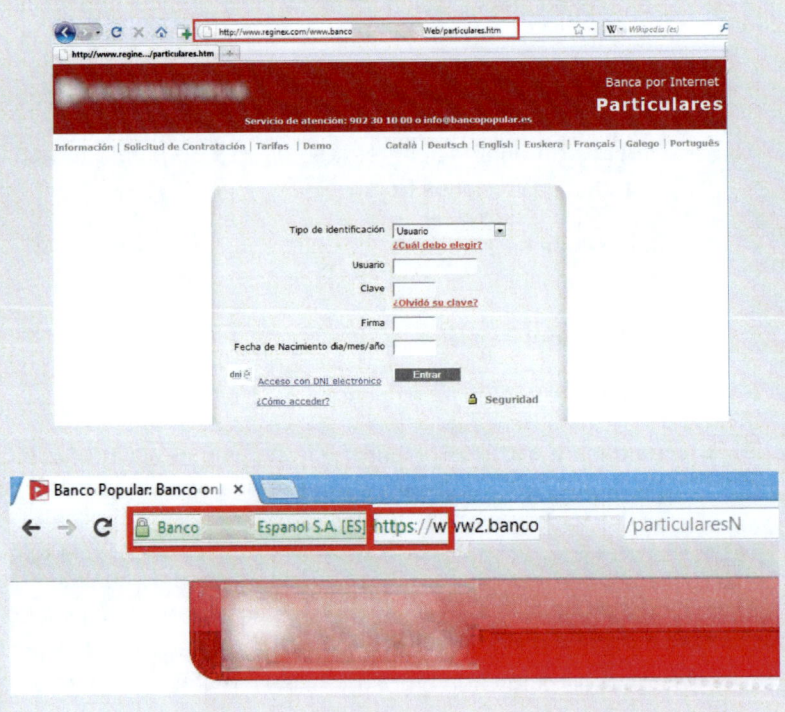

- **Cómo activar y configurar las actualizaciones automáticas**

Las actualizaciones se pueden configurar de diferentes formas, automáticas o manuales, y dependiendo del sistema operativo se realiza de diferente manera:

❑ **Microsoft Windows:** generalmente desde el menú de Inicio, tenemos la opción de Windows Update, y ahí veremos la configuración. En Windows 8 lo encontraremos en el entorno Metro, escribiendo Windows Update y también podemos lanzar la búsqueda de actualizaciones desde la consola de comandos, escribiendo: *wuaclt /detecnow.*

❑ **Linux:** también tendremos una opción de actualización dependiendo del entorno gráfico y la distribución. Desde la línea de comandos sería: *sudo aptget update && apt-get upgrade -y.*

❑ **Mac OS X:** al igual que los anteriores, dispone de un actualizador desde el entorno gráfico, en preferencias de sistema y desde la línea de comandos: *sudo softwareupdate -i -a* (donde -i -a) indican que instales todas las actualizaciones disponibles.

6. Protección de los sistemas de información frente a código malicioso

En seguridad informática, el código malicioso hace referencia a cualquier elemento de código o conjunto de sentencias de programación diseñado con el fin de explotar o generar vulnerabilidades en un sistema. Aquí se incluyen programas compilados, macros, códigos que se ejecutan automáticamente y scripts que generalmente se emplean en las webs.

Los objetivos principales de dichos códigos suelen ser:

❑ Robo de información.

❑ Eliminar archivos.

❑ Mostrar publicidad.

❑ Propagarse por otros ordenadores en red y por Internet.

Dichos códigos suelen mutar según van surgiendo actualizaciones para solucionar los problemas que ocasiona dicho código, logrando infectar así a más ordenadores y continuando su propagación, evitando que sean erradicados por las actualizaciones.

Algunos de los códigos más comunes son los conocidos como troyanos o gusanos:

• **Troyano**

El nombre proviene de la famosa guerra que los griegos y los troyanos mantuvieron y en la cual entregaron un caballo hueco donde fueron introducidos soldados griegos. En informática se refiere a un programa oculto en otro, con el fin de que un usuario lo ejecute pensando que es un programa lícito pero ejecutando en realidad el programa "troyano". Este tipo de software malicioso puede llegar a tomar el control total de un equipo, eliminar ficheros, imprimir, apagar el PC, etc.

Los nuevos troyanos suelen utilizar una **puerta trasera** o ***backdoor***, abriendo un canal de comunicación por el cual el atacante puede realizar acciones sin que el usuario legítimo sea consciente del mismo. Entre dichas acciones pueden estar el robo de claves, búsqueda de información como números de tarjetas de crédito, ficheros cifrados, etc.

El uso de troyanos se ha disparado debido a las opciones de los equipos al permanecer conectados 24 horas al día, incluso llegar a crear redes zombis controladas por una persona con el fin de realizar ataques a webs, redes o sistemas con el fin de hacerlas caer.

- **Gusanos**

Sistemas software muy cercanos a los virus, tienen como principal objetivo reproducirse y extenderse por todos los ordenadores que sean posibles a través de Internet, utilizando para ello principalmente correos electrónicos debido a lo cual es posible infectar miles de ordenadores en cuestión de horas. Su poder de multiplicación puede llegar a colapsar grandes ordenadores rápidamente y hacer caer servicios como servidores de correo, hosting, webs, etc.

El método de propagación suele ser muy simple, llegan ocultos en correos electrónicos, tal vez en lo que pensamos que es una foto o un vídeo, y al ejecutarlo se produce la infección. Posteriormente acceden a la libreta de direcciones del correo y proceden a reenviarse de forma automática a todos los contactos apareciendo nosotros como emisor de ese email.

En la actualidad esto también se ha trasladado a las redes sociales como puede ser Facebook o Twitter, es decir, consiguen que pinchemos en un link o ejecutemos algo y consiguen publicar mensajes en nuestro nombre, así logran seguir con su propagación.

6.1. Medidas de protección contra código malicioso

6.1.1. Antivirus

Este tipo de código malicioso, suele utilizar lo que se conoce como "ingeniería social". Hacen que el correo que nos envían parezca atractivo para nosotros para que no sospechemos.

El antivirus es un programa que intenta proteger los ordenadores y redes de todo tipo de código malicioso. Existen antivirus especializados para diferentes entornos, como pueden ser servidores de correo, de ficheros, etc. Un antivirus revisa todos los ficheros que llegan al equipo y lo bloquea si puede ser malicioso.

Por lo general, existen dos métodos de identificación de virus por parte de un antivirus, el primero consiste en analizar partes del código malicioso con la base de datos de firmas de antivirus de las que dispone el programa antivirus (en constante actualización), y si coinciden, lo detectará como amenaza.

Existe un código que se utiliza para probar los antivirus, se llama Archivo EICAR, y simplemente lo tenemos que guardar en un fichero de texto y analizar dicho fichero, este es el código:

X5O!P%@AP[4\PZX54(P^)7CC)7}$EICAR-STANDARD-ANTIVIRUS-TESTFILE!$H+H*

Pegamos en un fichero de texto y lo guardo, al analizar el fichero el antivirus lo marca como "amenaza"

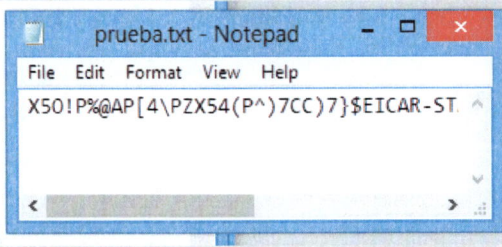

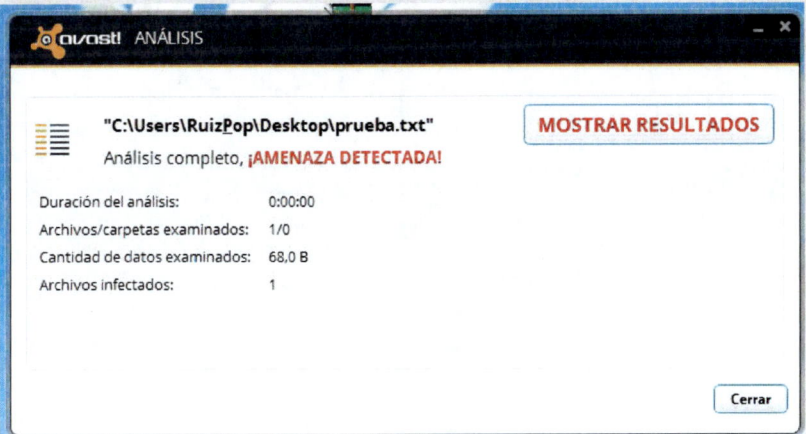

El otro método consiste en analizar el comportamiento del fichero cuando lo ejecuta-mos, buscando acciones extrañas, como puede ser infectar otros ficheros, formateo del disco duro, acceso a ficheros,… Esto nos puede indicar que algo extraño está ocurriendo, pero no nos identifica qué virus es.

6.1.2. Firewall

Los firewalls son sistemas que conceden o deniegan acceso a red (Internet o red local) tanto de entrada como de salida. Por ejemplo, cuando navegamos por internet significa que nuestro firewall nos permite la comunicación por los puertos utilizados habitualmente (80, 443, etc.) y permite también el acceso a la red al software de navegación. Es decir, nosotros podemos permitir el acceso al navegador Google Chrome, pero podemos bloquear el acceso para que no se navegue utilizando Mozilla Firefox.

Profundizaremos más sobre los firewalls en la siguiente unidad didáctica.

6.1.3. Anti-Malware

El término malware proviene de malicious software, "código maligno", software malicioso o software malintencionado. Es un tipo de software que tiene como objetivo infiltrarse o da-ñar el sistema operativo sin el consentimiento de su propietario. El término malware es muy utilizado por profesionales de la informática para referirse a una variedad de software hostil, intrusivo o molesto. El término virus informático suele aplicarse de forma incorrecta para refe-rirse a todos los tipos de malware, incluidos los virus verdaderos.

Los tipos de malware más empleados los podemos clasificar en las siguientes catego-rías: Adware, Spyware o Hijacking.

❏ Un programa de clase Adware es cualquier programa que automáticamente muestra publicidad web al usuario durante su instalación o durante su uso para generar lucro a sus autores. 'Ad' en la palabra 'adware' se refiere a 'advertisement' (anuncios).

❏ Algunas veces, el malware es considerado como spyware (espía), cuando fuerza al usuario a usar un determinado buscador web ya que podría ser utilizado para monitorear la actividad del usuario. Esto ha provocado críticas de los expertos de seguridad y los defensores de la privacidad.

❏ Hijacking significa "secuestro" en inglés y en el ámbito informático hace referencia a toda técnica ilegal que lleve consigo adueñarse o robar algo (generalmente infor-mación) por parte de un atacante. Como puede ser el secuestro de una conexión TCP/IP, por ejemplo durante una sesión Telnet permitiendo a un atacante inyectar comandos o realizar un ataque de denegación de servicio durante dicha sesión (IP hijakers). También puede producirse un secuestro de la página de inicio del navegador cambiando la página de inicio de nuestro navegador por otra a interés del secuestrador (Home Page Browser hijacking).

Como medidas de protección frente al malware suele haber programas específicos, sin menospreciar otras interesantes herramientas, como puede ser "SpybotSearch & Destroy" http://www.safer-networking.org/dl/ o "Antimalwarebytes" http://es.malwarebytes.org/ que permiten eliminar este tipo de Malware.

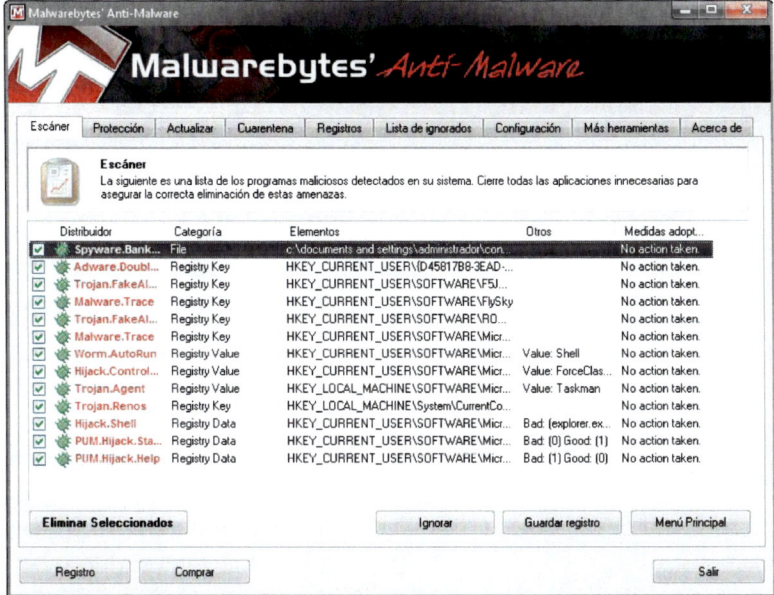

Antimalwarebytes

Con el desarrollo de este epígrafe hemos conseguido:
❏ *Estimar la importancia de la protección de los sistemas frente a código malicioso.*

7. Gestión segura de comunicaciones, carpetas compartidas y otros recursos compartidos del sistema

Para poder llevar a cabo comunicaciones seguras cuando hablamos de sistemas informáticos debemos de seguir una serie de criterios que podemos dividir de la siguiente forma:

❏ **Integridad:** el mensaje recibido debe ser el mismo que el mensaje enviado, debemos asegurarnos que la información no ha sido modificada en el trascurso del envío.

❏ **Autenticidad:** asegurarnos que el mensaje ha sido realmente enviado por el destinatario que indica, que no se haya suplantado su identidad de ninguna forma.

❏ **Confidencialidad:** que nadie, a excepción del receptor y el emisor, puedan conocer la información enviada.

7.1. Gestión de las carpetas compartidas en la red

Cuando hablamos de un entorno corporativo es muy importante poder compartir la información. Son los administradores de sistemas quienes deben proporcionarnos el acceso a carpetas compartidas con distintos niveles de privilegios según el cargo que ocupemos en la organización, es decir, si un usuario pertenece al departamento de Recursos Humanos, debería tener acceso a la carpeta RRHH pero no a la carpeta de Contabilidad.

Son varias las ventajas de poder compartir carpetas a través de la red:

❏ Pueden abrir, modificar, guardar y borrar archivos y subcarpetas como si estuviesen guardados localmente.

❏ Acceder a la documentación en una red aporta un aumento de productividad inmediato.

Más importante que compartir carpetas en sí mismo, es hacerlo correctamente ya que no todo el mundo debe tener acceso a todo, por lo que hay que controlar la correcta configuración a nivel de permisos de usuarios. No hacerlo correctamente nos puede ocasionar consecuencias negativas, como pueden ser el descubierto de datos confidenciales y tener importantes consecuencias como altas sanciones económicas por incumplimiento de LOPDGDD.

Aparte de carpetas, se comparten otros recursos, como son discos, servidores, cámaras o impresoras y por una mala configuración pueden ser vistas por cualquiera que tenga interés en hacerlo.

También la red interna puede ser un medio de infección de virus o malware, que se pueda propagar por las carpetas compartidas.

Por estos motivos, se hace especial hincapié en la correcta configuración a la hora de compartir cualquier recurso en nuestra red siendo responsabilidad del Administrador o en su defecto del usuario final.

Es bueno recordar los siguientes consejos de seguridad:

1. Compartir solo lo necesario, se puede compartir una carpeta y bloquear acceso a subcarpetas.

2. Asignar permisos en base a la necesidad de usuario y/o grupos, así como el tipo de permisos, lectura y escritura.

3. Hay que tener cuidado con aplicaciones P2P (Ares, eMule, etc.) ya que comparten directorios.Tenemos que controlar el directorio que compartimos en esos programas.

4. Instalar y configurar correctamente antivirus y firewalls, gestionando de forma adecuada los puertos de entrada y salida.

5. En caso de equipos portátiles, hay que tener cuidado si nos conectamos en redes públicas, ya que no sabemos qué es lo que hay detrás de esas redes.

6. En estos equipos también deberíamos añadir una contraseña de inicio de sesión, (por si perdemos el equipo) y encriptar las carpetas con información confidencial.

7.2. Tipos de accesos a carpetas compartidas

Podemos establecer diferentes tipos de permisos y a diferentes niveles. Por ejemplo, si partimos de una estructura de carpetas como la mostrada en la siguiente imagen:

Podemos establecer que determinados usuarios accedan con permisos de sólo lectura a la carpeta de Administración, pero con accesos de escritura a las carpetas Contratos y Facturas. O tal vez, concederle permisos de escritura a Administración, solo lectura a Contratos y sin acceso a Facturas. Todo esto se consigue desactivando la opción de "permisos heredados" en los servidores.

 *Los permisos heredados replican los permisos a las subcarpetas. Desactivando esta opción por cada carpeta, se consigue mayor control a nivel de accesos.*

Otra manera de establecer permisos de usuarios es dando permiso a "Todos" los usuarios y utilizando la pestaña de "Seguridad" para controlar el tipo de acceso. Supongamos que queremos dar acceso de sólo lectura a un usuario "Javier" a nuestra carpeta "RRHH". Podemos establecer en "Todos" permisos de escritura y lectura desde la carpeta "Compartir" y en la pestaña "Seguridad" estableceremos al usuario "Javier" como sólo lectura. Es otra forma de trabajar con las carpetas compartidas en los sistemas Windows.

En caso de tener unos permisos diferentes para un usuario o grupo en las pestañas de "Seguridad" y en "Compartir", se aplicarán aquellos que sean más restrictivos. Veamos en esta tabla el efecto de unos permisos y otros:

PERMISOS ESTABLECIDOS EN...		ACCESO A LA CARPETA DESDE...	
Compartir	Seguridad	Red	El equipo local
Control Total	Solo lectura	Solo lectura	Solo lectura
Sólo lectura	Control total	Solo lectura	Control total
Lectura/escritura	Solo lectura	Solo lectura	Solo lectura
Sólo lectura	Lectura/escritura	Solo lectura	Lectura/escritura
Control total	Lectura/escritura	Lectura/escritura	Lectura/escritura

Como se puede ver, suele ser más interesante establecer los permisos más restrictivos en Seguridad, pues el control es absoluto tanto por red como en local.

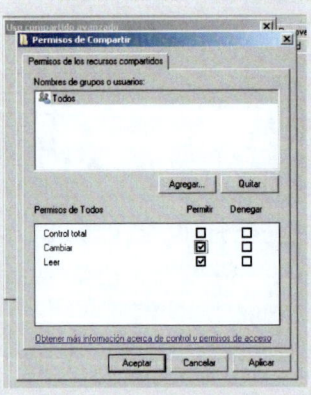
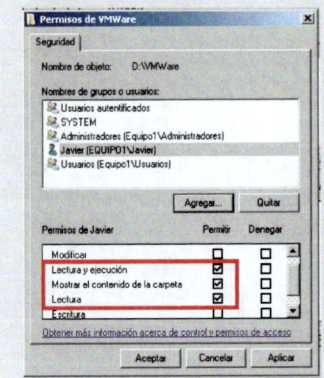

Pestaña Permisos   Pestaña Seguridad

También podemos compartir desde MS-DOS utilizando el comando "Net Share", si queremos compartir la carpeta de D:\RecHumanos como RRHH, que aparezca una "comentario" que diga "Para Javier" y darle permisos de sólo lectura al usuario Javier. Sería de la siguiente manera:

net share RRHH=d:\RecHumanos /remark:"Para Javier."

Ahora tendría acceso "Todos" como lectura, debemos cambiar los permisos para que sólo pueda acceder Javier como "Sólo Lectura" para ello utilizamos el comando "cacls" o "icacls"

cacls D:/RecHumanos /E /G Javier:R

7.3. Compartir impresoras

Hay impresoras que traen su propia tarjeta de red y en lugar de conectarse a un equipo se conectan a un switch y se puede acceder a ella utilizando un CD de instalación que detecta la impresora a través de su dirección IP. Si queremos simplificar esto, o simplemente nuestra impresora no tiene tarjeta de red, podemos conectarla a un equipo (o servidor) y compartirla. Cuando esta operación se hace en un servidor las opciones de establecer funcionalidades se multiplican, ya que se pueden llegar a establecer los siguientes permisos y opciones:

❑ Que los usuarios puedan añadir la impresora.

❑ Que los usuario puedan modificar configuraciones, cancelar documentos.

❑ Los drivers para los sistemas operativos soportados.

❑ La plataforma de los drivers, en función del sistema operativo.

Otra de las ventajas de compartir las impresoras es la facilidad de instalación, es decir, no hace falta disponer del CD de la impresora, simplemente deberíamos acceder por red al servidor donde está instalada y darle a la opción de conectar.

Por ejemplo, en Windows, activando el menú ejecutar y escribiendo \\nombreServidor\ nos aparecería todo lo que tiene compartido nombreServidor. Seguidamente nos colocaríamos sobre la impresora, botón derecho, conectar, y automáticamente se nos añadiría a nuestro equipo.

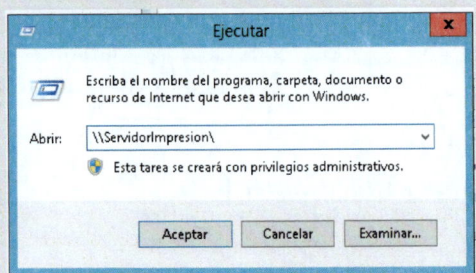

Menú Ejecutar

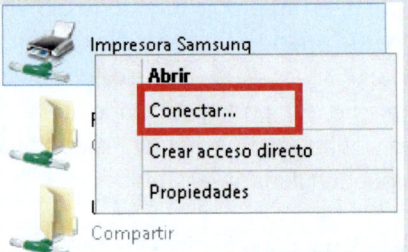

Conectar impresora

Con el desarrollo de este epígrafe hemos conseguido:

❑ *Gestionar de forma segura las comunicaciones, carpetas compartidas, impresoras y otros recursos compartidos del sistema.*

8. Monitorización de la seguridad y el uso adecuado de los sistemas de información

Los administradores deben estar pendientes de muchas variables de los sistemas, como pueden ser la temperatura de los servidores, si alguno está dando errores de disco, fallos en fuentes de alimentación,... pero también deben estar alerta por posibles intentos de acceso no autorizados o ataques contra los sistemas. Para conseguirlo existen sistemas de monitorización que ayudan a prevenir incidencias e intentan bloquearlas antes de que provoquen más daños.

Es importante realizar un análisis detallado del sistema informático a monitorizar, para poder detectar cuáles son nuestros sistemas críticos y así poder establecer políticas de actuación y preparar sistemas de contingencias.

Debemos redactar un plan de instalación e integración del sistema de monitorización en nuestro sistema informático y respetar las siguientes reglas:

1.   Mantener las medidas de seguridad existentes.

2.   Minimizar el impacto.

3.   Minimizar el número de sistemas intermedios entre el servicio crítico y la monitorización.

Para ello, hay que formular un manual indicando uno a uno los pasos a seguir procurando indicar algunas alternativas de solución en caso de fallo de alguna de ellas.

Cuando lo que queremos es controlar el intento de intrusión, existen dos tecnologías que nos pueden ayudar a controlar y prevenir.

Para ayudar a la labor de administración de seguridad existen los sistemas de monitorización, que ayudan a prevenir incidencias y conocer los recursos disponibles.

8.1.   IDS (Intrusion Detection System)

Es un sistema de detección de intrusiones que se utiliza para detectar accesos no permitidos a una red. Posee sensores que les permite obtener datos, de manera que, cuando el IDS detecta el tráfico, puede identificar por intermedio de anomalías o comportamientos extraños si se trata de un ataque o un falso positivo. Su función es analizar minuciosamente todo el tráfico de red en el momento que dicho tráfico pasase con firmas de ataques ya reconocidos, así como también se controlan los comportamientos extraños como el escaneo de puertos. Debe ir siempre acompañado de un firewall ya que el IDS no tiene la funcionalidad de bloquear un ataque.

Dentro de los IDS existen:

❑ **HIDS:** (Host-based IDS): busca datos que hayan dejado los atacantes en un equipo cuando intentan tomar control del mismo, con toda la información que se consigue obtener se analiza conclusiones.

❑ **NIDS:** (Network IDS): detecta ataques a nivel de toda la red. Debe controlar todo el tráfico que entra a la red.

8.2. IPS (Intrusion Prevention System)

Controla el acceso de usuarios no legítimos y posibilita el bloqueo de ataques. Se categorizan según el modo en el que detectan el tráfico malicioso:

❑ **Basado en firmas:** compara el tráfico con las firmas actualizadas de ataques conocidos.

❑ **Basado en políticas de seguridad:** definiendo el tráfico si está permitido, en caso contrario lo bloqueará.

❑ **Basado en anomalías:** genera un porcentaje mas alto de falsos positivos y encontramos dos opciones:

◆ Detección estadística de anomalías: compara el tráfico generado durante un periodo de tiempo establecido y posteriormente establece una línea como "normal". Posteriormente si esa línea varía mucho en su comportamiento puede categorizarlo como un posible ataque.

◆ Detección no estadística de anomalías: en este caso es el administrador quien define la línea de lo "normal" y, al igual que la anterior, si esa línea difiere mucho de lo normal se puede categorizar como un posible ataque.

❑ **HoneyPot:** se asigna un dispositivo de manera que sea atractivo para los ataques. Los recursos de los atacantes se fijan en estos dispositivos dejando intactos los sistemas realmente críticos. Algunos ejemplos de HoneyPot son KFSensor y Specter, que son capaces de simular hasta 14 sistemas operativos diferentes, y funcionan bajo Windows.

Su principal atractivo es su facilidad de uso.

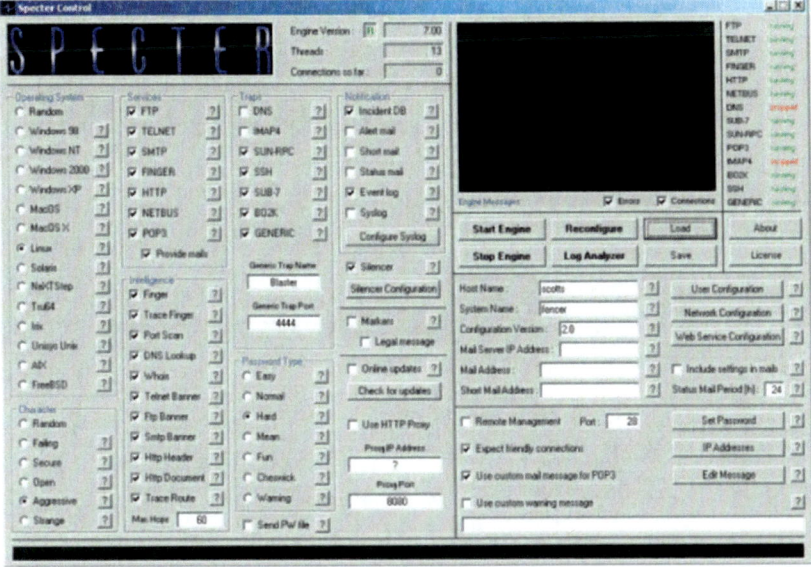

Software Specter HoneyPot

Algunas herramientas más conocidas de IDS e IPS son:

❑ IBM Security Network Intrusion Prevention System (Hardware).

❑ Cisco IPS Software.

❑ HP TippingPoint's (IPS).

❑ Free IDS.

❑ Snort (IDS).

❑ Cisco IDS.

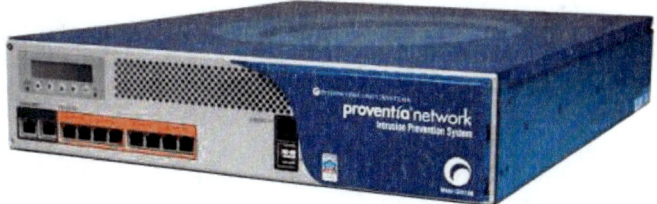

IBM IPS (GX7800)

Cisco IPS 4260

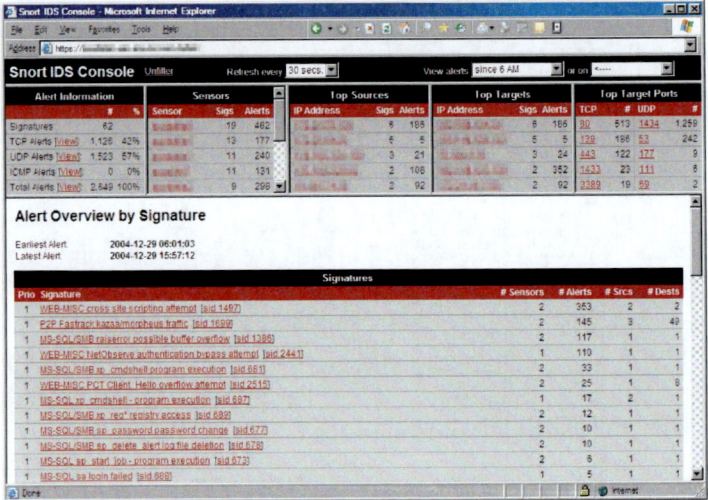

Snort

Con el desarrollo de este epígrafe hemos conseguido:

❏ *Utilizar las reglas para la monitorización de la seguridad y el uso adecuado de los sistemas de información.*

Acude a los Contenidos Extra para consultar el Resumen y realizar la Autoevaluación de esta unidad.

Implantación y configuración de cortafuegos

Objetivos

- ☒ Clasificar los tipos de cortafuegos, de red y locales, hardware y software, de paquetes y aplicación, describiendo sus características y funcionalidades principales.

- ☒ Describir las reglas de filtrado de un cortafuegos de servidor, explicando los parámetros principales.

- ☒ Explicar el formato de traza de un cortafuegos de servidor, reflejando la información de seguridad relevante.

Contenido

Introducción

1. Relación de los distintos tipos de cortafuegos por ubicación y funcionalidad

2. Criterios de seguridad para la segregación de redes en el cortafuegos mediante Zonas Desmilitarizadas (DMZ)

3. Utilización de Redes Privadas Virtuales (VPN) para establecer canales seguros de comunicaciones

4. Definición de reglas de corte en los cortafuegos

5. Relación de los registros de auditoría de los cortafuegos necesarios para monitorizar y supervisar su correcto funcionamiento y los eventos de seguridad

6. Establecimiento de la monitorización y pruebas de los cortafuegos

 *Acude a los Contenidos Extra para ver el mapa conceptual de esta Unidad Didáctica, objeto de estudio fundamental para situarte según avances en los contenidos.*

Introducción

En esta unidad aprenderemos todo lo necesario para comprender el funcionamiento de un sistema cortafuegos y cómo ponerlo en producción, conociendo los tipos que existen, los servicios que prestan y su configuración de reglas que nos permitirá conocer cómo es el tráfico de entra y salida en un entorno seguro para los sistemas de información.

1. Relación de los distintos tipos de cortafuegos por ubicación y funcionalidad

Los firewall son sistemas que nos permiten implantar políticas de seguridad y control de acceso entre redes, con el fin de permitir o denegar el tráfico total o parcial de las comunicaciones, según su lugar de procedencia, el tipo de servicio que solicita, etc.

Estos dispositivos se implantan entre el acceso a una red interna que consideramos segura y otra red externa o insegura como puede ser Internet, controlando así el tráfico que se intercambia entre ambas. Este control se puede realizar de las siguientes maneras:

❑   Por servicio.

❑   Por usuario.

❑   Por dirección del dispositivo de origen.

❑   Por dirección del dispositivo de destino.

 *Los dispositivos firewall también son conocidos como cortafuegos o por las siglas FW.*

1.1.   Clasificación según ubicación y funcionalidad

En una primera vista, podemos distinguir a los Firewall de acuerdo a las características del sistema donde se encuentre implantado y las necesidades que tengamos que cumplir. Principalmente podemos distinguir dos tipos de Firewall:

❑ **Cortafuegos de software:** el cortafuegos se ejecuta como si fuera una aplicación más (antivirus, P2P, reproductor media...) siempre en un sistema operativo compartido (Unix, Linux, Windows, etc.) Entre los más conocidos tenemos Microsoft ISA Server.

❑ **Cortafuegos de hardware:** estos cortafuegos están compuestos por dispositivos hardware, que habitualmente usan su propio sistema operativo. Los fabricantes de firewall más relevantes del mercado son: Checkpoint, Stonesoft, Fortinet, Sophos, SonicWall... Estos presentan menos vulnerabilidades que los cortafuegos de software ya que sus sistemas cerrados, diseñados específicamente con funciones más completas, hacen que estos sistemas tenga mayor rendimiento y sean más robustos en general.

1.2. Clasificación según el modo o nivel de operación

Otra clasificación se puede basar en el modo o nivel de operación del firewall visto desde el modelo de capas OSI, distinguiendo en este caso entre:

❑ Firewall a nivel de red o de filtrado de paquetes (trabajan en las capas 2, 3 y/o 4).

❑ Firewall a nivel de aplicación (trabajan en las capas 5,6 y/o 7).

Habitualmente, se debe tener en cuenta que cuanto más bajas sean las capas en las que el firewall trabaje, su evaluación y análisis será más rápido y transparente pero su capacidad de acción frente ataques complejos será mucho menor.

1.3. Clasificación según generaciones de disponibilidad

La industria, a su vez, suele hacer una clasificación de firewalls más amplia basada en las distintas generaciones de estos dispositivos:

❑ Las dos primeras generaciones están formadas por firewall de red con una diferencia fundamental entre ellas: que tengan en cuenta o no información del estado de la conexión a la hora de evaluar las reglas.

❑ La tercera generación está orientada a filtrados a nivel de aplicación.

❑ La cuarta generación vuelve al nivel de red y está orientada al filtrado dinámico de paquetes.

❑ La última generación de firewall se refiere a los firewall híbridos, los cuales pueden situarse simultáneamente en más de una de estas categorías.

En términos generales, los tipos de firewall se resumen en el siguiente diagrama:

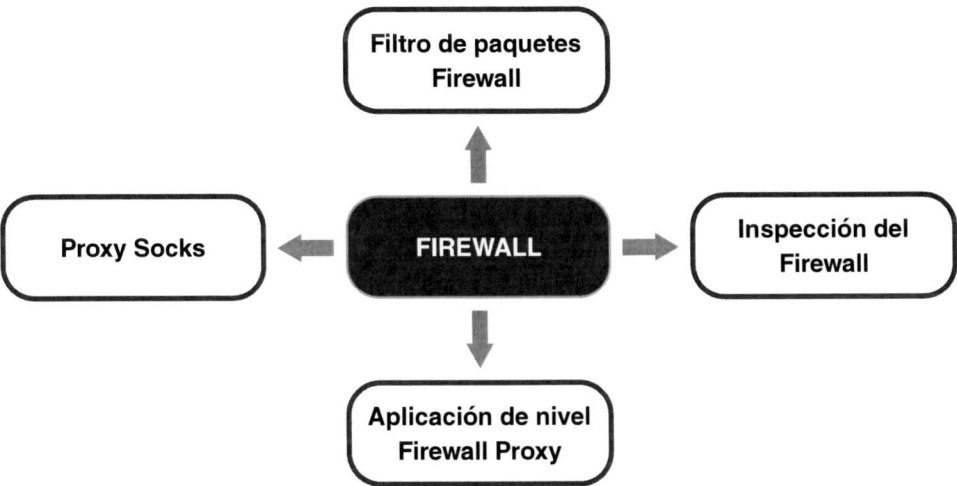

Con el desarrollo de este epígrafe hemos conseguido:

❑ *Clasificar los tipos de cortafuegos, de red y locales, hardware y software, de paquetes y aplicación, describiendo sus características y funcionalidades.*

2. Criterios de seguridad para la segregación de redes en el cortafuegos mediante Zonas Desmilitarizadas (DMZ)

La arquitectura Screened Subnet, también conocida como red perimétrica o Zona Desmilitarizada (DMZ), es una de las implementaciones más usadas actualmente dado que añade un nivel mayor de seguridad, que permite la creación de una nueva subred (la DMZ) entre las redes externa e interna.

La configuración de DMZ es una de las configuraciones más complejas a la hora de securizar una red o entorno, dado que requiere de dos enrutadores que reducen visiblemente los efectos de un ataque que pueda saltarse la seguridad del host bastión. Bajo esta implementación, un atacante que intentase alcanzar la red segura, tendría que pasar todos los controles impuestos: el router exterior, el host bastion y el router interior.

Host Bastion es la denominación a una aplicación que instalada en servidores que ofrece seguridad a redes internas de las organizaciones. Este es diseñado y configurado para la recepción de ataques de servicios. Por ejemplo, un Proxy un equipo es un Host bastión.

En la red perimétrica, además de incluirse los firewalls, routers y el host bastión, también podrían incluirse los sistemas que requieran un acceso controlado, tales como servidores Web, DNS o de correo electrónico, las cuales serán los únicos elementos visibles desde fuera de la red. El router exterior tiene como misión bloquear el tráfico no deseado en ambos sentidos (hacia la red perimétrica y hacia la red externa), mientras que el interior hace lo mismo pero con el tráfico entre la red interna y la perimétrica. También es posible implementar una zona desmilitarizada con un único router que posea tres o más interfaces de red, pero el inconveniente de esta implementación es que, de comprometerse este único elemento, se rompería toda la seguridad de la red.

En aquellos escenarios que requieran mayores niveles de seguridad, es posible definir varias redes perimétricas en serie situando los servicios que requieran de menor fiabilidad en las redes más externas.

La principal ventaja de esta arquitectura de firewall, es que elimina los puntos únicos de fallo presentes en los diseños más sencillos y vistos en anteriores implementaciones. En un caso extremo, en el cual un atacante lograse infringir los tres elementos de seguridad (compromiso del router externo, del host bastión o del router interno), la arquitectura DMZ no es mejor que una estructura screened host. En cualquiera de los tres casos un atacante podría violar la seguridad, pero iría produciendo consecuencias poco a poco que permitiría detectar el ataque de una manera más efectiva: por ejemplo, si atacase al primer enrutador puede aislar toda la organización del exterior produciendo una denegación de servicio importante, pero esto suele ser menos grave que si accediese a información confidencial ubicada en la red protegida.

Screened host *Es una arquitectura que cuenta con un firewall compuesto por un router para el filtrado de paquetes y un host bastión para el filtrado de conexiones a nivel de circuito y aplicación.*

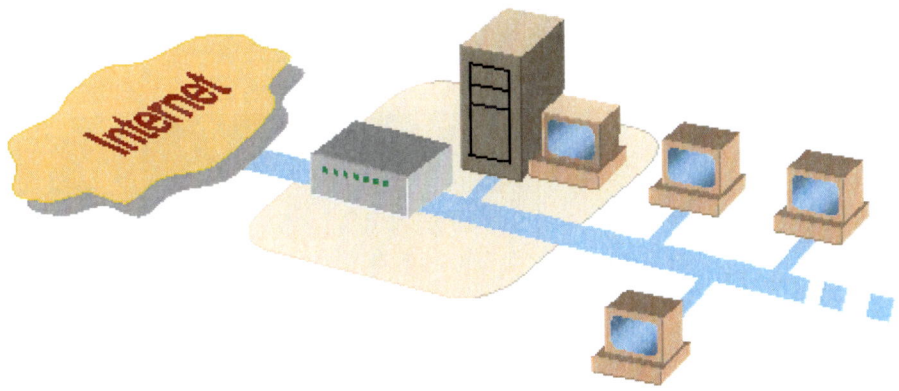

Arquitectura screened host

Pese a todas las ventajas de seguridad, antes descritas, también existen problemas relacionados con este modelo basado en DMZ. Uno de los más importantes es que la mayor parte de la seguridad reside en los routers que se encuentran delante del firewall, donde pueden surgir posibles brechas de seguridad derivadas de una mala configuración de las reglas de filtrado en estos dispositivos y así obtener información del firewall. Otro problema importante es el de la protección contra ataques que se hagan fuera del punto de operación: ejemplo, una conexión PPP a Internet desde un ordenador de la red interna.

 *Un firewall de Internet no puede contar con un sistema preciso de scan o búsqueda para cada tipo de virus que se puedan presentar en los archivos que pasan a través de él, pues el firewall no es un antivirus.*

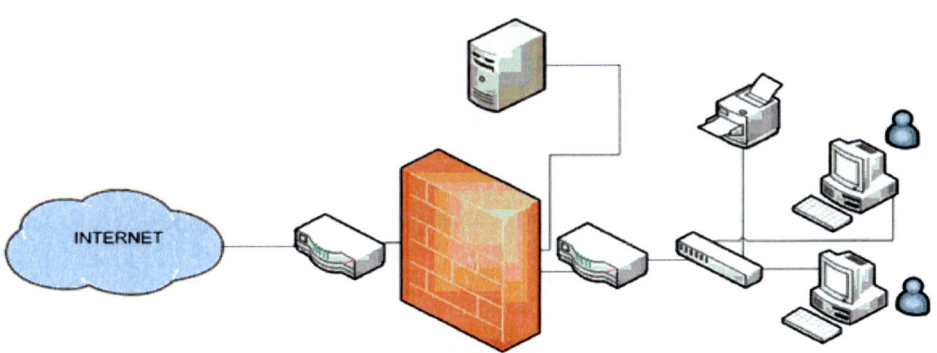

Ejemplo de arquitectura Screnning Subnet (DMZ)

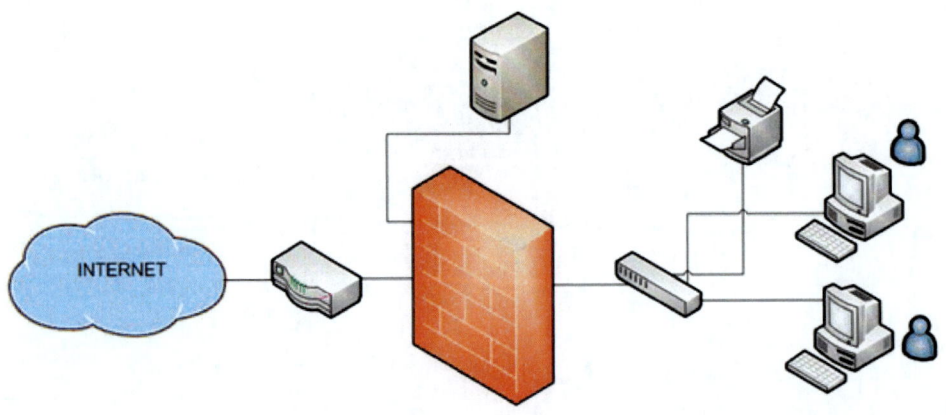

Ejemplo de arquitectura Screnning Subnet (DMZ), con un único router

3. Utilización de Redes Privadas Virtuales (VPN) para establecer canales seguros de comunicaciones

Un servicio de VPN encapsula todo el tráfico de una conexión establecida desde un equipo de la red externa, a través de una especie de "túnel virtual", usando comúnmente el protocolo IPSec como protocolo de cifrado.

IPSec *(Internet Protocol security): es un conjunto de protocolos que se dedican a asegurar las comunicaciones sobre el Protocolo de Internet (IP) autenticando y/o cifrando cada paquete IP en un flujo de datos. Trabajan sobre la capa 3 del modelo OSI. La diferencia mas importante frente a protocolos SSL, TLS o SSH es que IPsec puede ser usado por una aplicación sin realizar ninguna modificación de configuración.*

Añadir el servicio VPN al firewall aporta una mejora considerable de seguridad; si al contrario, se colocase el servicio VPN detrás de firewall, implicaría que el tráfico cifrado entrante y saliente generado por el servidor VPN no pudiese ser inspeccionado totalmente, obviándose funciones como las de autenticación, auditoría, escaneo de virus etc.

3.1. VPN (Red Privada Virtual)

 *Una red privada virtual es una implementación o sistema que habilita una comunicación segura a través de un medio inseguro, siendo transparente para el usuario o aplicación que realiza y recibe la comunicación.*

Podemos deducir que la Red Privada Virtual (VPN) es una red de comunicación entre dos puntos (próximos o todo lo alejados que podamos suponer), que queremos que sean privados y que la información que transmita sea privada entre emisor y receptor.

Las empresas pueden usar redes privadas virtuales para conectar de forma segura oficinas y usuarios remotos a través de accesos a Internet económicos proporcionados por terceros, en vez de costosos enlaces WAN dedicados o enlaces de marcación remota de larga distancia.

La implementación de VPNs en las organizaciones ayuda a mejorar los procesos relacionados con las comunicaciones corporativas, a mejorar su seguridad y a reducir los costes en servicios de comunicaciones de las organizaciones.

3.2. Tipos de VPN

Existen dos tipos de redes virtuales privadas cifradas que son: VPN sitio a sitio y VPN de acceso remoto:

❑ **VPN IPsec de sitio a sitio:** este tipo de VPN están preparadas para conectar oficinas remotas con la sede central de la organización, dotando de completa trasparencia al usuario final que accede desde la distancia. El equipo de VPN instalado en la sede central, que está conectado a Internet, acepta las conexiones que vienen de la oficina remota estableciéndose un túnel. Las oficinas remotas se conecta a Internet mediante su proveedor local y su banda ancha contratada.

❑ **VPN de acceso remoto:** muchas organizaciones han remplazo su tecnología "dial-up"en el que el cliente utilizaba un modem para llamar mediante la Red Telefónica a un nodo proveedor de servicios que establecía un enlace (modem to modem) permitiendo entonces la conexión a Internet. Las VPN de acceso remoto son comunicaciones de usuarios que se conectan con las sedes centrales desde cualquier lugar con acceso a Internet (casas, hoteles, aeropuertos, lugares comerciales...) etc. Una vez autenticados su sistema de trabajo es similar al que tendría en la red local de su empresa.

Las VPN son las tecnologías que proporcionan seguridad a las comunicaciones de usuarios remotos.

3.3. Seguridad en VPN

Las redes VPN proporcionan el máximo nivel de seguridad posible mediante seguridad basada en "IPsec" cifrada o "Secure Sockets Layer" mediante túneles VPN y procesos de autenticación. Estos procesos protegen los datos que pasan por la VPN contra accesos no autorizados. Las organizaciones se benefician de la estructura de las redes VPN cuya sencillez de abastecimiento les brinda la posibilidad de añadir rápidamente nuevos usuarios o sitios.

Un Firewall no es un sistema de DLP (sistemas de protección de fuga de información), por lo que un problema importante es que no puede proteger contra la copia de datos y que esta se substraiga del edificio.

En ocasiones, el alcance de las VPN puede aumentar considerablemente si tener que ampliar excesivamente la infraestructura de red.

Las redes VPN basadas en SSL y las redes VPN basadas en IPsec son actualmente las principales soluciones para conectar oficinas remotas, usuarios remotos, clientes,...etc, por los siguientes motivos:

❑   Son soluciones que proporcionan seguridad en las comunicaciones otorgando diferentes privilegios según el perfil de usuario: empleados, contratistas, clientes, comerciales, etc.

❑   La productividad es elevada ya que con la implantación de VPN la organización puede ampliar el alcance de sus redes y de las aplicaciones de la organización.

❑   Las comunicaciones por lo general tienen un alto coste de dispositivos, sin embargo, con la implantación de VPN podemos reducir esos costes y aumentar la flexibilidad.

IPSec puede llegar a utilizar cualquiera de los siguientes modos de uso:

❑   Modo de trasporte: solo es capaz de encriptar el mensaje dentro de paquete de datos (carga útil).

❑   Modo túnel: donde se encripta el paquete datos completo.

 *La Seguridad IP (IPSec) se utiliza para asegurar las comunicaciones a través de Internet.*

3.4. Ventajas de una VPN

Podemos decir que las VPN cuentan con una serie de ventajas:

❑ La integridad, confidencialidad y seguridad de los datos.

❑ Bajo coste.

❑ Simple manejo.

❑ Simple instalación e implantación.

❑ Control de Acceso basado en políticas de la organización.

❑ Posibilidad del diagnóstico remoto.

❑ Optimización el tráfico del cliente mediante algoritmos.

❑ Flexibilidad.

Podemos decir que las Redes Privadas Virtuales son una buena solución para empresas que tienen la necesidad en reducir costes en las comunicaciones remotas sin perder la seguridad, confidencialidad e integridad de los datos. Debemos tener en consideración establecer adecuadamente las políticas de seguridad ya que si no están bien definida podrían existir grandes problemas.

4. Definición de reglas de corte en los cortafuegos

Tenemos que entender que un firewall es como una caja (sistema hardware o software) con una serie de puertas de entrada (llamados puertos del firewall). Se trata de dejar o no dejar entrar (paquetes de información) por cada una de las puertas que tenemos. Este concepto es muy importante, ya que si un paquete de información puede entrar por un puerto querrá decir que saldrá (en principio) por cualquier otro. Por tanto, en lo que se refiere a las salidas sólo nos ocuparemos de seleccionar por cuál de los puertos queremos salir.

 *Es importante recordar que un firewall permite controlar todo el tráfico entre redes y si por ejemplo, queremos implantar OWA (Outlook Web Access), o cualquier servicio de correo web, para tener correo mediante el servicio web que dispone Microsoft Outlook, tendremos que configurar reglas de apertura de puertos de comunicación web, como HTTP con los puertos 80 ó 8080, tanto para redes internas como externas.*

Cada puerto tiene sus reglas, que se ejecutan según el orden en que están configuradas. De la primera hacia la última de la lista de restricciones. "Hacia la última" porque cuando un paquete de información cumple una de las reglas se hace la acción que dice la regla y ya no se miran las siguientes.

La configuración de las reglas del firewall es la parte más importante de la administración del dispositivo, ya que en esta fase se decide qué conexiones se permiten y cuáles no.

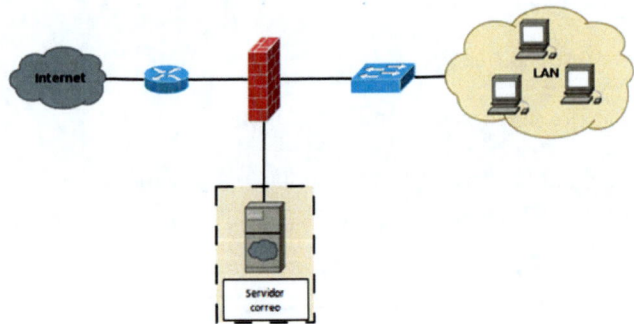

Ejemplo esquema de red con firewall y servidor de correo

- **Acciones de una regla**

Básicamente, son tres acciones las que se pueden dar como resultado de la ejecución de una regla:

❑　Dejar pasar (pass) el paquete.

❑　Bloquear (block) el paquete.

❑　Rechazar (reject) el paquete.

La diferencia entre bloquear y rechazar es importante. Si se bloquea, simplemente se ignora el paquete de información que se está recibiendo. Si se rechaza, se comunica al emisor que no se quiere el paquete. Normalmente, la configuración habitual es la de bloqueo.

Las reglas definidas pueden activarse o desactivarse a demanda. Dependiendo de la implementación del sistema, las reglas desactivadas se *marcarán* de alguna manera para poderlas identificar fácilmente en la configuración del firewall. Ello resulta especialmente interesante cuando se precisa de reglas ocasionales, por ejemplo, para tareas de administración de la red.

¿Qué ocurre si un paquete llega a la última regla y ninguna de ellas se ajusta a la restricción configurada? La respuesta es que el paquete no pasa. Si no hay regla, el paquete es bloqueado.

Cuando bloqueamos estamos haciendo una acción silenciosa, no haciendo caso al emisor y no informando proactivamente del bloqueo.

4.1. Implicación de la reglas de corte en las comunicaciones con proxy

En una organización con un funcionamiento estándar a nivel de comunicaciones y seguridad, los ordenadores cliente emplean como configuración automática de detección de proxy el archivo *www.dominio.ejemplo/proxy.pac* capaz de detectar si el proxy está disponible o no. En caso de no estar disponible, la navegación se hace de forma directa sin pasar por el proxy.

Proxy.pac como la palabra indica se almacena en los servidores proxys donde configuraremos una carpeta virtual en la estructura del servidor y guardaremos dicho archivo como "proxy.pac". No hay que preocuparse porque los navegadores automáticamente buscan en el proxy este archivo independientemente de donde se ubique.

Un ejemplo de contenido del archivo proxy.pac es el siguiente:

function FindProxyForURL(url, host) {

isInNet(myIpAddress(), "192.168.XXX.0", "255.255.255.0") {return "DIRECTO";}

// No usaremos proxy para el resto de dominios
if (shExpMatch(url,"*.adams.ejemplo/*")) {return "DIRECTO ";}
if (shExpMatch(url,"*. adams.ejemplo:*")) {return "DIRECTO ";}
if (shExpMatch(url,"*. adams.ejemplo2/*")) {return "DIRECTO ";}
if (shExpMatch(url,"*. adams.ejemplo2:*")) {return "DIRECTO ";}
if (shExpMatch(url,"*/localhost/*")) {return "DIRECTO ";}
if (shExpMatch(url,"*/localhost:*")) {return "DIRECTO ";}

// No usaremos proxy para entornos de Microsoft
if (isInNet(host, "207.46.0.0", "255.255.0.0")) {return "DIRECTO ";}
if (isInNet(host, "64.4.0.0", "255.255.192.0")) {return "DIRECTO ";}
// Usar proxy en el resto de casos
// Si el proxy falla o no se encuentra, va directo
return "PROXY proxy. adams.ejemplo:8080; DIRECTO ";

}

Si se quiere, se pueden configurar reglas para bloquear el acceso al proxy con el fin de forzar las conexiones de ciertos clientes de una forma directa (se conoce como "excepciones"). Por tanto, no hay que perder de vista el funcionamiento del archivo proxy.pac y las reglas de los firewall, ya que estos pueden funcionar conjuntamente.

4.2. Implicación de la reglas de corte en los interfaces de red

Otro aspecto importante a la hora de implementar las reglas de corte es la consideración de las condiciones a implantar en función de los diferentes interfaces de la red de comunicaciones. Las reglas sobre los interfaces de red más habituales son las siguientes, pudiendo diferenciar la aplicación de reglas en función del tipo de interface:

❏   Reglas para puertos LAN.

❑   Reglas para puertos WAN.

❑   Redes para puertos Wireless.

A continuación se presenta una tabla de configuración de un firewall, donde editaremos las reglas del interface "LAN" para el acceso y la denegación de destinos de entrada y salida.

Firewall: Rules

LAN	WAN		WAN 1	WAN 2	WIRELESS	Alumnos Adams	

		Proto	Source	Port	Destination	Port	Gateway	Descripción
1	➤	*	LAN net	*	Alumnos Adams	*	*	LAN > Alumnos Adams
2	➤	*	LAN net	*	Wireless net	*	*	LAN > Wireless
3	➤	*	servidores	*	Cisco510	*	*	Admin
4	⊘	*	LAN net	*	cisco510	*	*	**Bloca Proxy a LAN**
5	➤	*	LAN net	*	WANnet	*	192.168.AAA.1	LAN > WAN (Proxy i Admin)
6	➤	*	LAN net	*	WANnet 1	*	192.168.BBB.1	LAN > WAN1 (Admin)
7	➤	*	LAN net	*	WANnet 2	*	192.168.CCC.1	LAN > WAN2 (Admin)
8	➤	*	www	*	*	*	192.168.AAA.1	www > internet
9	➤	*	mail	*	*	*	192.168.BBB.1	mail > internet
10	➤	*	adams207	*	*	*	192.168.BBB.1	adams 207 > internet
11	➤	*	adams 18	*	*	*	192.168.CCC.1	adams 18 > internet
12	➤	*	adams 204	*	*	*	192.168.BBB.1	adams 204 > internet
13	➤	*	adams 206	*	*	*	192.168.AAA.1	adams 206 > internet
14	➤	*	LAN net	*	*	*	192.168.BBB.1	*** LAN > internet ***

Explicación de las reglas en el ejemplo:

❑ Se permite cualquier acceso desde la red LAN a la red Alumnos Adams.

❑ Se permite cualquier acceso desde la red LAN a la red Wireless.

❑ Se permite cualquier acceso desde los servidores (en la red LAN) al servidor proxy, situado en la red WAN (tareas de administración). Regla desactivada (obsoleta) porque en proxy.pac ya se dice que la LAN va directa.

❑ Se bloquea para el resto de ordenadores de la red LAN el acceso al servidor proxy (situado en la red WAN). De esta forma se fuerza la navegación directa, sin proxy (gracias a proxy.pac). Regla desactivada (obsoleta) porque en proxy.pac ya se dice que la LAN va directa.

❑ Cualquier ordenador de la red LAN puede ir a la red WAN, siendo la puerta de enlace la IP privada del router ADSL (192.168.AAA.1). En la práctica esto permite llegar al router ADSL (por ejemplo, para ejecutar un comando *ping*).

❑ Lo mismo que 5, pero para WAN1. Permite administrar el router ADSL (192.168. BBB.1).

❑ Lo mismo que 5 y 6, pero para WAN2. Permite administrar el router ADSL (192.168. CCC.1).

❑ Servidores de acceso "www" (ver comentario 1) de la red LAN accede a Internet empleando el router 192.168.AAA.1.

❑ Servidores de correo "mail" de la red LAN accede a Internet empleando el router 192.168.BBB.1.

❑ El equipo "Adams207" de la red LAN accede a Internet empleando el router 192.168. BBB.1.

❑ Adams18 de la red LAN accede a Internet empleando el router 192.168.CCC.1.

❑ Adams204 de la red LAN accede a Internet empleando el router 192.168.BBB.1.

❑ Adams206 de la red LAN accede a Internet empleando el router 192.168.AAA.1.

❑ El resto de tráfico de la red LAN saldrá hacia Internet empleando el router 192.168. AAA.1.

Comentario (1) – destacar que cuando nos referimos en este ejemplo a "www" quere-mos denotar un servidor de acceso a internet de propósito general, si bien podríamos espe-cificar la dirección IP o el nombre del equipo. Por lo general, en los FW previamente podemos configurar un lista de servidores y direcciones IP y asignarlos a una palabra específica como *mail, www...*, con el fin de simplificar y optimizar la configuración, pero por detrás están los servidores o las direcciones que hayamos indicado.

4.3. Modo de aceptación de servicios en las reglas de corte

Es posible trabajar con dos paradigmas de seguridad en los dispositivos cortafuegos:

❑ Se acepta cualquier servicio, excepto aquellos que expresamente se hayan prohi-bido.

❑ Se deniega cualquier servicio, excepto aquellos que expresamente hayan sido per-mitidos.

El segundo paradigma es más recomendable, aunque resulte más incómodo para los usuarios de la red. En este caso, solo se abren determinados puertos en los cortafuegos a medida que algunos servicios autorizados así lo requieran. Por otra parte, es posible aplicar las distintas reglas de filtrado en función del tipo de usuario y de la situación (tipo de conexión, momento del día o de la semana, etc.).

Así, por ejemplo, se podría contemplar en el cortafuegos que algunos usuarios internos tuvieran permisos de salida para determinados servicios que se encuentren restringidos para el resto de los usuarios de la organización. Con esta medida limitaremos las redes y direccio-nes concretas a las que estos se pueden conectar. Podemos presentar una serie de recomen-daciones de aplicación general para la definición de las reglas de corte en un firewall:

❑ Bloquear los paquetes que incluyan direcciones de difusión ("broadcast"), ya que éstas pueden ser empleadas por los atacantes que traten de llevar a cabo diversos ataques de denegación del servicio (DoS) como "smurf".

❑ Bloquear los paquetes de entrada correspondiente a las direcciones internas de la red de la organización, ya que constituyen una prueba evidente de un intento de suplanta-ción de identidad ("spoofing") que puede ser utilizado en los ataques de denegación de servicio (DoS), de reenvío masivo de mensajes de correo ("mail relaying") o para la obtención del acceso a otros servicios de la red.

❑ Bloquear todos los paquetes de entrada con direcciones privadas referenciadas en el estándar RFC 1918. Estas direcciones IP no pueden ser utilizadas por ninguna red para acceder a Internet, ya que no son enrutables.

❑ Bloquear los paquetes de entrada "127.0.0.1", utilizados normalmente para enrutamiento interno del ordenador.

❑ Bloquear los paquetes de salida correspondientes a direcciones externas a la red, ya que podríamos sufrir ataques de manipulación de datos por usuarios malintencionados.

❑ Bloquear los paquetes donde la ruta que deben seguir es fijada previamente por el remitente.

❑ Bloquear los paquetes del protocolo de control ICMP que, en respuesta a peticiones como "ping" o "traceroute", pueden facilitar información sobre la estructura de la red de la organización.

❑ Bloquear los paquetes ICMP Redirect, que permiten modificar las tablas de enrutamiento de los routers.

❑ Bloquear todos los paquetes con un tamaño inferior al mínimo permitido o con determinados valores inválidos en su cabecera, ya que pueden representar intentos de ataques de Denegación de Servicio (DoS).

❑ Bloqueo del tráfico de las aplicaciones "peer-to-peer", como e-Mule, BitTorrent, etc.

Cuando hablamos del bloqueo de aplicaciones "peer-to-peer", debemos tener en cuenta que los empleados de una organización pueden utilizar estas herramientas para el intercambio de ficheros protegidos por derechos de autor (como canciones de música, películas o libros) provocando responsabilidades legales por la infracción de estos derechos. Asimismo, estas aplicaciones consumen un importante ancho de banda de la red de la organización y de su conexión a Internet, pudiendo provocar su colapso si no se limita su utilización.

Con el desarrollo de este epígrafe hemos conseguido:
❑ *Describir las reglas de filtrado de un cortafuegos de un servidor, explicando los parámetros principales.*

5. Relación de los registros de auditoría de los cortafuegos necesarios para monitorizar y supervisar su correcto funcionamiento y los eventos de seguridad

Para poder hacer un examen exhaustivo de la relación de registros de actividad de un firewall es necesario visualizar la ficha de registro que contiene los log de actividad.

La ficha registro es una tabla actualizada en tiempo real de los registros de tráfico generados por el firewall. Mostrará todas las conexiones que han estado activas en el ordenador, con información adicional en función del grado de configuración solicitado al sistema de logs.

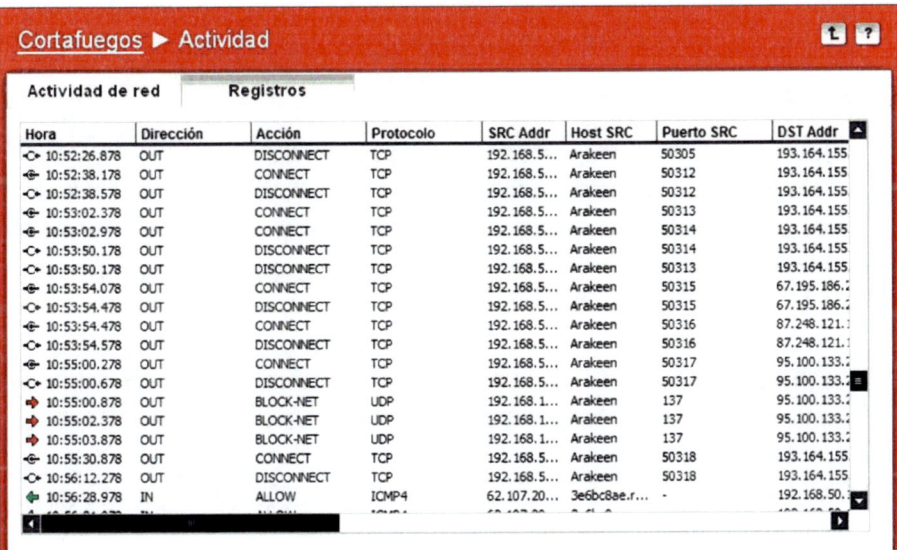

Registro firewall

Explicación de los posibles registros que podemos obtener:

❑ **Hora:** hora en la que ocurrió el evento.

❑ **Dirección:** dirección de tráfico pudiendo ser de entrada o salida.

❑ **Acción:** que acción realizó el firewall: bloquear, permitir, preguntar o desconectar.

❑ **Protocolo:** el tipo de protocolo (UDP, TCP, ICMP, IGMP, etc) utilizado por dicha conexión específica.

❑ **Dirección SRC:** dirección IP de origen (la dirección IP del ordenador que envió el paquete específico).

❑ **Host SRC:** resuelve el nombre host de la IP origen, mostrará solamente si se ha marcado la opción resolver objetos de red (IP, puertos) en la ficha registro de la sección Configuración de Firewall).

❑ **Puerto SRC:** el número de puerto por donde salió el paquete del ordenador remoto que lo envió.

❑ **Dirección DST:** destino de la dirección IP (el host local).

❑ **Host DST:** resuelve el host de la IP, se mostrará solamente si se ha marcado la opción Resolver objetos de red (IP, puertos) en la ficha registro de la sección Configuración de Firewall.

❑ **Puerto DST:** el puerto del ordenador local al que se envió el paquete.

❑ **Tipo de ICMP:** el tipo de paquetes si se utilizó el protocolo ICMP o IGMP (si es aplicable).

❑ **Código ICMP:** el número de código de la acción del tipo de protocolo ICMP/IGMP (el código es el número de código exacto de la ficha Reglas de ICMP de la sección Configuración de Firewall).

❑ **Proceso:** el archivo ejecutable al que pertenece el paquete específico de información/conexiones.

❑ **Regla:** si se asignó un nombre a la regla del perfil de Firewall, éste se mostrará en el registro.

❑ **ID de regla:** el número de ID de la regla que determinó el comportamiento del Firewall en relación al paquete específico de información (puede encontrarse en el registro de las reglas de Firewall).

❑ **SRC MAC:** la dirección MAC del ordenador remoto.

❑ **DST MAC:** la dirección MAC del ordenador local.

❑ **Marcas:** si la regla posee alguna marca específica adjunta.

Podemos decir que el cómputo de los registros vistos anteriormente son los eventos de seguridad que obtendremos en log de un firewall. Debemos estar muy atentos a cada evento ya que nos plasman el estado de la seguridad de entrada y salida en cada momento.

6. Establecimiento de la monitorización y pruebas de los cortafuegos

Los cortafuegos proporcionan diversas tecnologías complejas que pueden utilizarse para proteger la red interna. Por lo tanto, instalar y configurar el cortafuegos puede ser una tarea compleja. Para asegurarse de que el cortafuegos protege efectivamente la red, es necesario llevar a cabo una adecuada comprobación. Si se realiza la comprobación antes de instalar el cortafuegos, es posible evitar muchos problemas comunes de instalación. También se pueden prevenir muchos problemas de manejo comprobando la configuración del cortafuego antes de utilizarlo por primera vez.

6.1. Comprobación de los cortafuegos

Para comprobar adecuadamente la configuración y funcionamiento de los cortafuegos, debe llevarse a cabo tanto una comprobación funcional como una simulación de intrusión provocada. La comprobación funcional puede ayudar a determinar si el cortafuegos está funcionando adecuadamente y es, a su vez, una herramienta importante para la resolución de problemas con los cortafuegos.

Antes de comenzar el ejercicio de comprobación, se deberán completar las hojas y planes de trabajo de planificación y de instalación del sistema. También se deberán llevar a cabo los cambios que sean necesarios en la configuración de la red para que los sistemas internos utilicen el cortafuegos.

La comprobación es un proceso iterativo y constituye una valiosa ayuda para la resolución de problemas potenciales en los cortafuegos. Cada conjunto de comprobaciones en estos temas se basa en el conjunto precedente. Si se ejecuta cada conjunto de pruebas en orden de secuencia, se puede aislar un problema potencial cuando se produce de manera más eficiente. De esta manera se puede evitar que se acumulen los problemas y ahorrarnos complejas tareas de resolución.

Una vez que nos hayamos asegurado de que la configuración del cortafuegos y de la red funcionan correctamente, es necesario realizar comprobaciones de intrusión antes de utilizar el cortafuegos.

Para asegurarse de que el cortafuegos protege efectivamente la red, es necesario llevar a cabo una adecuado protocolo de pruebas que nos ayuden a identificar la correcta aplicación de las reglas y políticas implantadas.

6.2. Comprobación de intrusiones

 *La comprobación de intrusión puede ayudar a determinar si el cortafuegos está protegiendo la red interna tal y como se ha especificado que lo haga.*

Una vez que se haya comprobado el acceso al servicio público situado detrás de los cortafuegos, para todos los servidores instalados, es necesario realizar una comprobación de intrusiones.

El nivel de comprobación de intrusiones a realizar depende de la complejidad de la configuración del cortafuegos. Si se ha realizado toda la configuración teniendo solo en consideración opciones básicas, se necesitará una comprobación mínima de intrusiones.

Muchos sistemas de firewall disponen de un proceso de configuración básica que construye automáticamente un conjunto de normas de filtrado conservador y totalmente probado. Si detrás del cortafuegos tenemos un servidor público, la configuración básica del firewall permitirá que las conexiones HTTP y HTTPS accedan al servidor a través de la conversión de direcciones de red (NAT).

No obstante, la comprobación adquiere más importancia cuando se añaden normas de filtrado especializadas a la configuración. Además, la comprobación completa es vital cuando se habilita manualmente el reenvío de los paquetes IP. Cuando se permite el reenvío IP y no se configura adecuadamente una norma de filtrado, un atacante informático puede iniciar una conexión a un sistema de la red interna.

Es importante realizar comprobaciones de intrusión cuando se cambian o se añaden normas u otros valores avanzados del cortafuegos. En el mercado encontraremos numerosas herramientas que nos servirán a comprobar las configuraciones de nuestro cortafuegos.

❑ Nmap.

❑ Nessus.

❑ Yalta.

❑ Brutus.

❑ Ghost.

Con estas herramientas podremos verificar que el cortafuegos ha realizado correctamente el filtrado configurado.

La finalidad de las comprobaciones de intrusión es garantizar, principalmente, los siguientes aspectos:

❑ Que los clientes de la red segura interna puedan acceder a los servicios de red que haya autorizado.

❑ Que los clientes de la red segura interna no puedan acceder a los servicios de red que no haya autorizado.

❑ Que solamente tipos concretos de tráfico de red puedan alcanzar los destinos que haya autorizado.

❑ Que el tráfico de red no autorizado no pueda cruzar los cortafuegos.

6.3. Herramientas utilizadas para comprobar la eficacia de los cortafuegos

Cualquier cortafuegos debería ser capaz de monitorizar la actividad saliente de los programas. Incluso si un programa trata de enmascarar su contenido bajo la forma de otra aplicación que ha sido configurada por el cortafuegos como "confiable", un cortafuegos eficaz deberá detectar esa aplicación fraudulenta y evitar la transmisión de datos.

Se han desarrollado diversas herramientas para comprobar la eficacia de los cortafuegos en la detección de actividades sospechosas entre programas, y el bloqueo de conexiones salientes solicitadas por programas maliciosos que aparentan ser programas legítimos.

Estas herramientas, y su ejecución, son conocidas como **"pruebas de fuga"** (*Leak Tests,* en inglés), y simulan el intento de un programa malicioso por enviar datos salientes, con el fin de que el usuario pueda ver la reacción de sus cortafuegos ante dicha amenaza.

Las pruebas de fuga utilizan una amplia variedad de técnicas y mecanismos para evaluar la eficacia de la aplicación cortafuegos. Son herramientas legítimas que envían información, con el consentimiento del usuario, a direcciones de prueba aisladas que no pueden dañar el sistema. Sin embargo, las técnicas que utilizan las pruebas de fuga pueden y han sido usadas por programas maliciosos verdaderos, por lo tanto sirven como un indicador válido de la capacidad real del cortafuegos para manejar ataques provenientes del exterior.

6.4. Amenazas y métodos de penetración

Existen muchos métodos para tratar de vulnerar la seguridad en los sistemas de información y cada herramienta de análisis de fuga utiliza una o más técnicas para verificar vulnerabilidades del cortafuego instalado. Vamos a mencionar las más habituales.

6.4.1. Suplantación de nombre

Hash - *son algoritmos que consiguen crear a partir de una entrada (texto, contraseña o un archivo) una cadena de salida alfanumérica única para esa entrada.*

Esta es una de las técnicas más fácil de evitar. Consiste en la ejecución de un programa malicioso que se instala en la máquina infectada y que cambia el nombre automáticamente, para llamarse igual que un programa legítimo y acceder a Internet bajo su apariencia.

Esta técnica funciona correctamente cuando un cortafuegos sólo comprueba el nombre de la aplicación afectada y no analiza la suma de verificación.

La suma de verificación se configura en las aplicaciones utilizadas de forma habitual en la red, para ahorrar tiempo y que los cortafuegos no las soliciten de nuevo durante la distribución. Esta función tiene como objetivo principal detectar las aplicaciones mediante el valor hash. Esto se consigue mediante un algoritmo criptográfico, siendo el MD5 el más usado.

MD5 - *Message Digest Versión 5.*

6.4.2. Lanzador de aplicaciones

Los programas que utilizan esta técnica inician una nueva instancia de la aplicación utilizada para acceder a Internet (usualmente un navegador), con la dirección del sitio a la que desean conectarse y habitualmente, insertando parámetros bajo línea de comandos. El proceso puede ocurrir en una ventana oculta, para que el usuario no advierta la actividad.

6.4.3. Manipulación de reglas

Es una técnica potente, pero que no se utiliza con frecuencia. Consiste en la ejecución de un programa que aprovecha el modo en que la aplicación cortafuegos procesa las reglas de permiso de acceso del sistema.

Para simular este tipo de acciones, la prueba intenta acceder a los puertos considerados de confianza por los cortafuegos y transmitir tráfico no autorizado a través de los mismos.

6.4.4. Falsificación de consultas DNS

La resolución de nombres DNS se utiliza para dirigir una aplicación de Internet hacia la dirección IP vinculada al servidor remoto de destino. Convierte la dirección de destino ingresada por el usuario en una dirección IP, de modo que el ordenador comprenda el comando y acceda al sitio correspondiente.

Esta técnica envía información a un servidor DNS ilegal, o "secuestrado", copiando el formato de una consulta DNS normal.

6.4.5. Inyección de componentes

Esta técnica ejecuta un programa malicioso que abre otra aplicación en el ordenador, e inyecta su componente interno (archivo.exe) o se concatena en un archivo .DLL (archivo de sistema) en el proceso de destino.

El componente infiltrado después pide a la aplicación capturada que acceda a la red, intentando engañar a los cortafuegos.

 *La infección de un archivo de sistema es más difícil de eliminar que la infección de un archivo de datos.*

6.4.6. Inyección de procesos

Es una técnica similar a la anterior y uno de los métodos de ataque más difíciles de detectar. Generalmente, un proceso consta de varios hilos de ejecución, que al trabajar simultáneamente logran resultados más rápidamente que una ejecución secuencial de los mismos. Un programa malicioso puede inyectar su código completo en el bloque de memoria de una aplicación confiable, ejecutando un nuevo hilo del proceso principal.

De este modo, puede acceder a la red con las credenciales de los programas legítimos. También puede modificar un hilo ya existente para acceder a Internet, dificultando aún más su detección y prevención.

6.4.7. Intercomunicación DDE

Esta técnica utiliza una aplicación para enviarle comandos a otra (generalmente un navegador), para que este último los procese. Utilizando la funcionalidad de llamadas DDE (Direct Data Exchange, Intercambio directo de datos), los programas pueden administrar y compartir contenidos entre sí.

La técnica DDE se usa en las pruebas de fuga, para comprobar si el cortafuegos puede reconocer cuándo un programa está utilizando la comunicación ODE para controlar la actividad de una aplicación de Internet habilitada.

 **DDE** *(Direct Data Exchange, Intercambio directo de datos).*

6.4.8. Utilización de OLE

Es una idea relativamente nueva, que utiliza la técnica del control OLE entre programas, en pruebas de fuga. OLE es un mecanismo de Windows, que permite que un programa administre el comportamiento de otro programa.

 **OLE** *(Object Linking and Embedding).*

6.4.9. Control de ventanas

En determinados sistemas operativos, una aplicación puede controlar los comandos y contenidos de otras ventanas. Algunas pruebas de fuga usan esta técnica para controlar la actividad de aplicaciones Web autorizadas y acceder a la red a través de ellas.

6.4.10. Acceso directo a la interfaz de la red

De forma predeterminada, el tráfico de red en el sistema operativo Windows utiliza la capa TCP-IP para sus comunicaciones. Cuando se utiliza esta técnica, se crea una capa de red adicional inyectando el controlador correspondiente en el sistema. De este modo, envía y recibe tráfico de datos utilizando esta capa, eludiendo los canales de comunicación habitualmente controlados por el cortafuegos.

Esta técnica le permite a la prueba de fuga (u otras aplicaciones) enviar y recibir información, complicando al cortafuegos el proceso de filtrado. Es una buena manera de probar la flexibilidad y solidez del cortafuegos.

6.4.11. Modificación del escritorio activo de Windows

Las pruebas de fuga pueden crear una página HTML que apunte a un sitio Web determinado, y configurarlo como un elemento del escritorio activo de Windows. Cuando el mismo está activado, tiene permiso para dirigirse a la dirección contenida en la página HTML. Actuando en nombre del sistema y, por tanto, traspasando los sensores del cortafuegos.

6.4.12. Modificación del registro del sistema

El registro almacena los parámetros de configuración del sistema y de las aplicaciones. La modificación de su contenido puede provocar errores en las aplicaciones o fallos del sistema.

Las pruebas de fuga que utilizan esta técnica hacen pequeñas modificaciones en los elementos del registro y habilitan a procesos no verificados para que accedan a la red sin restricciones, a pesar de la presencia de los cortafuegos.

6.4.13. Ataque de sincronización

Cuando un cortafuegos detecta que una aplicación está tratando de acceder a Internet, éste "congela" el requerimiento mientras el usuario decide si permite o no que dicha aplicación complete la conexión. Para poder "congelar" un proceso, el cortafuegos necesita el PID (Process Identifier) que es el código que identifica al proceso en ejecución.

Los programas maliciosos que utilizan esta técnica, transmiten la información de forma irregular, cambiando el PID cada vez que una porción de información es transmitida.

6.4.14. Petición recurrente

Algunas aplicaciones maliciosas utilizan servicios del propio sistema para acceder a Internet o a redes en vez de modificar una aplicación legítima.

6.5. Herramientas de Test o prueba de fuga

La cantidad de pruebas de fugas aumenta continuamente, al igual que la eficiencia y sofisticación de las nuevas técnicas para eludir cortafuegos.

La capacidad de superar de forma exitosa todas las pruebas de fuga no garantiza totalmente que el cortafuegos proporcione una garantía de seguridad de 100%; sin embargo, indica que será capaz de evitar determinados intentos de ataque.

A continuación, analizaremos varias herramientas para la realización de pruebas de fuga.

6.5.1. Yalta

Utilizando esta herramienta se comprueba cómo los troyanos intentan enviar información desde el ordenador hacia Internet. Esta prueba determina si el cortafuegos es capaz de detectar todos estos intentos.

Yalta consta de dos pruebas:

❑ **Clásica:** esta prueba intenta enviar un paquete UDP utilizando puertos habitualmente permitidos (puerto 53 DNS, puerto 21 FTP, etc.).

❑ **Avanzada:** utiliza un controlador (driver) para enviar paquetes directamente a la red por debajo del protocolo TCP/IP.

Si la prueba Yalta accede a Internet, significa que el cortafuego admite conexiones a varios puertos habitualmente permitidos pero sin su correspondiente verificación.

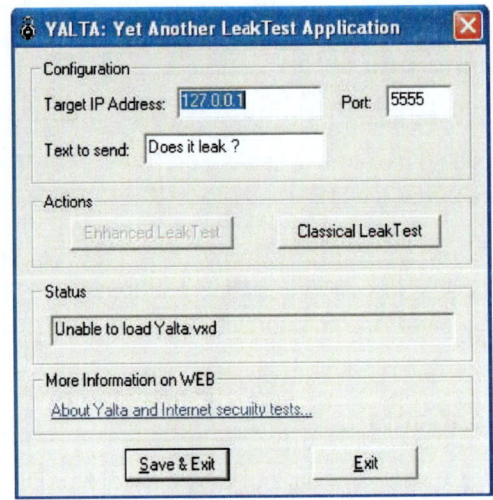

Escaner Yalta

6.5.2. Ghost

Esta prueba determina si el cortafuegos detecta a tiempo cuándo un ejecutable intenta lanzar otra aplicación para acceder a Internet.

Generalmente, cuando una aplicación accede a Internet, el cortafuegos utiliza una API (Application Program Interface, Interfaz del Programa de la Aplicación) para obtener la información maestra (el programa que ejecutó la aplicación legítima) de dicho proceso. El cortafuegos "congela" la aplicación en cuestión utilizando el nombre y el PID (Process Identifier, Identificador del proceso) mientras el usuario decide si otorga el permiso para que esta acceda a Internet.

Para eludir al cortafuegos, Ghost utiliza las técnicas de lanzamiento junto con manipulación de direcciones URL y de identificadores de proceso. Envía información al navegador y cambia continuamente su PID al cerrarse e iniciarse sucesivamente muchas veces. El objetivo es inundar al cortafuegos con diferentes números de PID para la misma aplicación, con la intención de evitar que este pueda reconocer el proceso original y así transmitir información hacia una página de Internet.

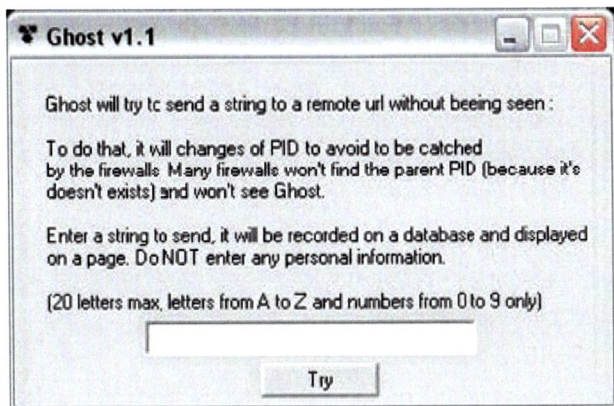

Asistente Ghost

Si, aparentemente, el proceso ghost.exe es congelado por los cortafuegos pero la página se carga, significa que el cortafuegos posee un buen control de componentes, pero no lo suficiente para interceptar a tiempo a dicho programa.

6.5.3. Nmap

Nmap es un programa de código abierto y su principal objetivo es el de identificar puertos abiertos, rastreando esas comunicaciones con el fin de evaluar la seguridad (programa ya comentado en unidades anteriores).

Con Nmap podemos identificar servidores de red listándolos por los ping que realiza. Nos puede mostrar información de los servidores, simplemente estando en el mismo segmento de red, llegando a mostrarnos incluso qué servicios se están ejecutando y puertos abiertos si los llegara a tener.

 *Los administradores de sistemas usan esta herramienta principalmente para rastrear la posibilidad de que se encuentren en la red aplicaciones no autorizadas ejecutándose en los servidores.*

6.5.4. Nessus

Nessus es una herramienta que analiza la seguridad de los servidores y redes, pero cuenta con una característica altamente útil para determinar con certeza el grado de seguridad. Dispone de una larga lista de acciones (plugins) ya programadas en Scripting optimizado para interacciones en redes. Este sistema busca puertos abiertos con nmap o su propio escáner y seguidamente ejecuta "exploits" para atacar al puerto.

Exploits: *hace referencia a explotar un código* **software**, *fragmento de datos o secuencia de comandos mediante acciones, con el fin de aprovechar una* **vulnerabilidad de seguridad** *de un sistema de información.*

Ocasionalmente el resultado del escaneado puede ser exportado como informes de varios formatos o como texto plano con el fin de ser guardados para hacer una base de conocimiento para identificarlo en futuros escaneos.

Este tipo de herramientas se debe ejecutar siempre en un horario de pruebas ya que de lo contrario realizarlo en plena producción puede parar servicios y estos, a su vez, hacer que los sistemas caigan.

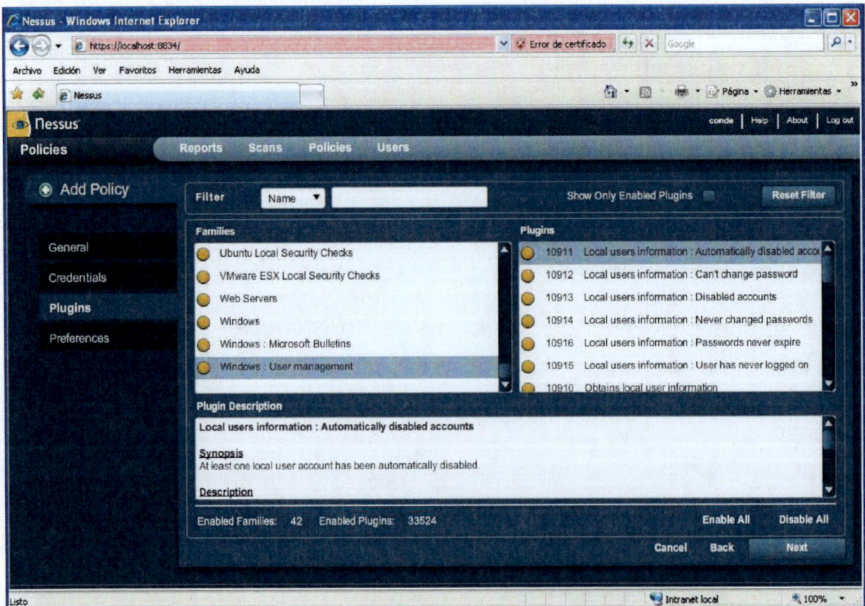

Consola de Nessus

6.5.5. OpenVAS

Otra herramienta similar pero de otro fabricante y con características similares sería "OpenVas". Todos los productos que la componen son software libre y la mayoría de ellos son distribuidos bajo licencia GPL.

Imagen logo OpenVAS

6.5.6. Brutus

Brutus está considerado como una potente herramienta para craquear y asaltar varios tipos de servidores a través de un análisis de vulnerabilidad.

Con esta herramienta de seguridad podremos analizar la seguridad de nuestro acceso POP del servidor de correo y la seguridad de los buzones, ya que el principal objetivo de Brutus es descifrar la contraseña e información mediante la técnica de fuerza bruta.

En la figura siguiente mostramos la consola de la herramienta de seguridad Brutus donde podemos ver que tenemos diferentes tipos de scaners llegando a tener POP3, para el correo electrónico.

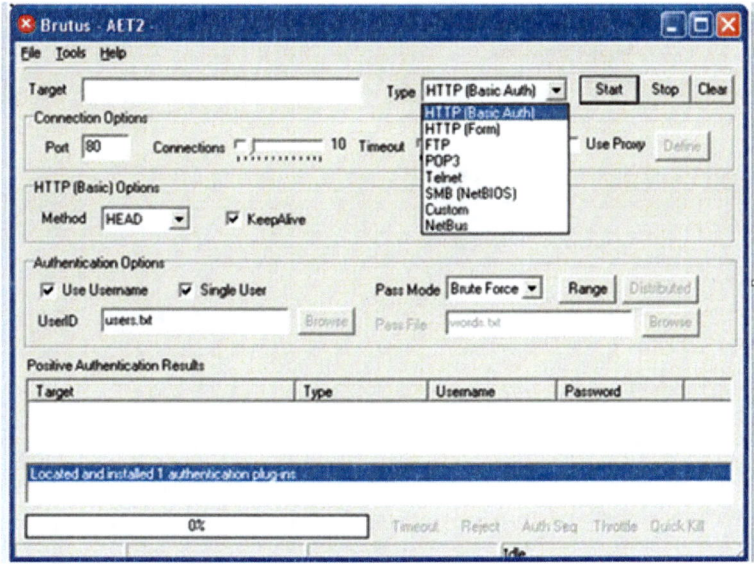

Consola de análisis de Brutus

Si al realizar el test vemos que se accede con facilidad a nuestro servidor de correo e información del buzón, llegando a otorgarnos datos como la contraseña de acceso, debemos de plantearnos seriamente la seguridad de nuestros servidores y comunicaciones.

Con el desarrollo de este epígrafe hemos conseguido:

❑ *Explicar el formato de traza de un cortafuegos de servidor, reflejando la información de seguridad relevante.*

Acude a los Contenidos Extra para consultar el Resumen y realizar la Autoevaluación de esta unidad.